Filippo Cavolini, Eberhard August Wilhelm von Zimmermann

Abhandlung über die Erzeugung der Fische und der Krebse

Filippo Cavolini, Eberhard August Wilhelm von Zimmermann

Abhandlung über die Erzeugung der Fische und der Krebse

ISBN/EAN: 9783743370241

Hergestellt in Europa, USA, Kanada, Australien, Japan

Cover: Foto ©Andreas Hilbeck / pixelio.de

Manufactured and distributed by brebook publishing software (www.brebook.com)

Filippo Cavolini, Eberhard August Wilhelm von Zimmermann

Abhandlung über die Erzeugung der Fische und der Krebse

Philipp Cavolini's,

Mitgliedes mehrerer Akademieen,

Abhandlung

über die

Erzeugung der Fische

und

der Krebse.

Aus dem Italiänischen übersetzt.

Mit

Anmerkungen

herausgegeben

von

E. A. W. Zimmermann,

Hofrath und Professor in Braunschweig.

Mit drei Kupfertafeln.

Berlin, 1792.
In der Vossischen Buchhandlung.

Vorrede.

So großes Verdienst um die Naturgeschichte man
auch denen Schriftstellern einräumt, welche die erstaunliche Summe der bis jetzt bekannten Naturpro-
dukte, vermittelst gewisser festgesetzten Charaktere,
in Ordnung stellen und für uns übersehbarer machen:
so steht dennoch der Werth neuer, bedeutender Entdeckungen in dieser Wissenschaft, imgleichen das
Nachspüren und Festsetzen wichtiger bestrittener
Wahrheiten, um mehrere Stufen höher. Bei jenem Zusammenreihen der Naturalien, bei dem Aufführen eines künstlichen Systems, lassen sich zwar
allerdings große Kenntnisse und große Sagacität zeigen; auch wird durch eine gründliche systematische
Uebersicht das ganze Studium der Naturwissenschaft
sehr erleichtert. Indeß giebt es dennoch dieser Wissenschaft einen weit erhabneren Gesichtspunkt; es ord-
net sie unter die ersten, den Geist erhebenden Kenntnisse; es macht sie endlich für die Societät viel nutz-
barer: wenn man darin die großen Gesetze der Natur ausfündig zu machen sucht, ihre wichtigen Phä-

* 2

nomene durch Versuche und Beobachtungen erläutert, oder endlich gar dadurch völlig neue, unbekannte ans Licht bringt. So eröffneten Harvey und Tremblen gleichsam zwei mächtige Schleusen, durch die in verschiedenen Richtungen reiche Ströme hervor flossen, eben so schätzbar für die Wißkunde, als heilsam für die Societät. Wer kennt nicht die bedeutenden Aufschlüsse, welche die Polypen des letztern in den Lehren von dem Entstehen und der Bildung aller organisirter Körper an die Hand gaben? Und wie wichtig war nicht die bestimmte Entdeckung von dem Umlaufe des Bluts, für die Physiologie und für die ganze Heilkunde?

Je dunkler, je verwickelter aber die Natur ein wichtiges Phänomen zu Stande bringt, desto größere Achtung verdienen die Männer, welche sich nicht zurückschrecken lassen, ihr mühsam nachzuspüren, selbst wenn ihre Arbeiten nicht stets mit dem glücklichsten Erfolge gekrönt werden. Keine große Operation der Natur steht isolirt; sie ist stets auf das mannigfaltigste mit andern verschwistert. Daher führen solche Untersuchungen, verfehlten sie auch ihren direkten Zweck, oft zu merkwürdigen neuen Wahrheiten, die ihr Entdecker vielleicht nicht von weitem ahndete. Leuwenhoeks Saamenthierchen, Buffons und Needhams belebte Entwickelungsstoffe, sieht zwar jetzt niemand mehr mit den Augen und der Vorliebe ihrer Urheber an; allein sie gaben nicht nur Anlaß zu weiterem tieferen Forschen, sondern sie zeigten uns plötzlich eine neue populöse Welt, nehmlich die unerschöpfliche Mannigfaltigkeit der Infusions- und Saamenthiere. Führen hingegen solche mühsame und sinnreiche Nachforschungen wirklich näher zu dem inneren Wirken der Natur, und zeigen sie überdies dabei neue Phänomene, so wird das Verdienst dadurch offenbar verdoppelt.

Vorrede.

In dieser Rücksicht hat das hier übersetzt gelie-
ferte Werk des Herrn Cavolini *) unverkennbare
Vorzüge. Es liefert eine große Anzahl eigener, müh-
samer Untersuchungen und scharfsinniger Bemerkungen über die Entstehung und Bildung des Thieres
überhaupt, und lehrt uns zugleich bedeutende, bisher nicht gekannte Nebenwahrheiten. Wir erhalten
einen vorzüglichen Zusatz zu der Anatomie der Fische
und Krebse; wir lernen hier zwei wahre Zwitter kennen, und wir finden endlich, daß die geheimnißvolle
Lehre der Zeugung mehrere schöne Aufschlüsse bekommen hat. Selbst diejenigen Leser, welche nicht mit
der Theorie der Evolution oder der Keime überein-
stimmen, werden hier einen Schatz wichtiger Bemerkungen finden, von denen ihre eigenen Theorieen man-
ches entlehnen können. Mir sind mehrere derselben
völlig gleichgültig; denn ich gestehe, daß ich von der
plastischen Kraft der Alten oder dem Bildungstriebe der
Neueren eben so wenig verstehe, wie von der Ein-
schachtelung der Keime. Indeß gebe ich gern zu,
daß jener uns, nach dem was wir täglich beim Wie-
derwachsen irgend einer thierischen Substanz sehen,
willkommner scheint; und daß mir auf der andern
Seite die so verrufene undenkbare Kleinheit der ein-
geschachtelten Keime ganz und gar für keinen gülti-
gen Einwurf gegen dies System gilt, da er auf weiter nichts, als auf unserer Unfähigkeit sich dergleichen
vorzustellen oder dergleichen zu begreifen, beruhet.
Was begreifen wir denn in der Natur wirklich
richtig?

Unser Verfasser hat aber noch über dies alles
ein nicht gemeines Verdienst um die Naturgeschichte.
Er zeigt eine sehr beurtheilende Kenntniß der Alten.

---

*) Memoria sulla generazione dei Pesci e dei Granchi; di Fi-
lippo Cavolini, Socio di varie Accademie. In Napoli 1787
(e 1789) 4to.

Vorrede.

Er zeigt wie tief Aristoteles bereits in die geheimniß-
vollesten Wirkungen der Natur eindrang, und wie oft
Neuere, selbst von großen Kenntnissen und großem
Ansehn, diesen außerordentlichen Mann verkannten.
Es ist hin und wieder unangenehm, daß der Verfasser oftmals eine langweilige Methode gewählt hat,
seine Erfahrungen anzuzeigen. Gern hätte ich diese
kleinen Unannehmlichkeiten beim Durchsehen der Uebersetzung abgekürzt; allein die Materien waren oft
selbst zu schwierig und von dem Ausdrucke zu genau
abhängend. Ich ließ daher zuweilen selbst kleine
Wiederholungen stehen, um den Sinn nicht zu ver-
fehlen.

Indeß sind dennoch verschiedene Ausdrücke bei
dem Verfasser wirklich schwankend oder zweideutig,
und könnten leicht zu Mißdeutungen Anlaß geben.
Besonders rechne ich hieher die in verschiedenen
Stellen, oft in gleichem, oft in verschiedenem Sinne
gebrauchten Ausdrücke: ovaji, matrici, und uteri,
Eierstöcke, Eierbeutel und Gebärmutter. Nur aus
Versehen habe ich dies nicht in einer Note zur 50 und
52sten Seite angemerkt, und hole es daher hier nach.
Oftmals z. B. S. 50 bei den knorpeligen Fischen
(ehemaligen Amphibien) sind die beiden ersteren Ausdrücke, wie Herr Cavolini selbst hier sagt, gleichgel-
tend; weiterhin aber wieder nicht, und es wäre daher
kein geringer Vorzug des Buches gewesen, wenn Herr
Cavolini auf einer besonderen Kupfertafel die weiblichen Zeugungstheile eines hartgrätigen Fisches, neben denen eines knorpeligen, gezeichnet geliefert hätte.
Eine schöne Erläuterung hierüber giebt Herr Pr.
Schneider in seiner schätzbaren Uebersetzung des
Monroischen Werkes. Daselbst wird auf der zweiten Kupfertafel nicht nur die sonderbare Bildung der
weiblichen Zeugungstheile des Rochens sehr deutlich
abgebildet, sondern in der Erklärung dieser Figur

giebt H. Pr. Schneider S. 108 noch genauere Nach-
richt von der von Lorenzini bei dem Rochen so genannten Gebärmutter, die auf einem Beutel oberhalb der
wirklichen Gebärmutter seitwärts des Eierstockes liegt,
und wozu der Fallopische Gang führt.

Ich habe keinen Zweifel, daß Herr Cavolini oft
von diesem Körper des Lorenzini unter dem Namen,
Mutter, redet; doch habe ich den Verfasser deshalb befragt, und werde, sobald ich die Antwort von
ihm erhalte, bei einer Fortsetzung seiner Arbeiten,
hierüber dem Leser Gewißheit geben. Es thut mir
übrigens leid, daß ich nicht jedesmal den Italiänischen
Namen hinzuschrieb; z. B. S. 39, wo im Deut-
schen Eierstock steht, hat der Verfasser stets wirklich ovario, wie dies auch gewöhnlich in der Uebersetzung der Fall ist.

Zu der 73sten Seite ersuche ich ferner, folgende
Note bei Gelegenheit der Fortpflanzung des Aales,
der Note des Originals beizufügen.

Die Ungewißheit in Rücksicht der Fortpflanzung des
Aales ist wohl durch die Thatsachen gehoben, die Herr Dr.
Bloch in seinem vorzüglichen Werke über die Fische gesammelt hat. Aus diesen folgt, daß der Aal wirklich lebendig gebärend ist; denn dies haben nicht nur alte, er-
fahrne Fischer bezeugt, sondern verschiedene genaue mi-
kroskopische Untersuchungen stimmen hiermit überein. Wenn
daher auch einzelne Naturforscher, z. B. der berühmte Dä-
nische Müller, Eier im Aale fanden, so beweist dies nur,
daß, um lebendige, völlig entwickelte Junge zu finden, der
Beobachter zu früh kam. Auch stimmen die dort angeführten Beobachtungen des Charleton, Elmer und Fahlberg
hiermit überein, besonders da ersterer eilf junge Aale in der
Gebärmutter wirklich vorfand. Onomastic. p. 154; und
H. Bloch einländische Fische, III. S. 13 und 14.

Auf der 52sten Seite steht die Note über das
System des berühmten Rosa am unrechten Orte;
sie gehört zu S. 102 u. f. Wundert man sich auf
der einen Seite, wie Herr Cavolini den Lebensdunst

des Rosa so überall zu finden weiß, so muß man
doch auf der andren gestehen, daß ihm mehrere Phänomene, besonders aber selbst die Zeugung, hier
nicht ganz ungünstig zu seyn scheinen, ob ich gleich
dadurch bei weitem nicht alle Zweifel dagegen gehoben glaube.

Herr Cavolini wird seine Untersuchungen weiter fortführen, und auch diese werde ich sodann übersetzt zu liefern suchen, besonders da ich von ihm mehrere Zusätze zu seinen Werken erwarte.

Braunschweig, im April 1792.

E. A. W. Zimmermann.

Einleitung.

Durch die Beobachtung derjenigen Thiere, deren Eier nur
erst befruchtet werden, nachdem sie den Leib der Mutter verlassen haben, ist mehr Licht über das System der Erzeugung
der Thiere und des Menschen verbreitet, als durch die häufi-
gen Zerfleischungen lebendiger Thiere, durch die Untersuchung
menschlicher Körper und durch das tiefe Nachdenken der Philosophen.   Sobald man anfing, diese Thatsachen, die sich
vor den Augen des Menschen zutrugen, philosophisch zu be-
handeln, wurde nicht nur das System der Vorexistenz der
Keime bewiesen, sondern sie bestätigten zu gleicher Zeit eine
andere wissenschaftliche Wahrheit, nehmlich die, daß wir
von den natürlichen Dingen nur gerade so viel wissen, als wir
beobachten können; weil jedes Ding für sich besteht und wir
in den innern Grund seines Daseyns mit unserm Verstande
nicht eindringen können.   Man hatte es beinahe gänzlich
aufgegeben, je zu einer sichern Erkenntniß über diesen Punkt
der Erzeugung der Thiere kommen zu können, weil man als
Regel festgesetzt hatte, daß überhaupt bei lebendigen Thieren die Befruchtung nicht außerhalb des Körpers der Mutter vor sich gehe. Und dennoch wußte jedermann, daß die Amphibien, und namentlich die Frösche, dieses Privilegiums ge-

A

nießen; denn zur Begattungszeit wird bei diesen das Weibchen vom Männchen umfaßt, und so (äußerlich) befruchtet.
Den Philosophen war die Entdeckung aufbehalten, daß bei
der Empfängniß die Eier schon alles enthalten, was zu einer
vollkommnen Frucht gehört, und daß folglich der männliche
Saame kein Organ zum Keime hinzusetzt, sondern ihm allein
das Lebensprincipium giebt, durch dessen Entwickelung er das
Ziel seines Wachsthums erreichen kann. Seitdem ich die
Reihe der zu diesem System gehörenden Thatsachen las, und
betrachtete, wie viele nützliche Folgen für die Wissenschaften
daraus gezogen werden könnten, brannte ich vor Begierde,
sie wo möglich auf ein anderes Thiergeschlecht auszudehnen.
Ich dachte, daß die Versuche sich im Wasser bequemer als in
der Luft anstellen ließen; da die so zu befruchtenden Eier auch
weich und feucht bleiben müssen, um den männlichen Saamen in sich zu ziehen, welches in der Luft, da sie Körper
austrocknet, nicht so leicht Statt finden kann. Ich wandte
mich daher zu den (eigentlichen) Fischen; denn nach dem, was
man von ihnen wußte, hatten sie keine äußeren Zeugungs-
Werkzeuge: die Befruchtung konnte also nicht anders, als
außerhalb des Körpers erfolgen. Aus einem andern Grunde
war es aber ausgemacht, daß sie zu diesem Zweck gemein-
schaftlich beitragen; denn man fand bei den verschiedenen Individuen verschiedene Theile, die zu nichts anderem, als zur
Erzeugung bestimmt seyn konnten. Das Verlangen, die Art
und Weise der Erzeugung bei solchen Thieren kennen zu lernen, nahm bei mir immer mehr zu, da ich in den neueren
Schriftstellern, sowohl Philosophen, als Systematikern, entweder ein klares Geständniß ihrer völligen Unwissenheit fand,
oder aber buntscheckige Paradoxen, zu deren Widerlegung
nur gesunder Menschenverstand, und nicht etwa erst
physische Analogie nöthig war. Auf der andern Seite hatte
ich aber auch den wenig glücklichen Ausgang vor Augen, den
diese Untersuchung versprach; denn ich fühlte leicht, daß
der, von welchem dieser Gegenstand bei den Amphibien so
vortreflich behandelt war, Anderen ein gleiches Unternehmen

bei den Fischen wohl nur deswegen überlassen hatte, weil die
dazu gehörigen, ihm bekannten Thatsachen ihm dazu nicht
hinreichend schienen. Nach solchen Betrachtungen fing ich an,
des Aristoteles Geschichte der Thiere zu durchlaufen, um
zu sehen, wie weit sich die Kenntnisse der Alten über diese
Thiere erstreckt hatten. Zu meiner Befriedigung und Ver=
wunderung fand ich in diesem Werke unsern so wenig bear=
beiteten Gegenstand so philosophisch behandelt, daß ich noth=
wendig gegen die Neuern aufgebracht werden mußte, die be=
sonders bei den Fischen jene von diesem großen Manne des
Alterthums vorgezeichnete Spur verließen. Hierdurch ver=
loren sie die schönsten philosophischen Aussichten aus den Au=
gen, fingen dagegen bloß an, die Anzahl der Arten von diesen
Thieren aufzuzählen, ihre Unterscheidungszeichen zu bemerken
und die Fische darnach in systematische Ordnung zu bringen.
Ob nun gleich dies auch sehr gut ist, so wird es doch auf die
Länge widrig, und ist ohne Philosophie von wenigem Nutzen.
In der That mußte das Werk des Griechischen Philosophen
auch ein Meisterwerk werden, da ein solcher Mann alle seine
Talente drauf wandte und seinen ganzen Beobachtungsgeist
dazu aufbot, nicht bloß die von Andern entdeckten Thatsachen
zu erlernen, sondern jene erstaunliche Reihe eigener Erfah=
rungen, welche ihm die großmüthige Unterstützung Philipps
und Alexanders reichen ließ, *) gehörig zu benutzen. Ich
wage es nicht zu behaupten, daß die Geschichte der Fische im
Aristoteles durch meine Bemühungen Licht gewonnen habe;
denn ich sehe, wie wenig meine geringen Talente und meine
wenige Geschicklichkeit im Observiren dazu im Stande sind.
Ich kann bloß sagen, daß ich zuweilen eine Thatsache in
einen so hellen Gesichtspunkt gesetzt habe, daß ich sie mit
Grund als eine von mir selbst entdeckte Wahrheit vertheidi=
gen kann. Unter diese muß ich die Entdeckung zweier Fische
vom Geschlecht der hartgrätigen zählen, die ihrer Natur nach

*) Aelian. var. Histor. Lib. IV. Cap. 19. Plin. Hist. Nat.
Lib. VIII. Cap. 16.

vollkommne Zwitter sind, in dem Sinne nehmlich, daß jedes
Individuum die Organe und die Fähigkeit, das ganze Ge=
schäft der Erzeugung für sich zu vollenden, in sich hat.   Der
wahre Zwitter, der einmal dem großen Plato dazu diente*),
in den Menschen die Ursache der verschiedenen zärtlichen Zu=
neigungen gegen das männliche sowohl als das weibliche Ge=
schlecht zu erklären, wurde von den Naturforschern für ein
Hirngespinnst gehalten, und man hielt die Schwierigkeiten,
über sein wirkliches Daseyn zur Gewißheit zu kommen, für
so groß, daß Breyne es im Jahr 1733 den Physikern als
ein hohes Problem aufgab.   Er fragt: An indubitate de-
monstrari possit in rerum natura genus aliquod animalium
vere androgynum, id est, quod sine adminiculo maris sui
generis ova in, et a se ipso foecundata parere, adeoque
solum ex, et a se ipso genus suum propagare possit? **)
Diesem Problem haben weder die monströsen Verbindungen
beider Geschlechter der Rinder und Schafe Genüge gelei=
stet, noch die Fische oder die Entdeckung der Blattläuse, die
bis ins siebente Geschlecht schwanger sind; denn die Forde=
rung besteht darin, daß die Zeugungswerkzeuge von der Natur
selbst in einem und demselben Individuum vereint seyn, und
daß sie mit einander wirken sollen. Wäre diese gegenseitige Wir=
kung nicht gefordert, so würde Redis so berühmte Ent=
deckung an den Schnecken dies Problem gelöst haben.
Oder wenn man endlich verlangt hätte, daß die Empfängniß
ohne Wirkung der Zeugungsorgane geschehen sollte, so wür=
den meine Entdeckungen an den Hornkorallen, Sternkorallen,
Sertularien und andern Meerpolypen die Frage beantwortet
haben. Diese Thiere werfen nehmlich ihre Brut aus, ohne
daß man begreifen kann, wie in den so einfachen Körpern ein
Zeugungsgeschäft Statt haben könne.
    Von der Klasse der hartgrätigen Fische glaubte ich zu
einer andern Art ganz verschiedner Thiere übergehen zu

---

*) Plat. Gastmahl z. S. 189 Stephanische Ausgabe.

**) Breynius Act. Erudit p. ann. 1733. p. 170.

müſſen, die aber gleichfalls im Waſſer leben, nehmlich zu
denen, welche von den Alten Schalthiere genannt werden,
und welche die neuen Syſtematiker zu den Inſekten gezählt ha=
ben. Die Erzeugung einiger dieſer Thiere, und beſonders
der Krebſe, war von verſchiedenen gelehrten Männern ana=
tomiſch unterſucht; aber dies war nicht in der ganzen Aus=
dehnung geſchehen, welche die wiſſenſchaftliche Erkenntniß
ihrer Erzeugung erforderte. Bei andern Thieren dieſer Art,
und beſonders bei den Waſſerkrebſen, hatten ſie entweder
nichts geſehen oder ſtatt der Wahrheit Irrthümer angegeben.
Um alſo dieſen Artikel der Erzeugung ſolcher Thiere, die nach
Art der angeführten Amphibien und Fiſche außerhalb des
Körpers ſich befruchten, zu erklären, muß man alle Theile,
die zu ihrer Erzeugung dienen, kennen lernen, und die gegen=
ſeitigen Wirkungen zuſammen faſſen. Daher verbinde ich
mit meinen Beobachtungen über dieſe beiden Klaſſen, nehmlich
über die Fiſche und über einige Amphibien, dieſe dritte (der
Krebſe) in Rückſicht auf die Art und Weiſe des Erzeugens.

Als ich bei zwei Krebsarten den Hergang dieſer Ope=
ration unterſuchte, zeigte ſich mir ein Faktum, das, weil es
außerordentlich und neu iſt, den Naturforſchern nicht anders
als angenehm ſeyn kann. Zwei Arten von Meerinſekten
legen ihre Brut, das eine innerhalb des Körpers der erwähn=
ten Krebſe, das andere außerhalb über den großen Darm.
Die Brut gräbt ſich ein und ſteht wie Wurzeln im Körper des
Krebſes, von dem ſie ſich bis zur völligen Entwicklung nährt.
Sobald dieſe Thiere, die in den Leib des Krebſes drangen,
ihre Brut abſetzen, ziehen ſie den Tod des Krebſes, der ſie
ernährte, nach ſich; und ſo wird durch beide Thiere die eigen=
thümliche Erzeugung des Krebſes ſelbſt erſchwert und aufge=
halten. Alle dieſe Thatſachen zuſammengeſtellt, machen die
Grundlage zu dem Raiſonnement aus, das ich jetzt dem Pub=
likum darlege. Ich verlange keinen blinden Glauben, der
ſich für einen philoſophiſchen Leſer gar nicht ſchickt; mein
einziger Wunſch iſt, daß einer, der die Kunſt zu beobachten
verſteht, ſelbſt in der Natur dasjenige wieder finde, was ich

erzählt habe: denn wenn diese Wahrheiten, von denen ich
ein rohes Gemählde entwerfe, einleuchtend genug sind,
so wird ein anderer eben das Vergnügen empfinden, das ich
bei der Entdeckung derselben empfand; und das meinige wird
dadurch unendlich vermehrt werden, wenn ich sehe, daß sie
von einem andern viel weiter ausgeführt und vermehrt worden sind.

Erster Theil.

Die Erzeugung der hartgrätigen Fische.

Meine Untersuchungen in Hinsicht dieses Artikels der Erzeugung, gingen zuerst auf Fische, die man, zum Unterschiede
von den knorpligen *), hartgrätige nennt; denn da sie Eier

*) Aristoteles theilte die Geschlechter der Fische in λεπιδωτα
b. i. mit Schuppen bedeckte, und in σελαχωδη, die mit einer
glatten glänzenden Haut bedeckt sind. Weil die ersten, nehmlich die schuppigen, ein Skelett von harten und spitzigen Knochen haben, wurden sie von den Alten auch hartgrätige Fische
genannt; die letzten aber knorplige, weil ihr Skelet aus Knorpeln besteht. Aristoteles gab viele von den Unterschieden an,
die zwischen diesen beiden Ordnungen der Fische Statt finden,
wovon der wichtigste der war, daß die ersten Eier legen, die
andern aber lebendige Junge zur Welt bringen. Die übrigen
darf man nicht als wahre Unterschiede ansehen, um die Fische deswegen in ganz verschiedne Klassen zu theilen. Wenn man bei
den hartgrätigen Fischen auf die Art und Weise sieht, wie sie
sich vermittelst der Floßfedern weiter bewegen, auf den Um-

A 4

legen, d. h. noch unter Gestalt der Eier Junge zur Welt
bringen, so kann man leicht die Frage aufwerfen, wie in
ihnen die Befruchtung vorgehe? ob nehmlich innerhalb, oder
außerhalb des Körpers. Denn, obgleich die Anatomie der=
selben an verschiedenen Individuen Theile zeigt, die ein dop=

lauf des Blutes in den Kiefern, die unter den Seitenmembra=
nen des Kopfes ganz frei liegen und die Stelle der Lungen ver=
treten, auf die Art sich zu nähren, und auf den Fortgang der
Verdauung zuerst im Magen, nachher in den Eingeweiden: so
wird man finden, daß sie den knorpligen Fischen gleich sind;
denn diese machen mit den kleinen Floßfedern des Schwanzes
und mit den Seitenflossen, die oft sehr verlängert sind, alle
nöthige Bewegungen, um im Wasser weiter zu kommen. In
Hinsicht auf den Umlauf des Bluts, wird man bei den knorp=
ligen das Herz noch mit einem Ohre versehen finden, wo=
durch es das Blut empfängt, und es durch die Aorta zu den
Kiefern treibt, die tief im Körper liegen. Diese öffnen sich
bei der Berührung des Wassers, welches durch den Mund
eingeschluckt ist, und das Wasser fließt durch einige Ritzen,
deren Rand sich wie Valveln öffnet und schließt; so daß sie
sich im Ganzen von den Fischen mit Knorpeln hierin nicht
unterscheiden, nur daß die Blättchen unter einander verbun=
den, und alle Kiefernbogen in der Peripherie an der äußersten
Bedeckung befestigt sind. Die Verdauung endlich ist dieselbe,
wie bei den Fischen mit Gräten, durch auflösende Säfte; denn
ich habe in dem häutigen Magen kleiner Haien (Squalus) die
Schale verschluckter Seekrebse erweicht und aufgelöst gefunden.
Dies bemerkte ich auch bei vielen Arten Haien und Rochen,
welche die zahlreichsten Familien dieser Ordnung ausmachen.
Diese nicht geringen und gar nicht zweideutigen Gründe, weil
sie aus der Natur der Sache genommen sind, hätten uns doch
nicht so sehr von den Alten abweichen lassen sollen, um die
knorpligen Fische unter die Ordnung der Amphibien mit zu
rechnen, wie die Frösche, Eidechsen und Schlangen. Der be=
ständige Aufenthalt der knorpligen Fische im Wasser mußte
uns begreifen lehren, daß ihre natürliche Beschaffenheit es
nicht erlaubt, in der Luft zu leben. Schildkröten aber und
Frösche leben im Trocknen und im Wasser, weil nur ein Drit=
theil des Bluts bei dem jedesmaligen Umlaufe desselben durch
die Lunge geht und da gehörig zubereitet wird; die Lunge

peltes Geschlecht verrathen; so zeigt sie doch nicht, durch
welche Mittel die Vereinigung zwischen Körper und Körper
erfolgen könne. Die knorpeligen Fische, als das Geschlecht
der Haien *) und Rochen **), müssen uns nothwendig auf
den Gedanken bringen, daß eine Vermischung unter ihnen
Statt gefunden habe, weil sie lebendige Junge gebären. Die

wird also nicht von der Luft in Thätigkeit gesetzt, außer wenn
es dem Thiere selbst gefällt, entweder zur Erhaltung des Lebens, nehmlich um das Blut desto besser zuzubereiten, oder
aber zu einem Nebenbedürfnisse, zur Stimme. Fände sich ein
Thier, das beides Lungen und Kiefern zugleich hätte, wovon,
während der Wirkung der einen, die andern still ständen (behaupten können wir sein Daseyn nicht, wenn wir es nicht untersucht haben; auch könnte uns die Analogie und vielleicht
auch ein physisches Gesetz wohl die Unmöglichkeit zeigen:) so
 stände dies Thier auf der wahren Stufe zwischen diesen
Klassen der Amphibien und Fische. A. d. V.
Artedi, der fast seine ganze Anstrengung auf die Ichthyo-
logie verwandte, behielt die Eintheilung der Alten in so weit
bei, daß er die hartgrätigen und knorpeligen Fische zusammen-
rechnete. Nur Linné machte zwischen ihnen aus dem Grunde
eine Absonderung, weil die oft etwas fremd gestalteten Kiefern der hartgrätigen (Chondropterigii) ihn glauben ließen,
sie athmeten durch wahre Lungen. Pallas war schon wieder
für die Meinung oder Eintheilung der Alten; und je mehr die
Neuern mit dem inneren Bau dieser Thiere bekannt werden,
desto entschiedener erklärt man sich hierin gegen die Linnéische
Meinung. Auch hat daher Herr Gmelin in der letzten Ausgabe des Linn. Systems dies darin abgeändert, aber mit
Recht die Wallfischarten bei den Säugthieren gelassen. Ganz
vorzüglich verdient nachgesehen zu werden: Alexander Monro
Vergleichung des Baues und der Physiologie der Fische, aus
dem Englischen mit Anmerkungen von P. Camper und
J. G. Schneider, Leipzig 1787. 4to m. K. Durch die geschickte Bearbeitung des Deutchen Herausgebers ist dies eins
der vorzüglichsten Werke über diesen Gegenstand geworden. 3.

*) Squalus Linnaei.

**) Raja Linnaei.

A 5

Anatomie hat auch in der That gezeigt, daß die Zeugungstheile bei knorpeligen Fischen zur Vermischung geschickter sind;
denn bei beiden Geschlechtern öffnen sie sich in den Mastdarm
ziemlich nahe am After, der sehr weit und offen ist. Auch
ragt die männliche Ruthe gewöhnlich in Gestalt einer Warze
hervor, daß also das Hervorspritzen des Saamens bequem ge=
schehen kann. Giebt man nun hieneben noch auf die Gestalt
ihres Körpers Acht, der gewöhnlich am Unterleibe gleich und
eben ist, so wird dies noch wahrscheinlicher. Die Befruch=
tung kann also bei ihnen auf eben die Art geschehen, wie bei
den Vögeln und vielen Amphibien.

Der Weg, der uns zum Ziele führen konnte, war, daß
wir an den Fischen mit Gräten die Zeugungstheile kennen
lernten, und sie in allen Beziehungen, die sie mit den übri=
gen Theilen des Körpers haben können, betrachteten. Die
Folgerungen, die aus einer solchen Untersuchung gezogen
werden konnten, mußten nachher durch die Beobachtung be=
stätigt werden; denn obgleich der erste Weg schon zu ge=
wissen Folgerungen führen mußte, so konnte er doch nicht
völlig überzeugen und vor Fehlschlüssen sichern. Die Ana=
tomie der Fische ist zwar in einigen Hauptpunkten von tüch=
tigen Männern erläutert; man kann aber doch noch immer
sagen: sie sei erst in ihrem Entstehen, und sie erfordre die
Hand eines sorgfältigen Forschers, um die noch dunkeln That=
sachen in der Physiologie der Thiere aufzuklären. Da es in=
deß nicht meine Absicht ist, eine anatomische Abhandlung über
die Fische zu schreiben, so wähle ich eine bekanntere Art, an
der im Vorbeigehen der Bau der Eingeweide untersucht wer=
den soll, um dadurch zu einer bestimmten Kenntniß der Zeu=
gungstheile zu kommen.

Der Drachenbars *) lebt sowohl an den Klippen der
Ufer, als des hohen Meeres, und wirft sich mit seinen
großen Brustfloßfedern auf der Erde fort, weil er keine

---

*) Scorpoena (porcus) cirris ad oculos naresque Linn. *Scorfano,*
bei den Neapolitanischen Fischern.

Schwimmblase hat, womit er sich im Wasser heben könnte. Er hält sich an bewachsenen Klippen auf, um da ungesehen und verborgen auf die kleinen Fische, Krabben und Krebse Jagd zu machen, von denen er so viel verschluckt, daß er ungeheuer aufschwillt. Die ganze Höhlung des Bauches ist durch das Zwerchfell in zwei Theile getheilt: in die Brust und den Unterleib. Die Brust schließt das Herz mit den dazu gehörigen Kanälen ein; der Unterleib die übrigen Einge= weide und die Zeugungswerkzeuge. Da die Brust also nichts als das Herz und den Ursprung der Blutgefäße ein= schließt, so ist sie ziemlich eng, und erstreckt sich nicht weiter, als bis zu Ende des Schlundes. Das Herz, welches vom Herzbeutel umgeben wird, ist von starkem Baue und von einer prismatischen, etwas langen Gestalt; am Ende des un= tern Theils ist das einzige Herzohr befestigt, welches das Blut aus dem unterliegenden Venensacke aufnimmt. Aus dem obern Theile des Herzens entspringt die Aorta, die bei ihrer Hebung einen Zweig für jeden knöchernen Kieferbogen absondert; dieser theilt sich wieder in mehrere Zweige, und schließt sich gerade an die Basis der doppelten Reihe dreieckför= miger Blättchen an, die an dem konvexen Theile der genann= ten Bogen liegen. Auch entspringen aus diesem Arterien= stamme die kleinen Arterien, wovon jede über der innern Seite jedes Blättchens liegt. In der Spitze dieser scharfen Blättchen trifft das Ende der kleinen Vene, die an der andern äußern Seite des Triangels liegt, zusammen, und saugt da das Blut ein, welches an ihrer Basis gesammelt in einer un= tern Ordnung von Arterien fortläuft, der Länge nach durch denselben knöchernen Bogen geht, und sich an beiden Enden ergießt. Aus dem Theile, wo der untere Ursprung der Kie= fern ist, gießen alle diese Stämme, die sich in zwei sammeln und zwischen den Muckeln, die unter dem Herzen liegen, durchlaufen, einen Theil des in den Kiefern belebten Blutes in den so genannten Venensack. Wenn diese Stämme aus dem obern Theile, wo die Basis der Kiefern ist, dem Kopfe Blut zugeführt haben, bilden sie niedersteigende Stämme,

die sich in die Eingeweide und den übrigen Körper vertheilen.

Die ganze Haut, welche die innere Seite des Gaumens
und der Zunge bekleidet, geht durch den Hals hinab, und
zieht sich in starke Falten zusammen. Wenn sie an das
Zwerchfell kommt, dringt sie dahin durch, und läuft in Gestalt
eines Cylinders ein wenig weiter. Hierauf dehnt sie sich aus,
und bildet einen Sack, wie einen kleinen Schlauch, der sich
am Boden in spitziger Form endigt. Dieser Sack ist der
Magen, wo die Speisen verdauet werden; er ist auswärts
glatt, inwendig aber durchaus voll Falten, die dazu dienen,
wenn es die Noth erfordert, größern Raum zu verschaffen.
Eine dreifache Bedeckung bildet den Magen, die äußere, die
aus Muskeln besteht, die innere die häutig und von dunkler
Farbe ist, und die mittlere nervige. Diese Häute sind auch
noch durch das Zellgewebe mit einander verbunden. Wenn
man die innere Seite dieses Magens, wo die Falten sind,
mit einem Messer schabt, tritt ein zäher Schleim hervor, der
mit den Speisen vermischt die Verdauung befördert. Die
Speisen, die ich in einem solchen Magen fand, waren Krebse
und Fische. An den Krebsen war die Schale vom Körper
getrennt und erweicht, und das Fleisch löste sich auf. Bei
den Fischen sah man die Auflösung an der ganzen Oberfläche
des Körpers; sie waren eben so gut an dem Theile verzehrt,
der den Boden, als der den obern Theil des Magens berührt, ausgenommen der Theil des verschluckten Fisches, der
im Schlunde bleiben mußte, oder bis in den Mund hervor-
ragte. Diese so verdauten Speisen riechen gar nicht übel,
welches beweist, daß die Verdauung durch diesen auflösenden
Schleim geschieht.

Durch die Stärke der Magenmuskeln wird die Speise,
die in einen Brei verwandelt ist, fortgestoßen und oben in
das Gedärm geführt, welches bei seinem Ursprunge, aber
mehr an der rechten Seite, in den Magen tritt. Der Darm
öffnet sich im Magen als ein kegelförmiger, dicker Kanal,
und hat der Länge nach Falten; diese seine faltige Haut ist

in ihrem Laufe durch den Darm ziemlich fein, und ganz voll kleiner Oeffnungen, den animalisirten Saft der Speisen einzusaugen. Dies hört da auf, wo das Ende der wurmförmigen Säckchen ist, die bei diesem Darme gerade da hervortreten, wo der eigentliche große Darm *) anfängt. Jedes dieser Säckchen hat seine ovale Oeffnung im Grimmdarme; und da dieser Theil des Magens, der einen kanalförmigen Magenmund bildet, der Länge nach Falten hat, die dazu dienen, gegen den Grimmdarm zu ihn immer zu verkleinern, wodurch der Ausfluß aus dem Magen in den Darm weit leichter geschieht, als umgekehrt: so ist die Folge, daß die gelbe Feuchtigkeit, wovon die genannten Säckchen angeschwellt sind, nicht in den Magen kommen darf, sondern die in Brei verwandelten Speisen, die schon ausfließen, anfeuchten muß. Doch hat dieser Brei, um im Gedärm nur zum Theil animalisirt zu werden, einen neuen Zusatz von Magensaft nöthig, den die genannten Säckchen liefern. In der That habe ich die in dem Darmkanale gesammelten Substanzen immer mit dieser gelben Feuchtigkeit stark gefärbt gefunden, welche aber nachher in dem abgeführten Unrathe verschwindet. Ich habe von dieser gelben Feuchtigkeit so geredet, als sei sie von der Feuchtigkeit, die in den Magen hervortröpfelt, gar nicht verschieden. Den kleinen Unterschied der Farbe abgerechnet, haben beide einerlei Geschmack; auch erscheint die Magenhaut netzförmig mit einer Reihe von Glandeln, und so ist auch die innere Gestalt dieser Säckchen. Der große Darm läuft bis an den After, nachdem er eine große Krümmung gemacht, und noch einmal zu seinem Ur-

---

*) Der Verfasser bedient sich sowohl hier als zuvor des Worts budello, Darm, auch nach einigen der Grimmdarm, wiewohl seltner. Zuletzt nehmlich sagt er hier vero budello. Es ergiebt sich aus der Lage der Theile, daß dies Wort ein allgemeiner Ausdruck für das Gedärm ist, da die Italiänischen Anatomen sonst eben wie wir den Grimdarm Intestinum colon nennen, und die übrigen Abtheilungen, als jejunum duodenum rectum, dort gleichfalls so heißen. 3.

sprunge zurückgeht. Seine Substanz inwendig ist von einem Faltengewebe, worin sich kleine Einmündungen (Vertiefungen) finden, die den Nahrungssaft einziehen. Flocken, (villi intestinorum) die das Einsaugen verrichten, wie man sie bei andern Thieren findet, habe ich gar nicht wahrgenommen.

Die Leber, die von ansehnlicher Größe und blaßgelber Farbe ist, liegt über dem Magen, unmittelbar unter dem Zwerchfelle. Sie ist in zwei Lappen getheilt, wovon der linke der größte ist, und gerade über dem Magen liegt. Diese ganze Masse der Leber wird von zwei großen Venenstämmen gehalten, die in das genannte Behältniß gehen; sie wird auch von einem Geflecht dreier Arterien befestigt, die aus der rechten Seite unter dem genannten Behältnisse weggehen, und die übrigen Eingeweide des Unterleibes mit Blut versehen. Endlich wird sie von allem Blut durchdrungen, welches die Blutadern bringen, die in Menge aus dem Magen, dem Darm mit seinen Anhängseln, und aus der Milz kommen, und durch die Deckel (Scrime) *) gehen, welche sich an der Leber auf ihrem konkaven Theile, besonders in der Mitte und im rechten Lappen, finden. Die Substanz der Leber ist von eben der Art, wie bei der Leber der übrigen Thiere.

An der Spitze des rechten Lappens und über dem Darme ist die Gallenblase, die von grünlicher Farbe und zuweilen von ansehnlicher Größe ist, durch ein Gewebe befestigt. Aus ihr tritt der Gallenblasengang hervor, der den rechten Lappen berührt, und dringt nachher durch die Falte in ihn, durch welchen der größte Theil der Adern läuft, die aus dem Eingeweide kommen. Von diesem Gange trennt sich beim Eintritt in die Leber ein Zweig, der unter dem Rande (Krone) der Anhängsel des Magenmundes in den Darm tritt, und läßt da, so wie bei allen Thieren, die bittere Galle heraus tröpfeln.

*) Abtheilungen, tiefe Einschnitte, Falten?·

Wo der Darm zurückgeht und eine große Krümmung
macht, liegt die Milz zwischen Zellgeweben unter ihm, und
hängt durch Blutgefäße mit der Leber zusammen. Sie hat
die Gestalt einer Zunge, und ist unten häufig eingekerbt.
Zwischen diesem Geflechte der Gefäße, das an der Spitze der
Milz ist, findet man einen runden glandelichten Körper, oft
auch mehrere kleinere.

Die Membrane des Darmfells (peritoneum), die zum
Ausfüttern des Unterleibes bestimmt ist, dehnt sich noch wei=
ter aus, und bedeckt auch die Eingeweide, die der Unterleib
enthält, und dient so zu einem gegenseitigen und gemein=
schaftlichen Bande selbst auf der Fläche des Unterleibes.
Der Magen von unten, und der Rest des Darms, so weit
er von der Spitze des Magens bis zum After geht, wird
durch die Richtung des Rückgrates mit dem Boden oder der
untern Höhlung des Unterleibes verbunden; indem sich diese
Membrane verdoppelt und die Blutgefäße unter einander
zusammenzieht. Der Boden des Unterleibes wird also in
zwei Theile getheilt, einen zur Rechten, einen andern zur
Linken. In diesen beiden Höhlen liegt ein Eingeweide, das
unsrer vorzüglichen Beobachtung werth ist, nehmlich der
Eierstock.

Im Anfange des Frühlings, wenn der größere Theil der
Fische schon schwanger zu seyn pflegt, ist es der D r a c h e n=
b a r s noch nicht, und sein Eierstock enthält nur die Keime zu
den Eiern, die am Ende des Sommers vollkommen seyn
müssen. Ich beschreibe jetzt dieses Eingeweide in sei= Tab. 1.
nem ersten Zustande. Es ist ein Sack der in zwei ge= Fig. 1.
theilt ist (k). Jeder liegt an einer Seite des Unterleibes, aber
beide sind am Eingange in die Scham vereint. Die Scham
ist eine Oeffnung unter dem After (f), die, mit einer kleinen
konischen Warze versehen, auswärts hervorragt. Die Gestalt
jedes dieser Eierstöcke ist gliederförmig, ihre Farbe rosen=
roth. Sie sind mit dem Boden des Unterleibes und dem
Magen vermittelst eines Bandes verbunden, welches vom
Darmfell gebildet wird und die Blutgefäße enthält, na=

mentlich die große Blutader, die aus der Spitze jedes Sackes
geht, und das überflüssige Blut in den Venensack zurückführt. Diese beiden Säcke treten so enge zusammen, und
gehen so fort, daß sie nahe am Ende gleichsam leer, eine
Leiste oder einen Streifen bilden (i), der in der Mitte der Länge
nach von dem Bande, welches den Grimmdarm über dem Eierstocke hält, getheilt wird. Wenn jeder dieser Säcke, die wir
Eierstöcke genannt haben, offen ist, so erscheint ein länglich-
er, spitziger Körper, der aus ziemlich tiefen Falten besteht,
mit seinem breiten Fuße an dem obern Theile befestigt ist und
in die Höhle jedes Sackes hinabhängt. Wenn man die Falten zerschneidet und auf das kleine Glas des Mikroskops in
einen Tropfen Wasser bringt, damit sie sich erweitern, so
wird man finden, daß diese Falten ein Haufen runder Bläschen, durchsichtig wie Hagel und unter einander genau
verbunden sind; in vielen von ihnen wird man auch im
Mittelpunkte etwas bemerken, das wie ein Kernchen gestaltet
ist. Aber wie und durch welches Mittel sind diese Bläschen,
die hernach Eier liefern müssen, verbunden? — Werden sie mit
einer Nadelspitze geschabt, und aus ihren Höhlen gebracht,
so zeigt es sich, daß ihr stärkstes Band unmittelbar die Blutgefäße sind, die sich zwischen ihnen zertheilen. Untersucht
man die Haut des Sacks mikroskopisch, so zeigt sich, daß
es eine bloße Membrane ist. Man kann also schließen, daß
diese Säcke die wahren ersten Entstehungsplätze (matrici)
der Fische enthalten, und daß sie nachher den Dienst der
Mutter (Uterus) verrichten; in dem Sinne nehmlich, daß
die Eier sich darin entwickeln, bis sie zur Befruchtung des
Männchens fähig sind.

Die Urinblase liegt am Boden des Unterleibes unter
dem Mastdarme und den Eierstöcken, und tritt in die schon
beschriebene Scham. Nach unten in der Mitte wird sie von
der Harnröhre durchbohrt. ● Diese gehet etwas zwischen der
Verdoppelung des genannten Bandes des Mastdarms fort,
tritt darauf in den Boden des Unterleibes, und kommt zu der
Niere. Dies ist ein großer pyramidenförmiger Körper von
braun-

braunrother Farbe, dessen Spitze unter dem Darmfelle zwi=
schen den Muskeln und dem Rückgrate liegt.

Nach diesem Begriff von den Eingeweiden des Drachen=
barses gehe ich wieder zur Beschreibung des Blutumlaufs
zurück, wovon ich zuletzt sagte, daß das Blut aus dem
Herzen durch die Aorta bis ans Ende der Kiefern geführt
werde. Ich halte mich um so lieber bei dieser Untersuchung
auf, da ich nicht weiß, wer nach dem ältern *) Du Ver=
ney eine Untersuchung übernommen hat, die, wegen der
Mannichfaltigkeit der Dinge, und der großen Verschiedenheit
zwischen der Oekonomie der Fische und der in der Luft leben=
den Thiere, so schwer ist.

Wenn das Herz (a) das Blut aus dem unterliegen= Fig. 1.
den Ohre empfangen hat, führt es dasselbe vermöge seiner zu=
sammenziehenden Kraft in die Aorta, welche, bei ihrem Aus=
gange aus dem Herzen, sich so erweitert, daß sie die ganze
Basis bedeckt; hierauf zieht sie sich in Gestalt eines Kegels
zusammen, dessen Substanz so dicht ist, daß er eine weiße
Farbe hat, da das Herz roth ist. Die Aorta ist inwendig
mit einigen fleischigen Säulen versehen, welche die Ursache
sind, daß dieser Theil der Aorta den Stoß des Blutes ver=
doppelt und es bis ans Ende ihrer Stämme forttreibt. Da
diese Arterie gerade bis unter den Rand der Kinnlade steigt,
so trenne man, um ihren Lauf zu sehen, die Haut und die
Muskeln, welche sie bedecken. Um dies desto besser zu
fassen, mache man da einen Einschnitt in die Aorta, wo sie
sich beim Ausgange aus dem Herzen erweitert. Man setze
das Ende einer gläsernen Spritze in die genannte Oeffnung,
und spritze sie mit vieler Stärke mit Quecksilber ein, welches,
wenn das Blut des Fisches noch nicht geronnen ist, nicht
nur in die größeren Stämme dringen wird, sondern bis in die
kleinen Zweige, die in den Kieferblättchen liegen. Dann
wird sich zeigen, daß diese Arterie nach der beschriebenen Er=

*) Du Verney Mém. de l'Acad. Royal des Sciences, 1701;
    pag. 226.

weiterung einen geraden Lauf nimmt, cylinderförmig wird, und kurz nachher aus einem Punkte vier Zweige treibt, wovon zwei südwärts zu den nächstletzten Kiefern gehen. Die andern beiden entspringen unter jenen, treten in die unteren Muskeln, und gehen zu den letzten Kiefern. Die Aorta setzt ihren Lauf fort, und nach einem ähnlichen Raume treibt sie aufs neue zwei Zweige an der entgegengesetzten Seite hervor, um die beiden andern Kiefern zu beleben. In dieser Lage scheint die Aorta still zu stehen, und sie stände in der That still, wenn sie sich nicht vorher, ehe sie diese beiden Zweige heraustreibt, als ein neuer Stamm verlängerte, und so ihren Lauf fortsetzend an ihrem Ende zwei andre ähnliche Zweige für die beiden letzten Kiefern hervortriebe.

Wenn die Einspritzung des Quecksilbers glücklich ist, so wird sie nicht allein die beschriebenen Stämme und die Aorta sichtbar machen, sondern zu gleicher Zeit die Franzen weiß machen, die an dem konveren Theile dieser Kiefern liegen. Bei der Untersuchung dieser Franzen wird es sich zeigen, daß sie in doppelter Reihe stehen, und daß jede von ihnen aus dem innern Theile eine Portion Quecksilber erhalten hat, aber von dem Blute aus dem äußern Theile noch roth ist. Man wird hieraus leicht begreifen, daß der Zweig der Aorta, der von dem Kieferbogen in einen darin gegrabenen Kanal aufgenommen wird, so viele kleine Zweige treibt, als Fäden dieser Franzen sind; man wird auch sehen, daß diese Stämme ihr Ende in der Gränze der Kieferbogen haben, da ihr Blut von den genannten Kanälchen eingesogen wird. So wird man den Unterschied des Blutumlaufs bei den Fischen und den in der Luft lebenden Thieren einsehen lernen; denn bei diesen führt die Aorta das Blut aus dem Mittelpunkte durch den ganzen Körper umher, da bei jenen Thieren kein anderer Gang ist, als aus dem Herzen bis ans Ende der Kiefern.

Jeder kleine Zweig der Arterie, der die innere Seite der Reihe der Kieferfranzen durchlaufen hat, läßt seinen ganzen Weg über das Blut, welches er führt, in unzählige Ka=

näle fließen, die unter dem Rande eben so vieler Blättchen
laufen, welche queer und perpendikular unter den Franzen=
reihen liegen.   Wenn man eine Franze geschickt von den Kie=
fern des noch halb. lebenden Fisches abschneidet, sie in einen
Wassertropfen legt, und sie so unter dem Mikroskop mit
einer starken Linse beobachtet, so wird man sehen, daß das
Blut, sowohl in der Arterie als in der Vene, wie ein Hau=
fen kleiner fester ovaler Körper unregelmäßig steigt und fällt;
auch wird man bei diesem Fallen und Steigen dies Fluidum
noch in unzählige Kanäle fließen sehen, die sich schief in die
genannte Arterie einmünden.   Es steigt in einer krummen
Linie, fällt aber wieder, und ergießt sich in die an der andern
Seite liegende Vene.   Dieser so unterbrochene Blutstrom,
der durch die Haarröhrchen geht, wird wenige kleine ovale
Körper zeigen, welche die Reihe Blut bilden.   Die erwähnten
Blättchen nehmen ab, so wie sich die Kiefernreihe, die, wie
ich gesagt habe, triangelförmig ist, zusammenzieht, und
gegen die Spitze derselben sind die kleinsten Blätter, die am
meisten zusammengepreßten... Diese Blätter haben im Rande
diesen Kanal, und schlagen bei der Berührung des Wassers,
wodurch die Bewegung des Blutes stärker wird.   Es verhält
sich also nicht, wie d u B e r n e y glaubte, daß die Arterie in
die Vene sich einmündet, sondern sie läßt, der ganzen Länge
nach, Blut ausfließen.   Doch wird der Beobachter bei dieser
feinen Untersuchung nicht wenig in Verlegenheit seyn wegen
des Blutlaufs in einem Stamme, der unter dem Blatte der
Reihe, die näher an der Blutader ist, hingeht und sich
oben in Zweige vertheilt.   Der Lauf aber und der Nutzen
desselben soll an einem andern Orte aus einander gesetzt wer=
den.   Das Blut geht also aus dem Zweige der Arterie in
den der Vene, und alle diese Venenstämme gießen dann das
Blut perpendikular in ein großes Gefäß, das auch venen=
artig ist und in dem Kanale des Kieferknochens, nahe am
Arterienstamme, liegt.

Wir haben also gesehen, daß das Blut in eben so vie=
len Kanälen als Kiefern fließt, und daß jeder Kanal in der

Höhlung ihres Knochens der Länge nach liegt. Diese Kanäle, die das Blut nicht durch eins der Enden empfangen, sondern durch die Mitte, in welche sich die Zweige der Adern senken, müssen sich also durch die beiden Enden, die offen sind, des Bluts entladen. Folgendes ist die Art und Weise, wie es geschieht.

Das Blut, welches in die unter den Reihen der Kieferfranzen liegenden Gefäße gebracht ist, berührt gleichsam unmittelbar das Wasser und die Luft, die im Wasser eingeschlossen ist, oder auch häufig eingeschluckt wird (welches der größte Theil der Fische thut, die Schwimmblasen haben, wenn sie auf die Oberfläche kommen.) Das Blut welches vorher schwarz und bläulicht war, wird nun hellroth und voll Bewegung und Leben. Von diesem Blute kehrt unmittelbar ein Theil in den Venensack zurück, der unter dem Ohre des Herzens liegt. Diese Kanäle, die das Blut durch die kleinen Kieferadern in dem Theile, der vor dem Herzen liegt, eingesogen haben, laufen aus der Hohlstreife (Scanalatura) der Kiefern, und haben noch immer eine Venenhaut, ob sie gleich voll Arterien=Bluts sind. Sie gehen unter der Aorta durch zwischen die Kehlmuskeln; und in einen Stamm vereinigt, bringen sie von unten in den Venensack, worin sie unmittelbar einen Theil des Arterien=Bluts absetzen; und so entladen sie sich eines Theils des Bluts durch das vordere Ende.

Dieselben Stämme, die nachher durch das andere Ende der Kieferbogen gehen, bilden das wahre Arteriensystem, welches das Blut in den ganzen Körper vertheilt. Es ist sonderbar, wie diese Blutadern, die in der Hohlstreife der Kiefern wegen ihrer Haut Blutadern waren, ob sie gleich Arterien=Blut hatten, bei ihrem Ausgange aus dem hintern Theile nicht nur Haut der Schlagader bekommen, sondern auch ihre eigentlichen Dienste verrichten. Eigentlich gesprochen giebt es bei den hartgrätigen Fischen vier Kiefern; es sind aber noch zwei andere, die ziemlich klein, und oben an den Kiefern= deckeln befestigt sind. Diese erhalten ihr Blut aus einem

Nebenzweige des letzten Zweiges der Aorta. Dieſer Neben=
zweig geht unter der Haut, welche die genannten Deckel füt=
tert, zwiſchen die kleinen Muskeln derſelben. Hierauf geht
das Blut, angeführter Weiſe, aus ihrem innern Theile zum
Auge, in deſſen Höhle es durch einen korreſpondirenden klei=
nen Zweig hinabſteigt.

Da wir jetzt den großen Arterienlauf unterſuchen, der
ſich aus den vier Blutadern der Kiefern bildet, ſo müſſen wir
die Kehle des Fiſches nach der Richtung der Aorta in der
Länge durchſchneiden, und von da anfangen, die Haut, welche
den Gaumen bedeckt, zu trennen und ſo den Ort vor dem
Schlunde geſchickt entdecken, wo die beiden körnigen Körper
ſind, weil gerade da, wo ſich der Knochen der Hirnſchale
ſenkt, das Arterienſyſtem ſich befindet.

Der Stamm, der aus dem erſten und obern Kieferbogen
kommt, geht gerade bis an den Winkel der Hirnſchale, in
welche er hinein tritt und dem Gehirne Blut giebt. Von
der andern Seite führt ein Zweig, der ſich mit einem andern
Stamme, welcher aus der zweiten Kiefer kommt, vereinigt, und
ſo durchläuft er noch einen kleinen Raum, wenn er einem
andern Stamme begegnet, der aus der Vereinigung der
dritten und vierten Kiefer gebildet iſt. Dies iſt auch der
gemeinſchaftliche Mittelpunkt für die Arterien, die aus den
Kiefern der andern Seite kommen, welche auf eben dieſe
Weiſe laufen und auch ihren Theil Bluts zum Gehirne
führen. Doch liegt dieſer Mittelpunkt nicht gerade in der
Mittellinie der Hirnſchale, ſondern mehr zur linken Seite,
wenn man den Fiſch auf dem Rücken liegend ſieht. Dies iſt
ſehr weiſe von der Natur eingerichtet, damit die Speiſen,
die durch den Schlund ſteigen, über dem Knochen der Hirn=
ſchale das Haupt des Arterienſyſtems, mit andern Worten
des Lebens, nicht drücken ſollten.

Aus dieſem Mittelpunkte geht ein Stamm, der gerade
über der untern Fläche des Rückgrates fortgeht, und nach
einem kurzen Wege in der Mitte derſelben eine Hohlſtreife
trifft, die ſich immer mehr vertieft, und den Stamm, der

bis ans Ende des Körpers geht, einschließt und verbirgt.
Der Weg dieses Arterienkanals geht unter der Niere durch
den ganzen Unterleib, und hierauf unter der großen untern
Ader, die das Blut aus der Spitze des Schwanzes in den
unter dem Herzen liegenden Venensack führt. Dies ist der
Arterien-Stamm, der das Blut im Körper umherführt und
ihm das Leben giebt, und so den Dienst der Aorta, die bei
andern Thieren herabsteigt, vertritt.

Aus diesem Mittelpunkte gehen noch drei Stämme,
die sich zur Linken des Unterleibes wenden und in das
Darmfell dringen. Wenn man daher einen Einschnitt in
diesen Mittelpunkt macht, und, nachdem das Stück ordentlich
zubereitet ist, eine Spritze voll Quecksilber hineinsenkt, den
Kanal unter der Spitze der Spritze mit einem Faden zu-
bindet, und nun eine Einspritzung vornimmt, so wird sie,
wenn sie geglückt ist, den Lauf dieser Stämme zeigen, die
unter dem Schlunde weggehen und sich in die Eingeweide
vertheilen. Ursprünglich sind dieser Stämme nur zwei;
aber kurz nachher theilt sich der rechte, (ich nehme den Fisch
auf dem Rücken liegend an, den Schwanz dem Beobachter zugekehrt) sein rechter Zweig nähert sich der rechten
Seite des Magens, und wenn er die Verdoppelung des
Darmfelles durchlaufen und sich bald hier-, bald dorthin ge-
wendet hat, (d) vereinigt er sich mit ihm bis an die
Spitze desselben. Indem er so seinen Lauf fortsetzt, schickt
er viele Zweige zu beiden Eierstöcken, zum rechten und linken, vermittelst der Verbindung des gemeinschaftlichen Bandes. Durch diese Nebenzweige habe ich, durch Zusammen-
pressen der Einspritzung, das Quecksilber ganz deutlich
laufen sehen.

Der linke Zweig dieses getheilten Stammes theilt sich
kurz nachher noch in zwei Zweige, wovon der rechte, der
ziemlich groß ist, an der andern Fläche des Magens hin-
läuft, nehmlich an der linken, und sich mit dem andern
Zweige nahe an der Spitze vereinigt. Der linke Zweig die-

ser Theilung verlängert sich noch weiter, und theilt sich in drei Zweige, die sich in die Eingeweide vertheilen.

Es bleibt noch ein andrer Stamm, der sich auch aus dem gemeinschaftlichen Mittelpunkte trennt, nehmlich der linke, zu beschreiben übrig. Dieser geht gerade über die Krone der beschriebenen Anhängsel des Magenmundes, und ehe er in denselben hineindringt, wird er dicker, wenn sich ein Zweig absondert, der kurz nachher sich theilt, und an zwei Punkten da in die Leber tritt, wo die großen Blutadern eindringen.

Das Blut, und mit ihm das Leben, vertheilt sich im ganzen Körper, und nachdem es ihn belebt und genährt hat, wird das überflüßige durch ein anderes System mehr ausgedehnter Gefäße, die ober von einem weniger dichten Gewebe sind, zum Herzen zurückgeführt, um frische Bestandtheile aufnehmen zu lassen und den Kreislauf von neuem anzufangen.

Es giebt in dem Körper der hartgrätigen Fische zwei große Stämme, wovon der eine über, der andre unter den Rückenwirbeln liegt; überdies sind da noch die Blutadern, die aus den Eingeweiden des Unterleibes kommen. Die Blutader, die unter dem Rückgrate liegt, und an der Spitze desselben ihren Anfang nimmt, liegt ganz über dem kurz vorher beschriebenen Arterienstamme. Sie geht weiter fort, und wenn sie die Spitze des Bauches berührt hat, erhebt sie sich, und geht am Grunde desselben fort, und erweitert sich in eine Falte zwischen dem Darmfelle und der darunter liegenden Niere, da sie dann ihren Lauf fortsetzt, bis sie an den Venensack kommt, der unter dem Ohre des Herzens liegt. Dies ist ein ziemlich geräumiges Behältniß, das über das Zwerchfell steigt, und mit zwei Zweigen sich bis unter den Augenkreis ausdehnt. Diese Blutader nimmt in ihrem Laufe noch Zweige aus dem obern Theile des Körpers auf, die man schräg über den Rückgrat gehen sieht; und nachdem sie am Boden des Unterleibes zu einer Adervertiefung geworden ist, nimmt sie die Blutader von beiden Seiten desselben auf.

Aus der Spitze des Schwanzes, vom obern Theile des Rückgrats her, läuft in dem Kanale, der sich in den Rückenwirbeln befindet, wo das Rückenmark seinen Sitz hat, ein andrer Venenstamm, der über das Mark steigt, von oben Zweige aufnimmt, die alle von unten aus einem jeden Rückenwirbel kommen, und sich vor dem Gelenke des letzten Wirbelbeines in den Knochen des Kopfes endigen. Hier macht er eine Höhle unter dem letzten Wirbelbeine, und entledigt sich seines Blutes von beiden Seiten in den beiden genannten Zweigen des Venensackes. So wird also das Blut aus den übrigen Theilen des Fisches wieder zum Herzen geführt.

Auch aus den Eingeweiden des Unterleibes kommt das Blut an denselben Ort. Aus dem Gedärme, aus der Milz und dem großen Darm, gehen die Blutadern unter dem Deckel des rechten Lappens in die Leber; und diese entledigt sich desselben vermittelst zweier sehr kurzer, aber großer Stämme in den genannten Sack.

Die Eierstöcke bei dem Drachenbarse, und sehr vielen anderen Fischen, bei denen sie gabelförmig oder doppelt sind, haben für jeden Zweig eine große Blutader, die an der Oberfläche ihrer innern Seite läuft. Den Lauf dieser Blutadern (a, a) kann man im Eierstocke der Canna *) (der Italiener) bemerken, und man sieht, daß tausend kleine Stämme Fig. 16. inwendig in dieser Blutader zu der Masse der Eier, und über ihre Oberfläche laufen. Diese beiden Venenstämme gehen durch die Verdoppelung des Bandes des Eierstocks, und endigen sich im obengenannten Venensack. Ueberhaupt führen diese Blutadern den Ueberrest des Blutes zum Herzen zurück, das, wie wir gesehen haben, aus den Nebenzweigen des Arterienstammes, der an die linke Seite des Magens stößt, gebracht wird. Es ist in der That bewundernswür-

*) Labrus (Hiatula) pinna anali nulla Linn.

dig, daß diese Eierstöcke, die zu einer andern Zeit nichts als zwei Schnüre sind, zur Zeit der Schwangerschaft so unbegreiflich groß werden. Das Blut aus den Nebenzweigen der Arterien, und der Lebensdunst *), muß dann mit der größten Schnelligkeit kommen, daß sich dies Eingeweide dann entwickelt, und die beiden Venenstämme, die vorher nicht sichtbar waren, nun groß und von Blut aufgeschwollen erscheinen. Es ist wunderbar bei dem Bau der Thiere, daß einige Theile zu gewissen Zeiten eine solche Erschütterung bekommen, daß sie ihren Endzweck erreichen können; und bei den Fischen und vielen andern Thieren geschieht dies zu gewissen Zeiten des Jahres, in Hinsicht der Zeugungstheile.

Nach diesem kurzen, aber nöthigen Begriff von dem Blutumlaufe der Fische, dem Baue und der Oekonomie der Matrizen (Entstehungsorte) ihrer Eier, will ich einige andere Arten von Fischen durchgehen, und den Bau der Eierstöcke und die Veränderungen, die darin in der Folge der Entwickelung der Eier vorkommen, beobachten.

Der Asinus **)'der Alten, oder der Stockfisch, wohnt im hohen Meere, und ist zu Anfange des Frühlings schwanger. Außer dieser Zeit sind seine Eierstöcke, wie zwei weiße Schnüre, der Länge nach am Boden des Unterleibes befestigt. Wenn sie offen sind, erscheinen sie wie zwei Kanäle, die inwendig voll tiefer Falten sind und ein spitzes Blatt bilden. Unter dem Mikroskop sieht man, daß sie aus einem dichten Haufen durchsichtiger Bläschen bestehen. Sucht man sie mit einer Nadel zu trennen, so zerspringen sie und verschwinden. Beobachtet man eben diesen Fisch im März und April, so ist sein Bauch über die Maßen angeschwollen, und man sieht, daß dieses Anschwellen von der Vergrößerung der beschriebenen Eierstöcke kommt. Man wird nun nicht mehr zwei Schnüre an den Seiten des Unter-

---

*) Man wird weiter unten das System des Verfassers hierüber kennen lernen.

**) Gadus Merluccius Linnaei. *Merluzzo* bei den Fischern.

leibes ſehen, ſondern zwei große Cylinder von gelbrother
Farbe, die ſich mehr nach dem After neigen, nachdem ſie
ſich da, wo ſie mit der Scham verbunden ſind, in einen
Körper vereinigt haben. Die Scham iſt eine dem After
ähnliche Deffnung, und liegt unter ihm. Jeder dieſer bei=
den Stämme hat ſein Band, welches ihn mit der Höhlung
des Unterleibes verbindet. Nach ihrer Vereinigung in der
Scham bilden ſie einen Stamm, der die Urinblaſe einſchließt,
und ſich auch in die Scham öffnet. Iſt der Eierſtock offen,
ſo ſieht man einen Sack, der fein genug iſt, um durchſichtig
zu ſeyn. Die ganze darin enthaltene Maſſe beſteht aus un=
zähligen etwas feſten Kügelchen, die unter einander und auf
der Fläche der Haut, die den Sack bildet, verbunden ſind.
Berührt man dieſe Kügelchen, ſo zeigt es ſich, daß ſie außer
dem Leime, der ſie umgiebt, noch ein anderes Mittel haben,
welches dazu beiträgt, ſie unter einander zu verbinden. Man
wird bemerken daß dieſe Körnchen eine Stufenfolge in ihrer
Größe haben, und ziemlich feſt aus einem gelben Schlamme,
der ſich dem rothen nähert, gebildet ſind, und daß dieſe
ganze Maſſe des Eierſtocks, der von unten zur Leber geht,
am Boden des Unterleibes von derſelben Beſchaffenheit iſt.

Der Seebarbe *) iſt ein bei Klippen nicht ſeltener Fiſch,
und wird im Sommer in Reuſen gefangen. Als ich ihn im
Monat Junius beobachtete, waren die Eierſtöcke welk und
klein, und ließen geöffnet dieſelben Falten ſehen. Als ich
ſie zerſchnitt und in einem Waſſertropfen unter das Mikro=
Fig. 2. ſtop brachte, ſah ich einen ähnlichen Haufen Bläschen,
die nicht alle gleich entwickelt waren. Die größten hatten
zwei Umkreiſe (c, c) und ſchloſſen in dem Mittelpunkt ein
Kernchen ein, das ganz voll Punkte war; andere minder
reife waren noch durchſichtig, hatten aber alle auf der Ober=
fläche Punkte (b, b); die kleinſten endlich waren auch durch=
ſichtig, und mit Punkten geziert.

*) Mullus imberbis Linnaei, *Triglia Sbarbara;* bei den Fiſchern
Coracino roſſo.

Die Sardelle *) läßt sich am Ende des Frühlings nicht weit vom Lande auf der Oberfläche des Wassers sehen. Fig. 1. In der Sommerhitze flieht sie tief ins Meer, und im Winter verbirgt sie sich am Grunde. Ihre Lieblingsspeise sind die kleinen Krebse. Im Anfange des Sommers wird sie trächtig; sie hat zwei Eierstöcke, wovon jeder an einer Seite des Unterleibes liegt. Wenn sie zur Zeit ihrer Entwickelung offen sind, und man ein Stück der eingeschlossenen Materie unter dem Mikroskop beobachtet, so bemerkt man eine Stufenfolge der Entwickelung der Eier. Die unvollkommensten (a, a) sind fast rund, und haben ein neblichtes Kernchen; bei andern, die länger sind, ist das Kernchen dunkler; die letzten (c, c, c) sind länglich wie ein Fläschchen, ganz dunkel, und haben nur einen durchsichtigen Umkreis.

Der Regenbogenfisch **) ist ein Fisch von geringer Größe, aber auffallend wegen seiner goldgelben und weißen Streifen, die der Länge nach seinen Körper zieren. Er wohnt zwischen Klippen, und wird in Netzen und Reusen gefangen. Man findet ihn im ganzen Frühling bis zum Sommer schwanger. Der Bauch des Weibchens ist dann angeschwollen, und giebt zu erkennen, daß die Eierstöcke reif sind. Wenn man daher den Bauch ein wenig drückt, so wird man unter dem After die Scham wie eine halbmondähnliche Spalte von einem feinen Häutchen geschlossen bemerken. Oeffnet man dies Häutchen mit einer Nadelspitze, so wird man unmittelbar einen halbflüßigen durchsichtigen Leim, wie weißes biegsames Gummi, herausströmen sehen. Wird der Unterleib in der Länge geöffnet, so findet sich in der Mitte der große Darm, und an beiden Seiten ein Körper, der zum Theil blaßgelb aussieht, unten aber durchsichtig ist, wie das genannte Gummi; über dem blaßgelben

*) Clupea encrasicholus Linnaei. *Cheppia*; bei den Fischern aber *Alice.*

*) Labrus Iulis Linnaei. *Minchia di Re* bei den Fischern.

Theil hinaus iſt er mit mehreren durchſichtigen Flecken geziert.   Beſieht man dieſe Körper mit der Linſe, ſo findet
man, daß ſie zwei Haufen Kügelchen von verſchiedener Größe
ausmachen, wovon einige durchſichtig ſind, und der untere
Theil ganz aus ſolchen Haufen durchſichtiger Kügelchen zuſammengeſetzt iſt, und daß zwiſchen dieſem Haufen ſehr viele
Blutgefäße laufen, und daß endlich dieſer ganze Haufen
Eier von einem feinen ſehr durchſichtigen Gewebe eingeſchloſſen iſt.   Trennt man den großen Darm mit ſeinem
Bande, ſo ſieht man, daß dieſer Eierſtock, der bei ſeiner
Entſtehung einfach und mit der Scham verbunden iſt, ſich
verdoppelt und bis unter die Leber geht.   Der Zweig, der un-
ter dem Magen liegt, iſt der kürzeſte.   Man wird auch fin-
den, wie der Zweig durch ein doppeltes Band über der
darunter liegenden Schwimmblaſe zurückgehalten wird, und
wie die Blutader durch jeden Zweig in den Venenſack geht.
Zerſchneidet man die Haut des Eierſtocks und bringt ein
Theilchen der Eiermaterie in einem Waſſertropfen unter das
Mikroſkop, ſo zeigt es ſich, daß dieſe Materie mit dem ſie
Fig. 4. umgebenden Häutchen verbunden iſt.   Alle durchſichtige
Kügelchen werden ſich von der Materie trennen, und ſich im
Waſſer zerſtreuen; das, was bleibt, iſt dunkel weiß.   Durch
genaueres Unterſuchen findet ſich eine Stufenfolge in der
Entwickelung der Eier; man wird ſehen, wie die ganze Materie von den Blutgefäßen (a, a) zurückgehalten wird, und
daß die unreifſten Eier (a, a) wie runde durchſichtige Kügelchen ſind, in deren Mitte ein Kernchen liegt, das gleichfalls
durchſichtig iſt.   Andre, größere (b, b) haben einen dunkeln ziemlich großen Kern, der aus Punkten beſteht.   Endlich in andern (c) hat dieſer Kern ſich ausgedehnt, und geht
bis an den Rand; ſelbſt in dieſem Zuſtande ſind ſie von
verſchiedener Größe.
    Die durchſichtigen Eier zeigen einen ganz andern Bau,
als dieſe, die man unvollkommne nennen müßte; denn ſie
ſind größer und faſt unter einander gleich, und ihr Dotter
liegt in Geſtalt einer Kugel in der Mitte einer weißen Feuch-

tigkeit, ✻ bei den unreifen Eiern alles dunkel und verwirrt
iſt.   Dieſe Eier waren nicht vollkommen ſphäriſch; die Ver=
ſchiedenheiten in Hinſicht ihrer vieleckigen Figur nahmen ſie
am meiſten an, wenn ſich viele unter einander berührten.
Dies rührt daher, weil ihre Haut weich iſt und leicht zum
Nachgeben gebracht werden kann.   Die gelbe Kugel, die faſt in
der Mitte der Eier ſchwimmt, war vollkommen ſphäriſch, und
da ſie halbdurchſichtig iſt, ſo erſchien ſie in der Mitte durch=
löchert.   Dies iſt der Fall bei allen kugelförmigen durchſich=
tigen Körpern, die bei gebrochenem Lichte geſehen werden,
zu Folge der Geſetze der Optik; doch bemerkte ich unter
dieſen Eiern einen verſchiedenen Grad der Entwickelung: die
vollkommenſten (n, n) hatten einen reinen Dotter, und Fig. 4.
nur unter der äußern Rinde bemerkte ich leichte Spitzen.   Die
minder vollkommnen (m, m, m) hatten um den Dotter mit
ſeinem Umkreiſe eine Art von Nebel.   Bei einigen noch we=
niger vollkommenen dehnte ſich dieſer Nebel oft bis nahe an
den äußern Umkreis des Eies aus.

Ich nahm mir vor, die vollkommenſten Eier unter dem
Mikroſkop genau zu beobachten, und bemerkte, daß der Dot=
ter nicht genau im Mittelpunkte des Eies lag, ſondern im=
mer mehr an einer Seite.   Ich heftete den Blick auf dieſe
Dotter, und bediente mich etwas ſtarker Linſen, bemerkte
aber nichts, als daß dieſe dunkle Kugel frei, aber doch be=
feſtigt in dem Weißen ſchwimmt.   Die höckerigen Häute,
die man aus zwei entgegengeſetzten Punkten, als aus zwei
Polen, über den Dottern der Vögel liegen ſieht, die man
Hagel (χαλαζαι) nennt, ſah ich in der That nicht.   Wenn,
wie tüchtige Phyſiker geglaubt haben, dieſe Schnüre in den
Eiern der Vögel dazu wären, den Dotter zwiſchen der flüßi=
gen Materie und den ihn umgebenden Häuten feſt zu erhal=
ten, ſo muß man denken, daß es bei den Eiern der Fiſche
eben ſo ſei.   Dies führte mich zu einem Verſuche.

Als ich einige dieſer Eier auf dem kleinen Glaſe hatte,
welches den Schieber meines Mikroſkops ausmacht, fing
ich an, indeß ich durch das Mikroſkop ſah, mit einer Nadel=

ſpitze dieſe Eier zuſammen zu drücken, ob ſich etwa auch der
Dotter aus ſeiner Lage bringen ließe, da doch die Haut der
Eier dem Drucke nachgiebt. Aber ungeachtet des mannich=
faltigen Zuſammendrückens blieb er beſtändig in ſeiner Lage.
Man könnte mir einwenden, daß es in einem ſolchen Zuſtande
ſchwer iſt, Bewegung anzunehmen, weil die ganze Höhle
voll iſt, und dieſe Bewegung zur Seite würde dann Statt
finden, wenn man irgend einen leeren Raum machte. Ich
antworte, daß man dieſen leeren Raum bei den in der Luft
lebenden Vögeln wahrnehmen kann, und daß er zu Anfange
der Brutzeit ſich in der That findet, aber nicht in den Eiern
der Fiſche, die im Waſſer, worin ſie immer bleiben müſſen,
nicht ausdünſten können. So verſchwindet alſo die Nothwen=
digkeit dieſer Schnüre, die man bei den Eiern der Vögel
wahrnimmt, bei den Fiſchen.

Ich mußte über die Eidotter, die ich jetzt beobachte,
noch eine andere Unterſuchung anſtellen, nehmlich: ob auf der
Oberfläche derſelben die kleine Narbe, (cicatrix) der Punkt,
wo die Entwickelung des künftigen Thieres anfängt ſichtbar
zu werden, ſich bemerken ließe. So viel ich auch mit ſtarken
Linſen dieſe Dotter beobachtete, ſo fand ich doch keinen Ort,
der mir ſo etwas gezeigt hätte. Ich glaubte, dies könnte
daher kommen, daß ich den Gegenſtand bei gebrochenem
Lichte unter dem Mikroſkop beobachtete; daher nahm ich den
Spiegel, der unter dem Mikroſkop ſtand, weg, weil das
Licht auf meinem Tiſche hinreichend war, und beobachtete ſo
die Eier. Ich ſah nun zu meinem größten Vergnügen, daß
die Kugeln, die den Dotter bilden und bei gebrochenem Lichte
durchlöchert ſcheinen, ſich als ſo viele feſte Sphären zeigten,
deren Farbe ſich dem Rothen näherte. Ich beſah ſie auf
allen Seiten, fand aber nichts von einer Narbe. Doch darf
man aus dieſer Beobachtung nicht die Folge ziehen, als
gebe es in den Eiern der Fiſche keine Narbe, weil es ſehr
ſchwer iſt, unter einem Inſtrumente einen Fleck auf einem
ſphäriſchen Körper zu bemerken.

Ich sehe der Leser will endlich gern wissen, ob diese Narbe in den Eiern der Fische ist, oder nicht. Ich gestehe in Wahrheit, daß die Antwort mir nicht leicht wurde, weil unter den größern Fischen, die ich in ihrer Schwangerschaft untersucht habe, sich keiner fand, der, wie unser Lipfisch, gewisse Zeit die schon entwickelten Eier im Eierstocke behielt. Ich will erzählen, was ich an einer sonderbaren Art Fische, die nach Linné's Eintheilung zu den schwimmenden Amphibien gehört, nehmlich an der Meernadel *), beobachtet habe. Von diesem Thiere hatte Aristoteles eine sonderbare Thatsache angeführt; nehmlich: zur Zeit der Geburt öffne es unten den Bauch, und die Brut trete heraus; hierauf heile die Oeffnung wieder zu und verschließe sich **). Linné nahm das Wunder an, bekümmerte sich aber wenig um den Griechischen Text. Dieser sagt: ὑπο·την γαϛερα και το ἤτρον, womit er nicht den Unterleib, sondern den darunter liegenden Theil bezeichnet. Linné legt dies nun dem ganzen Geschlechte seines Syngnathus bei, und sagt: Foeminis praegnantibus tumet abdomen pone anum, dehiscitque longitudinaliter duabus valvulis ***). Er hätte dies Faktum beweisen müssen. Den 28sten Mai fing ich einen dieser Nadelfische, der eben gebären wollte; der Unterleib hatte sich unten in dem Punkte, der mit dem Anfange der Rückenfloßfeder zusammentritt, der Länge nach geöffnet, ungefähr anderthalb Daumen lang; der Rand dieser Oeffnung war nach inwendig gekehrt. Aus dieser Oeffnung sah man einen sehr großen Haufen kleiner Nadelfische hervorgehen, die wie ein Zwirnsfaden dick und einen Daumen und mehr lang waren, einige mit dem Kopfe, andere mit dem Schwanze zuerst. Als sie im Wasser waren, zeigten sie sich eben so vollkommen gebildet, wie ihre Mutter; sie hatten

---

*) Syngnathus Acus Linnaei. *Serpentello marino. Serpe*, oder *Zella di mare* bei den Fischern.

**) Hist. Anim. Lib. VI. cap. 12. m. p. 691 Tolosae 1619.

***) Syst. Nat. p. 417.

vollständige Floßfedern, und wußten sich im Wasser zu
drehen, auf die Oberfläche zu kommen, und die wohlthätige
Luft durch den zuvor von der Scham verschlossenen Mund
einzusaugen.   Als der Mutterfisch auf die Art im Wasser geboren hatte, spaltete sich beim Krümmen und Drehen das
Uebrige des Bauches, daß es von der Spitze des Schwanzes
an eine Oeffnung von drittehalb Daumen ward, woraus ein
andrer Schwarm Nadelfische hervortrat.   Am Boden dieser
Oeffnung sah ich eine klebrichte Substanz mit vielen Blutgefäßen, worin die Brut als im Mutterkuchen eingehüllt war.
Ueberhaupt war diese Oeffnung nicht im wirklichen Unterleibe, sondern in einem Beutel, der zwischen den Muskeln
und der Haut unter demselben gebildet wird.

Es traf sich bei meiner Beobachtung, daß ich noch
einen andern dieser Nadelfische hatte, in welchem der Ort,
wo ich die Scheide gesehen, so fest und hart war, daß
es sich schwer begreifen ließ, wie sich bei diesem Thiere, das
doch ein Weibchen war, dieser Beutel bilden könnte.   Es
war in der That ein Weibchen; denn in dem (künstlich) ge-
öffneten Unterleibe fand sich der getheilte Eierstock, der sich
vereinte, um in der Nähe der Scham (welches eine sehr enge
Oeffnung unter dem After ist, und die einen floßfederähnlichen
Zusatz hat) einen einzigen Körper zu bilden.   Die Eier sah
man in diesen Zweigen, welche zwei cylindrische Säcke sind,
durchschimmern, und sie schienen roth gefleckt und von verschiedner Größe zu seyn.   Einige, die in den Säcken frei schwammen, waren so groß wie ein Hanfkorn; andre weit kleinere
waren an der innern Fläche der Säcke befestigt.   Als ich
die größern und vollkommnen sah, und mit der beobachtenden
Linse betrachtete, hatten sie einen ziemlich großen Dotter,
fast wie das Ei selbst, über welchem ich ganz deutlich einen
dunkeln Fleck bemerkte; und ich trage kein Bedenken, ihn für
die Narbe auszugeben.

Es scheint, daß dies gerade bei solchen Fischen der Fall
ist, weil die Eidotter in Vergleich mit dem Eie selbst ziemlich groß sind.   Indeß ist dies doch nicht allein einzig bei
dieser

dieſer Art, ſondern bei allen knorpligen Fiſchen, weil bei ihnen die Eier entweder in der Gebärmutter reifen, oder in
einer Scheide verwahrt den Körper verlaſſen. Unter den
Nadelfiſchen thut es das Seepferdchen *). Sein Eierſtock
iſt gabelförmig, wie bei der Meernadel, und wenn er halb
reif iſt, hat er die Farbe ſaurer Kirſchen. Iſt der Eierſtock
offen, ſo ſieht man die Eier unter einander liegen und zuſam-
mengekettet; die kleinſten ſind rund und dunkel, die mittlern
haben eine birnförmige Geſtalt, die größern ſind oval, und
ihr Dotter hat ſich ſo ausgedehnt, daß er faſt die ganze
Höhlung des Eies einnimmt. Sie werden halbdurchſichtig
und roth gefleckt, haben auch ein dunkeles Fleckchen, wie
die Eier der Meernadel. Als ich ſie ins Waſſer legte und
nach einigen Stunden wieder anſah, unterſchied ich ganz
deutlich die hervorſtehende Schale, die wie eine weiche Haut
war. Zwiſchen dieſer und dem Dotter ſammelte ſich eine
weiße Feuchtigkeit.

Aus dieſer Gebärmutter (matrice) gehen die Eier durch
die Scham in einen Sack, der ſich unmittelbar unter der
Scham zwiſchen der Haut und den Muskeln bildet. Dieſer
Sack zeigt zuerſt in der Länge eine Furche, wodurch er ſich
öffnen muß, und am Ende unter dem After und der Scham
hat er eine ziemlich große Oeffnung. Hier ſind die Eier
in einem Haufen mit einander verbunden und befeſtigt.
Ich glaube, daß hier die Befruchtung mit dem männlichen
Samen vor ſich geht, der durch die weite Oeffnung des
Sacks über den Eiern hereindringen kann. Beobachtet man
dieſe Eier zuerſt mit bloßem Auge, und hernach unter dem
Mikroſkop, ſo ſieht man, daß ſie einen weißlichen Fleck
haben, der einen Theil der Schnur bildet, die ſie einfaßt und
in das Innere der Eier eindringt. Ich habe dies deutlich
an der ganzen Brut geſehen, und ich zweifle nicht mehr, daß
dieſe Schnur die erweiterte Narbe, oder die erſte Erſcheinung
der Jungen iſt.

---

*) Syngnathus Hippocampus Linnaei. *Cavalletto marino.*

C

Man kann mir den Einwurf machen, dieses sei alles
bei den Fischen, die Eier zur Welt bringen, nicht nothwen=
dig, ob es gleich bei denen, die lebendige Junge zur Welt
bringen, Statt finde; denn man muß glauben, daß bei
diesen die Eier in der Gebärmutter befruchtet sind, um als
Junge hervorkommen zu können.   Ich antworte, daß die
Behauptung von der Befruchtung der Eier, wenn sie noch
in dem Schooße der Mutter sind, wahr ist, aber nicht
allein deswegen, weil Aristoteles und die Neuern sie
haben, sondern weil das Faktum sie beweist.   Ich be=
haupte, daß bei dieser Art der Nadelfische die Befruchtung
dann geschieht, wann die Eier aus dem Eierstocke in den be=
schriebenen Sack getreten sind, so wie sie auch bei einem
andern dieser Nadelfische *) auf der Fläche des Unterleibes
geschieht.   Dieser Fisch hat einen Eierstock, der, wie bei der
oben beschriebenen Meernadel, sich in zwei Theile gabelt, er
treibt die Brut durch die Scham, und befestigt sie wie einen
Panzer (Corazza) auf der Fläche des Unterleibes, wo die
Bespritzung mit dem männlichen Samen für die innere Brut
weit bequemer geschehen kann.   Wie es denn auch seyn mag,
ob diese Eier der Meernadel im Eierstocke befruchtet waren
oder nicht — sieht man die Narbe an ihnen, und findet, daß
das übrige mit den andern Fischen übereinstimmt, so muß
man sagen, daß die Narbe auch in den Eiern der an=
dern Fische ist; aus dem Grunde, weil man an den Eiern
der Vögel, sie mögen vom Männchen getreten oder nicht ge=
treten seyn, immer die Narbe von ihrem ersten Ursprunge in
dem Eierstocke an bemerkt.

Ich komme jetzt zu den Eiern des Regenbogenfisches
(Labr. Iulis) zurück, die ich untersuchen wollte.   Ich
beobachtete alles dieses an den Eiern, die ich in einem
Wassertröpfchen auf dem kleinen Glase des Schiebers beim
Mikroskop gelassen hatte.   Ich fing nun an sie mit Nadeln
zu öffnen, und dies war sehr leicht, weil ihre Bekleidung eine

*) Syngnathus ophidion Linnaei.

Haut war, die mit einer Nadelspitze leicht zu zerreißen ist.
Die weiße Feuchtigkeit, die zuerst in kleinen Tröpfchen her-
auskam, vermischte sich bald mit dem Wasser.   Der Dotter,
welcher durch eine Oeffnung, die ich, an dem Eie zwischen
der gesunkenen Haut gemacht hatte, herausgehen mußte,
krümmte und verlängerte sich in dem engen Ausgange, nahm
aber bald im Wasser seine sphärische Gestalt wieder an.
Wenn ich mit Nadeln den Dotter zu zerbrechen versuchte, so
theilte er sich in zwei Theile, wovon jeder sogleich eine sphärische Gestalt annahm.   Als ich mit den Nadeln an diesen
Theilen des Dotters noch weiter zu arbeiten suchte, lösten sie
sich in Kügelchen auf, die so lange als sie dauerten mit dem
Wasser gar keine Aehnlichkeit hatten.

Ueber diese Dotter, die so aus ihren Häuten gekommen
waren, stellte ich dieselbe Beobachtung an, die ich über die
vollständigen Eier angestellt habe.   Nachdem ich sie untersucht und keinen Hagel an ihnen gesehen hatte, versuchte ich
es sie bei zurückgeworfenem Lichte zu besehen, und ich bemerkte sie eben so, als da sie noch in der Haut verschlossen
waren, nehmlich sphärisch, fest und von röthlicher Farbe.

Die schon vollständigen Eier in den Eierstöcken der
Fische zu beobachten, ist, wie ich schon oben bemerkt habe,
nicht leicht.   Wegen der Sonderbarkeit der dunkeln himmel-
blauen schrägen Streifen, die man nicht selten am Regenbogenfische, besonders im Monat Junius, bemerkt, (welches
ich auch an einer andern Art Lipfische gefunden habe) und
die wie Zähne eines Kammes aussehen, wird dieser Fisch
von Italienischen Fischern der Kamm genannt.   In den
ersten Tagen des Junius fand ich ein Weibchen dieser Art
mit aufgeschwollenem Bauche.   Da ich ihn zusammendrückte,
bemerkte ich unter dem After die halbmondförmige Spalte,
die von einem dünnen durchsichtigen Häutchen verschlossen
war; aber ob ich gleich den Bauch zusammendrückte, so zerriß er doch nicht, daß die darin enthaltene Materie hätte
herausfließen können.   Ich mußte mit einer Nadelspitze dies
Häutchen durchbrechen, um die ganze flüssige Masse der Eier

wie ein weißes Gummi herausfließen zu sehen. Ich fing
dies Gummi mit einem Glase auf, und es bildete eine Fläche
sehr durchsichtiger Kugeln, die im Centrum einen dunkel-
weißen Punkt hatten, der mit bloßem Auge gesehen werden konnte. Als ich den Unterleib öffnete, sah ich den in
zwei Theile getheilten Eierstock, der unten eben so durchsichtig, wie das genannte weiße Gummi, und in den beiden obern Zweigen auch dunkel war. Die Scham ist bei
den Fischen bis auf den Augenblick, wo die Eier heraustreten, eng und verschlossen, ob es gleich wahr ist, daß dieses
Austreten während derselben Zeit zu mehreren Malen geschieht. Daß die Scham eng wird, geschieht durch ihre
Bildung, weil sie sich bei vielen Fischen in eine ziemlich
spitze kegelförmige Warze endigt. Es ist wohl der Mühe
werth, hier zweier Arten Lipfische zu erwähnen, die an dieser
Stelle einen solchen Zusatz haben. Es sind zwei gemeine
Arten kleiner Lipfische *), die sich zwischen Klippen aufhal-
ten, und in kleinen Netzen gefangen werden.

Die erste Art ist von weißlicher Farbe und dunkel
gefleckt; die Scham ist in einer ziemlich großen, schwarzen,
kegelförmigen Warze verlängert, und steht unter dem After
tief in einer Furche des Unterleibes, erhebt sich aber bald
wieder. Wenn die Eier aus der Gebärmutter herausgehen
müssen, erhebt sich die Warze, öffnet sich an der Spitze,
und die Eier treten heraus. Zu einer andern Zeit ist diese
Warze an der Spitze so fest verschlossen, daß ich sie nur
durch ein inwendig hineingesenktes kleines Blaseröhrchen, mit
Gewalt an dem genannten Orte habe öffnen können. Ich
habe oft an diesem Lipfische die Eier wie weißen Gummi
herauskommen sehen, wenn der Bauch gedrückt wurde; sie
waren aber nicht so vollkommen, daß der Dotter ausgebildet
gewesen wäre. Die andere Art Lipfische ist olivenfarbig,
und hat an der Basis der Brustflossen und des Schwanzes
einen schwarzen Fleck. Diese Art hat auf eine ähnliche

---

*) Labrus. ... Linnaei. *Labrozzoli* bei den Fischern.

Weise die oben genannte ziemlich große kegelförmige Warze mit zwei schwarzen Flecken; nur ist sie kleiner, als bei jenem. Uebrigens endigt sich bei den Fischen die Scham nicht immer in einer ähnlichen kegelförmigen Warze; denn wir werden sehen, daß bei dem beschriebenen Regenbogenfische das Weibchen eine Spalte hat, und das Männchen eine kleine Warze am Ausgange des Milchsacks.

Mancher könnte mir hier einen Einwurf machen und sagen: diese Eier, die ich vollkommen genannt habe, d. i. die im Eierstocke ihre völlige Entwickelung erhalten haben, wären nur durch Kunst aus dem Schoße der Mutter getrieben; und wer weiß wie viele andere Veränderungen, die uns vielleicht nicht bekannt sind, mit ihnen vorgehen konnten, wenn sie ja natürlich herausgegangen wären? Die Schwierigkeit scheint nicht leicht zu seyn; aber folgendes Faktum wird sie auflösen.

Im Monat Julius sah ich bei einer völligen Meeresstille, in der Mündung einer Grotte, ein Stück ziemlich durchsichtigen Gallert im Wasser schwimmen, das ich für Gewürme (mollusca) hielt, und in einem gläsernen Gefäße auffing. Ich sah, daß es ein ovaler ziemlich zäher Schleim war, den ich nur mit einer Scheere zerreißen konnte: Fig. 5. wie dies wohl der Fall ist bei der gläsernen Feuchtigkeit des Auges, und dem Weißen im Eie. Zwischen diesem Schleime sah man eine unzählige Menge kleiner Kugeln, die in der Mitte einen dunkeln Kern hatten, und sich wenig oder gar nicht von den Eiern unterschieden, die sich von dem Eierstocke unserer Lipfische getrennt hatten. Ich schnitt ein Stückchen vom Gallert ab, und legte es unter das Mikroskop. Ich sah eben das, was ich an den Eiern des Lipfisches Fig. 6. gesehen hatte: die ovale Haut, das Weiße und den Dotter; nur bemerkte man, daß die Eier an der Spitze eine kleine Fläche hatten, wie unter den Insekten die Eier der Wanzen.

Der Leim also, der die Eier, so lange sie in dem Körper der Fische sind, überzieht, aber dabei flüssig und aufgelöst ist, wird im Wasser fest, und dienet gleichsam zum

C 3

Schuhe der Eier, die sich vermittelst desselben wie eine Rinde an den Klippen und Pflanzen am Meere befestigen, oder auch frei im Waffer umherschwimmen. Diese Feuchtigkeit wird so zäh, wie fast jede thierische Feuchtigkeit, wenn sie ins Waffer kommt, so wie die Schnüre der Frösche, die ihre Eier umgeben. Sobald bei diesen die Jungen entwickelt sind, löst sich der Schleim auf; eben so, wenn die Eier der Fische ausgebrütet sind, so wird dieser Schleim dünn, und den kleinen Fischen steht der Ausgang offen, die sich dann auch unmittelbar ins Waffer begeben. Von diesem Schleime und den darin enthaltenen Eiern, scheinen die Stämme der Pflanzen vergoldet, welche die Fischer im Monat April mit einer Maschine, die man Gangama *) nennt, von den Klippen reißen. Diese Maschine streift den Boden, und nimmt Pflanzen, Meerigel, und kleine Fische, die sie antrift, mit.

Der Aehrenfisch **) (Aterina) ist ein kleiner Fisch, der nahe am Ufer wohnt und daselbst brütet; er hat mir dazu gedient, die weitere Entwickelung des Eies zu beobachten. Ich laffe mich jetzt in keine Untersuchung ein, ob diese Eier, die nothwendig von einem Männchen befruchtet seyn müffen, schon da befruchtet waren, als sie sich noch im Eierstocke befanden, oder seitdem sie heraus sind. Diese Auseinandersetzung behalte ich mir bis dahin vor, wenn ich die Theile des Männchens beschrieben habe. Ohne mich jetzt für eins

---

*) Namque retro obrepens undosa per aequora ponti
Aerato falx dente metet sata Doridos arva,
Squamosaque sinum detonsa e messe replebit,
Ac veluti variae non uno e semine fruges
Qua surgunt, varioque nitent de caudice flores,
Mixtim falce secat violas et lilia messor,
Atque crocum atque apium et ferrugineos hyacinthos,
Non aliter Percas, et Iulidas, atque rubentes
Demetet ore tibi ferrato Gangama Mullos,
Castaneasque, Onycesque, et mixtis Ostrea Pinnis. &c.
Giannettasii Halieutica p. 115.

**) Atherina Hepsetus Linnaei. *Lagone* bei den Fischern.

von beiden zu erklären, fahre ich fort die Phänomene des sich in der Frucht entwickelnden Eies zu beobachten. Schon in den ersten Tagen des Märzes, wie auch Aristoteles in seiner Geschichte sagt, sieht man die erste Brut des Aehrenfisches; denn man sieht die jungen Fische haufenweise bei stillem Meere in den Mündungen der Höhlen umherschwimmen, aber sie sind schlau genug die Gefahr zu vermeiden, wenn man sie mit einer Schale aus dem Meere fangen will. Wenn bei dem schwangern Weibchen der Unterleib der Länge nach offen ist, so erhebt sich unmittelbar der einfache und längliche Eierstock wie der Kern einer Olive und von sehr schwarzer Farbe. Er nimmt fast die ganze Höhle des Unterleibes ein, so daß das Eingeweide ganz allein an der linken Seite liegen muß. Dieser Eierstock fängt in der Gegend unter der Leber und dem Magen an, und endigt sich in der Scham, einer Oeffnung unter dem After, die wie eine schräge Spalte durch eine sehr feine Haut verschlossen ist. Der Eierstock ist vermittelst des Bandes des Darmfells, das auch schwarz ist und durch die ganze Höhle des Unterleibes geht, an dem Boden des Unterleibes über der Schwimmblase befestigt.

Wenn dieser Eierstock reif oder dem Reifen sehr nahe ist, und dann geöffnet wird, so sieht man ihn voll und angeschwellt von goldfarbigen Eiern, wovon die größten wie Hanfkörner, und die andern stufenweise kleiner sind; alle werden unter einander durch einen Leim und durch Blutgefäße, die in großer Menge sich darin zertheilen, zusammengehalten. Diese ganze Eiermasse hängt nicht an dem Eierstocke, sondern trennt sich ganz davon, außer unten an einer Linie, die mit dem Bande des Unterleibes zusammenhängt. Hebt man diese ganze Eiermasse in die Höhe, und untersucht die Art wie diese Verbindung geschieht, so wird man aus der innern Seite der Membrane, welche die Haut des Eierstocks ausmacht, einige schwarzgesprenkelte Fäden emporsteigen sehen. Beobachtet man diese Fäden genauer, und trennt von ihnen die Eier vermittelst zweier Nadeln, so wird man bemerken, daß diese Fäden eben so viele kleine Stämme sind, die einfach entstehen, sich in Zweige theilen und zwischen den Eiern sich zerstreuen. Beobachtet man diese Fäden unter dem Mikroskop, so erscheinen sie als Kanäle ohne Flüssigkeit; im Gegentheil wird man zwischen den Eiern selbst andre Kanäle von verschiedener Richtung sehen, die von rothem Blute strotzen. Man wird daher schließen können, daß die ersteren Arteriengefäße, die zweiten Venengefäße sind; daß die Arteriengefäße aus der Verdoppelung des Darmfells kommen, in die Membrane des Eierstockes treten, und sich zwischen der Eiermasse in mehrere Fäden vertheilen, aus welchen die Blutadern das Blut aufnehmen, sich hierauf in einen Stamm vereinigen, der zuweilen mit Einem Zweige, zuweilen mit mehrern, von unten in den Eierstock tritt, und in dem Venensacke des Herzens das Blut absetzt.

Dieser Sack also, den wir den Eierstock genannt haben, schließt die Gebärmutter (matrice) der Eier durch die Linie ein, die mit dem Bande des Eierstocks zusammenhängt. Denn wenn die Eiermasse durch diese Linie allein Nahrung und Leben bekommt, so darf man nicht denken, daß sich die Keime dieser Eier anders wo befinden, als bloß an diesem Orte. So viel ist gewiß, wenn der Aehrenfisch geboren hat, so wird der Eierstock am Boden des Unterleibes ein Cylinder; öffnet man diesen zugleich, so wird man über der Linie, die mit dem Bande zusammenhängt, eine sehr durchsichtige Franze wahrnehmen, die, unter dem Mikroskop beobachtet, eine Sammlung durchsichtiger Bläschen zu seyn scheint, wie man sie bei andern Fischen gesehen hat. Der ganze übrige Theil von der innern Seite des Eierstocks erscheint auch als eine bloße Membrane. In dem Eierstocke andrer Fische findet man die Eier fast immer an der innern Seite des Eierstocks befestigt, und die Arteriengefäße allenthalben unter ihnen zerstreut. Und in der That hat man in unreifen Eierstöcken die Keime auf der ganzen Oberfläche zerstreut gefunden, so daß die innere Seite des Eierstocks beim Aehrenfische nur das bloße Gewebe der Membrane zeigt. Von den genannten Arterienstämmen sind die Venenstämme unterschieden,

die von rothem Blute aufgeschwollen zwischen der Maſſe der
Eier ſelbſt ſich befinden.   Die ganze Maſſe dieſer halbreifen
Eier hat eine gelbliche Farbe; nimmt man ein Stück davon
unter das Mikroſkop, ſo bemerkt man dieſelben Phänomene,
in Hinſicht der Stufenfolge ihrer Entwickelung, die wir bis
jetzt auch bei den andern gefunden haben; und die Blut=
gefäße, nehmlich die blutleeren Arteriengefäße, und die da=
von angeſchwollenen Venengefäße, ſieht man in der noch
unvollendeten Maſſe auf die oben beſchriebene Weiſe.   Die
reifen Eier ſind ſo groß wie Hanfkörner, deren Dotter wie
eine runde Kugel im Weißen ſchwimmt, und die äußere Be=
deckung beſteht aus einer ziemlich feſten Membrane.

Das ſchwangere Weibchen ſetzt in einer und derſelben
Jahrszeit zu mehrern Malen die Eier ab, und ſucht glatte
Körper auf, um ſie daran zu befeſtigen.   Die Schalen der
Seemuſcheln, die ſich inwendig an zwei Seiten öffnen
können, ſind oft mit der Brut des Aehrenfiſches bedeckt.
Am 15ten Mai fiſchte ich einige Venusmuſcheln, die gerade
dorthin getrieben, und von denen eine inwendig mit einem
weißen Leime mit vielen Flecken und ſchwarzen Punkten
verklebt war.   Ich hielt die Linſe darüber, und fand, daß es
die Brut irgend eines Fiſches ſei, die ſich eben beleben wollte.
Ich legte einen Theil dieſer Eier unter das Mikroſkop, und
da ich ſie mit einer Linſe, die den Durchmeſſer ſiebzehenmal
vergrößert, beobachtete, bemerkte ich, daß die Eier die Figur
einer Birne angenommen hatten, und daß in dem engſten
Theile der Kopf lag, in dem größten aber der Leib Fig. 8. 9.
mit zuſammengebogenem Schwanze, und daß der Dotter durch
die Nabelſpalte des Unterleibes befeſtigt war.   Der ganze
Leib des Fötus war durchſichtig und überall mit ſchwarzen
Flecken oder Punkten überſtreuet.   Der Kopf war ziem=
lich groß in Hinſicht des Körpers, hatte zwei große und
ſchwarze Augen wie zwei Kugeln, in der Mitte die Pupille.
Die Wirbelbeine des Rückgrates ſchienen durch den Körper,
auch beinahe die kleineren Knochen.   Die Kugel des Dotters
war am Unterleibe vermittelſt der Blutkanäle und ſeiner

äußern Membrane befestigt, wahrscheinlich eben so, wie bei der
Frucht des Huhns. Der Unterschied, den ich daran bemerkte,
bestand darin, daß die genannte einfache Kugel nicht an der
andren Kugel des Eiweißes befestigt war, und daß man die Nabelhaut, welche die Frucht in die Wasserhaut (amnios) mit
dem Gelben und Weißen einschließt, nicht bemerken konnte.
Aus dieser Haut laufen auch die Blutgefäße beim Huhne zur
Frucht hin. Ich sah in der Frucht, die in den Eiern dieses
Fisches verschlossen war, keine andre Feuchtigkeit, als eine
dunkle Kugel von einförmiger Substanz, die unter dem
Mikroskop körnicht aussah, die aus einer blichten Materie
besteht, wie in der That der gelbe Beutel beim Huhne auch
beschaffen ist. Der Dotter hing auch nicht durch die Nabelschnur an dem Körper des Fisches, sondern war unmittelbar
am Unterleibe befestigt. Ueber demselben konnte ich die
Blutgefäße nicht unterscheiden, wovon sich aber nicht anders
denken läßt, als daß sie wirklich existiren. Die Ursache davon war vielleicht, weil sie so klein sind, oder weil die Feuchtigkeit, die durch dieselben läuft, durchsichtig war. In
diesem Zustande bewegten sich die Jungen, indem sie sich alle
fünf oder sieben Minuten dreheten. Den 7ten Junius traf
ich von ungefähr eine andre dieser Venusmuscheln an, in
deren weiße, glatte innere Seite, ein Aehrenfisch eine andre
Brut hinein gelegt hatte, und die eben im Begriff war aus-
zukriechen. Auch schwammen die Jungen sogleich aus einigen
Eiern im Wasser des Gefäßes umher; viele andre blieben
noch darin, weil sie noch nicht ganz vollkommen waren.
Doch sah man bei allen mit bloßem Auge die schwarzen
Augen der Jungen. Einen Theil davon setzte ich unter das
Mikroskop, und ich sah daß diese Eier eine ziemlich längliche
ovale Gestalt angenommen hatten und sich unten in einer,
an der Muschel befestigten Spitze endigten. Das Junge
hatte auch eine andre Gestalt: der Kopf lag oben im Eie
und hatte zwei große Augen, die nicht völlig rund waren, in
der Mitte die weiße Pupille und einen schwarzgefleckten Kreis.
Vorn unter dem Kopfe schien das Herz durch, wie es mit

dem Ohre schlug. Unter dem Herzen lag ein großer Körper
mit zwei Lappen, der einen Theil der Eingeweide auszu-
machen schien. Hierauf verfolgte ich das Eingeweide,
welches sich in einer erhobenen Gegend endigt, nehmlich im
After. Das Rückenwirbelbein und die Knochen des Rückgrates schienen stark durch. Der Schwanz, der den Körper
endigt, war oben gekrümmt, damit die ganze Länge des
Fisches in dem so verlängerten Eie Raum haben kann. Der
kleine Fisch drehte sich in diesem Zustande fast jeden Augenblick im Eie um.

Der große Körper mit den beiden Lappen, der im Unterleibe des Fisches unter dem Herzen erschien, war ohne
Zweifel die gelbe Kugel, die aber jetzt den kleinsten Umfang
hätte. Auf dem kleinen Glase des Mikroskops arbeitete ich
an einem dieser Eier, und öffnete zuerst mit Nadeln die Haut
des Eies; da sah ich, daß dieser Körper in der That sich
innerhalb der Haut des Unterleibes befand. Ich zerriß diese
Haut, und merkte mit den Nadelspitzen, daß dieser Körper in die andern Eingeweide eingeimpft sei. Da ich ihn
öffnete, trat die Feuchtigkeit heraus, die sich in Tropfen
sammelte, so wie ich sie aus den Dottern der Eier bekommen
hatte. Jetzt habe ich nur noch von dem Jungen zu bemerken, wie es beschaffen ist, wenn es eben das Ei verläßt.
Man werfe nur einen Blick auf die Figur, um zu Fig. 16.
sehen, wie das gleich einem festen Punkte in a angeleimte
Ei, an der Spitze zerbrochen ist, und das Fischchen eben
herausgeht. Es ist hier vier und sechzig mal vergrößert dargestellt. Man sieht die beiden großen Augen, und das Herz (b)
wie eine durchsichtige Blase, die eine weiße Feuchtigkeit vertheilt; dann den Dotter (c) der in den Unterleib wieder zu-
rückgetreten ist; unter demselben die Leber, und dann den großen Darm, der sich in den After endigt. Die Rückenwirbel-
beine und die Knochen des Rückgrates, waren auch sichtbar,
desgleichen der Lauf der Schlagader und der Blutadern neben
dem Rückgrate.

Sobald die Brut des Aehrenfisches heraus ist, ver=
einigt sie sich und bildet eine Gesellschaft; und da diese
Art von Fischen immer nur wenig unter der Oberfläche des
Wassers ist, so bemerkt man um die Klippen und in den
Höhlungen Legionen von diesen Aehrenfischen. Man muß
sehr behend seyn, um sie mit einem Becken im Wasser zu fan=
gen; und wenn sie auch vier oder fünf Linien lang sind, so
sind sie doch noch durchsichtig. Am Rückgrate fangen sie
aber nun an dunkel zu werden; das Herz zeigt, daß es rothes
Blut enthält; auch ist die Schwimmblase sichtbar, die
Kugel des Gelben aber verschwindet gänzlich. Auf der Haut
sieht man die schwarzen stralenden Flecken, die von der ersten
Entwickelung der Frucht, bis der Fisch ausgewachsen ist,
sichtbar ist. Wenn sich der Fisch einigemal gedreht hat, fällt
er endlich ohnmächtig auf eine Seite, und die Bewegung des
Blutes in den beiden Kanälen unter dem Rückgrate ist dann
bemerkbar. Ein Kanal hängt am Rückgrate: dies ist die
niedersteigende Schlagader; die andre ist die Blutader. Die
Feuchtigkeit, die aus der Schlagader kommt, und darauf
durch die Blutader geht, ist von weißlicher Farbe; aber die
Feuchtigkeit ist stärker gefärbt, die durch die Schlagader geht
und dann mit weit größerer Schnelligkeit durch die Blutader
läuft. Man sieht auch die Bewegung des Blutes in den
kleinen Blutadern, die queer über den Rückgrat laufen.
Endlich sieht man noch im Schwanze mehrere Venen= und
Arterienzweige, in welche sich die beiden genannten Kanäle
endigen. Da der Fisch so in den letzten Zügen liegt, fängt
die Bewegung des Blutes in diesen beiden Kanälen, wovon
der eine fällt, der andre steigt, an, unregelmäßig und stockend
zu werden. Bald läuft es weit schneller durch die Schlagader,
bald steht es in der Blutader still; kurz darauf erholt es sich
wieder und steigt. Hierauf läßt der Kreislauf immer etwas
mehr nach, und hört endlich ganz auf, wenn man es in der
Blutader noch zwei= oder dreimal hat schlagen sehen.

Was ich an der Brut des Aehrenfisches nicht sehen
konnte, zeigte sich mir an der oben beschriebenen Meernadel,

als ich den 24ſten Julius eine traf, die in einem Beutel
unter dem Unterleibe die Brut halb entwickelt trug.   Die
ganze Brut ſteckte in einem zähen Leime; jedes Junge war
frei, und berührte gekrümmt die Kugel des Dotters.   Der
Kopf, mit zwei großen ſchwarzen Augen, krümmte ſich nach
unten; der Schwanz, der an der Spitze Kreiſe machte,
wandte ſich über den Dotter um die Spitze des Kopfes zu
berühren.   War der Körper des Fiſches ausgeſtreckt, ſo ſah
man mit bloßem Auge, wie die gelbe Kugel am Unterleibe
befeſtigt war, beinahe ſo lang wie der große Darm iſt, der
ſich vom Herzen an bis kurz vor den After erſtreckt.   Die
Befeſtigung an dem Unterleibe war ſo, daß die Membrane
des Gelben ſich ſo ausdehnte, daß ſie ſich mit der Haut des
Jungen vereinte.   Ich ſah dies alles, als ich mit Nadeln
die Haut des Gelben zerriß und ſie auf mancherlei Weiſe
zerſtückte.   Das Herz war deutlich in dem Leibe des Jungen
zu ſehen.   Es war roth, wie auch das Ohr, welches gerade
den obern Punkt berührt, wo der Dotter mit dem Unterleibe
verbunden war.   Das Herz ſchlug, und vertheilte das Blut,
welches es aus dem Ohre erhielt.   Dieſes empfing es aus
einem großen Venenſtamme, der durch den Körper geht, und
aus einem andern vom Kopfe, und aus einem von der Seite,
der ſich ſo drehete, daß er über die Kugel des Gelben hinging.
Dieſer Venenſtamm zog beſonders meine Aufmerkſamkeit auf
ſich.   Er ſtieg faſt ganz gerade über die Kugel, und ſchien ſie
in zwei gleiche Theile zu theilen; aber er wandte ſich nachher
mehr nach einer Seite, und erhob ſich dem Anſehen nach an
der entgegengeſetzten Seite der Kugel.   Der Stamm war
einfach; er ging unter der Membrane der Kugel, und ſo
lange das Junge lebte, war er voll rothes Bluts, nach
deſſen Tode aber wurde er durchſichtig.   Außer dieſer Blut=
ader ſah ich kein anderes Gefäß auf der Kugel des Dotters,
der noch eben die Farbe und eben die Flecken hatte, wie er
ſie im Eierſtocke gehabt.

Aus der gelben Feuchtigkeit wird in der erſten Zeit der
Entwickelung des Jungen das Blut zubereitet, welches aus

dem Herzen durch den ganzen Körper des Jungen läuft. Wenn die Ernährung durch den Magen anfängt, und daraus das Blut zubereitet wird, so ist der Dotter nicht mehr nöthig. Die Feuchtigkeit ist dann entweder ganz verzehrt, oder wenigstens bleibt nur der grobe Theil übrig, der zu diesem Geschäfte unfähig ist. Diese Materie geht dann auch in das Eingeweide des jungen Huhns, und fließt durch den After ab. Aber wie kann eine solche Verbindung bei diesen Fischchen Statt finden, bei denen diese Kugel des Gelben (im Ei) durch einen ziemlich großen Theil des Darms am Körper befestigt ist? Ich machte verschiedne Versuche diesen Dotter zu zerbrechen, und ich glaubte zu sehen, daß die darin enthaltne Feuchtigkeit in einer zweiten Membrane verschlossen sei, (außer der gemeinschaftlichen, die mit der Haut des Jungen verbunden ist) die im Anfange mit dem Darm in Verbindung stände; aber das Experiment schien mir nicht entscheidend. Ich setzte die Jungen mit ihren Dottern in Essig, und bald gerann die Materie des Dotters. Hierauf faßte ich mit Nadeln seine Haut, und stieß diese geronnene Materie in mehrern Stückchen fort, und ich sah, daß sie sich im Anfange des großen Darms in ihn hineinsenkte. Dies bestärkte mich nun in meinem Glauben, daß der weiße Fleck, den ich an der Membrane des Dotters dieser Eier beobachtete, und den ich die Narbe genannt habe, der Ort sei, wo die Entwickelung des Jungen vor sich gehen muß; denn wir haben gesehen, daß die gemeinschaftliche Membrane des Dotters, worunter das Junge liegt, mit der Haut des Jungen selbst in Verbindung steht, und ich sah in tem Ueberbleibsel des Dotters den Fleck nicht mehr.

Eine andre Art von Nadelfischen, die ich oben angeführt habe, *) fing ich, da eben die Brut abging. Ich habe oben gesagt: wenn dieser Fisch die Eier aus der Scham läßt, so befestigt er sie unter dem Unterleibe, und bildet eine Kruste vermittelst des zähen Leims, der die Eier umgiebt.

*) Syngnathus Ophidion Linn.

Ich fing ihn in dem Augenblicke, da die Jungen aus den Eiern gingen, und untersuchte hierauf die Jungen. Ihr Körper war durchsichtig; in der Brust sah man einen Auswuchs, der einen nierenförmigen etwas großen Körper von gelber Farbe einschloß, der am Anfange des Darms befestigt war. Dieser Körper war dem bloßen Auge sichtbar, und als ich die Haut des Unterleibes mit Nadeln zerriß, sah ich, daß er in der That an den Eingeweiden befestigt saß, ob ich gleich mit bloßem Auge den Ort nicht deutlich hatte unterscheiden können. Dieser Körper war die gelbe Kugel in ihrem kleinsten Umfange. Weiter unten fand ich die Leber. Das Herz und sein Ohr waren zwei Beutel, welche diese Maschine belebten. Man sah wie das Blut aus der Aorta zu den Kiefern geführt wurde, und wie eine Blutader, die aus dem Kopfe kam, im Nacken das Blut absetzte. Eine andre Blutader ging durch den untern Theil der Kinnlade. Längs den Rückenwirbelbeinen bemerkte man drei Bewegungen. Eine kam von der obern Blutader, die sich des Blutes da entledigte, wo die aus dem Kopfe kommende Blutader es absetzt. Ich bemerkte die Bewegung der Schlagader, die unter dem Wirbelbeine liegt, und der Blutader, die über diese Schlagader steigt. In dieser Blutader kamen von dem obern und untern Theile des Körpers kleine Blutadern, die ihr Blut darin absetzten.

Dies sind die wenigen Thatsachen von der Entwickelung der Eier bei den hartgrätigen Fischen, die ich bei den seltnen Gelegenheiten, ihre Brut schon befruchtet und sich entwickelnd zu bemerken, gesammelt habe. Doch ist die Reihe solcher Thatsachen sehr unterbrochen, und nicht so fortgesetzt, wie heutiges Tages die Bemerkungen über die Entwickelung des Jungen in dem Eie des Huhns. Denke ich über diese Lücken nach, und gehe ich die Geschichte der Thiere des Aristoteles durch, so muß ich erstaunen, wenn ich darin finde, daß man schon damals Thatsachen gesehen, die sich jetzt kaum bei uns gezeigt haben, die dann mit aller Feinheit ausgehoben und mit den schon bekannten Thatsachen von

dem jungen Huhne in Parallel gestellt sind. Und ich muß
um so mehr erstaunen, weil man damals noch keine Ver-
größerungsgläser hatte, die in unsern Zeiten so sehr vervollkommnet sind. Ich muß daher auch um desto unwilliger
gegen die neuern Ichthyologen werden, wenn ich das, was
das ehrwürdige Alterthum über diesen Punkt geschrieben
hatte, durch ihre Einfalt *) verdunkelt, und von ihnen fal-
sche Beobachtungen, schlechte unzusammenhangende Schlüsse
untergeschoben sehe.

Aristoteles theilte die Fische nach ihrer Zeugungs-
art in Fische, die Eier legen, und die lebendige Junge zur
Welt bringen. Er sagt: fast das ganze Geschlecht der
knorpligen Fische bringe lebendige Junge zur Welt; denn
es habe die Gebärmutter (matrice) wie die Vögel, worin
sich die Eier bilden, welche vom Körper genährt, vollkommne Thiere werden. Hierauf geht er zu denen über, die
Eier legen, und untersucht, was sie mit den Vögeln gemein
oder nicht gemein haben. Er sagt: „Bei allen Fischen hat
„das Ei nur eine einzige Farbe, die aber mehr weiß,
„als gelblich ist, und zwar nicht allein, wenn das Jun-
„ge darin sitzt, sondern auch vorher. Die Erzeugung
„der Fische aus dem Eie ist darin von der Erzeugung der
„Vögel verschieden, daß jene den einen Kanal nicht haben,
„der zur Membrane unter der Rinde geht, sondern nur
„den, der auch bei den Vögeln zum Dotter führt. Uebri-
„gens ist die Entwickelung im Eie bei Fischen und Vögeln
„dieselbe. Sie fängt an einem Ende des Eies an, und die
„Blutadern kommen bei beiden zuerst aus dem Herzen; auch
„werden Kopf, Augen und die obern Theile zuerst sehr groß.
„So wie die Frucht größer wird, nimmt das Ei ab, und
„alles theilt sich der Frucht mit, daß es zuletzt ganz ver-
„schwindet, wie ich schon bei dem Dotter der Vögel gesagt
„habe. Auch ist der Kanal (Nabelschnur) ein wenig weiter
„unter der Oeffnung des Bauches, und ist bei der noch
„jungen

*) Wohl vielmehr Unkunde.

„ jungen Frucht groß; so wie sie größer wird, nimmt er ab,
„ und wird zuletzt ganz klein, bis er sich in der Frucht ver-
„ liert, wie bei den Vögeln gesagt ist.   Eine gemeinschaft-
„ liche Membrane umgiebt die Frucht und das Ei; unter
„ dieser Membrane liegt noch eine andere, welche bloß die
„ Frucht einschließt.   Zwischen beiden ist eine Feuchtigkeit.
„ Die Nahrung wird sowohl für die kleinen Fische als für die
„ Vögel auf gleiche Weise im Bauche *) zubereitet, nur
„ daß sie für jene weiß, für diese aber gelblich ist" **).

*) Der Verfasser übersetzt Darm.

**) Τὸ δὲ ωον γινεται παντων των
οχθων, ου διχροον, αλλ᾽ ομοχροον.
λευκοτερον δε, η ωχροτερον, και προ-
τερον, και οταν η ὁ νεοττος. Δια-
φερει δε η γενεσις η εκ τε ωε της των
ιχθυων και των ορνιθων, ᾗ εκ εχει
τον ἑτερον ομφαλον, τεινοντα προς
τον ὑμενα τον ὑπο το οστρακον· τον δε
εις το ωχρον τοις ορνισι τεινοντα πορον, τετον εχει τον τροπον. Ἡ δε
αλλη γενεσις, ηδη πασα ἡ αυτη εκ τε
ωε, των τε ορνιθων και των ιχθυων.
επ᾽ ακρε τε γαρ τετο γινεται, και
ἁι φλεβες ὁμοιως τεινεειν εκ της καρ-
διας πρωτον, και ἡ κεφαλη, και τα
ομματα, και τα ανω, μεγιστα ὁμοιως
πρωτον. αυξανομενε δε, αει ελαττον
γινεται το ωον, και τελος αφανιζεται
και εισδυεται εσω, καθαπερ εν τοις
ορνισιν ὁ νεοττος καλουμενος. προσπε-
φυκε δε και ὁ ομφαλος μικρον κατωτε-
ρον τε σωματος της γαστρος. ετι δε νεοις
γινεσιν ὁ ομφαλος μακρος, αυξανομε-
νοις δε ελαττων, και τελος μικρος,
ἑως αν εισελθη. καθαπερ ελεχθη επι
των ορνιθων· περιεχεται δε το εμβρυον
και το ωον ὑμενι κοινω. ὑπο δε τετε
αλλος εστιν ὑμην, ὡς περιεχει ιδια το
εμβρυον. μεταξυ δε τῶν ὑμενων ενεστιν

Ovum piscium non bicolor, ut
avium, sed unicolor omnium est,
et plus albi trahens, quam lutei,
tam ante, quam postea, cum foetus insidet.   Differt piscium ge-
neratio ex ovo ab avium genera-
tione, eo quod altero caret umbi-
lico, qui ad membranam testae
subditam tendat: alterum enim
tantum, qui avibus ad vitellum
fertur, habet meatum.   Cetera
idem ortus ex ovo avium, et
piscium est: quippe cum et foetus in extremo ovo nascantur,
et venae similes ex corde inter
initia proficiscantur: et caput,
oculi, denique partes superiores
principio fiant praegrandes: in-
crescente etiam foetu, humor
pari modo subinde absumitur: demumque nihil superest, quod non
foetum subierit, sicut de vitello
avium expositum est. Quin etiam
umbilicus paulo a ventre inferius
haeret, qui recens natis longior
sit, crescentibus paulatim brevior
reddatur, demumque se totum
intra foetum recondat, ut dictum
de avibus est.   Membrana quo-

D

Aristoteles sagt, daß man in den Eiern der Fische, die gelbe (ωχρον) und weiße (λευκον) Feuchtigkeit nicht zusammen antrifft, wie bei den Eiern der Vögel. Nachher bemerkt er, daß in den Eiern der Fische zwei Membranen sind: eine, die gemeinschaftliche äußere, die andere, welche bloß die Frucht einschließt, und daß sich zwischen diesen Membranen eine wässerige Feuchtigkeit sammelt. Wenn man die weiblichen Zeugungstheile bei den Vögeln untersucht, so sieht man, daß die ursprünglichen Kerne der Eier, wie Trauben, an dem Eierstocke befestigt sind. Von da gehen sie durch bogenförmige Krümmungen der Eiergänge, woraus viele Feuchtigkeit hervorquillt, und überziehen sich mit der weißen Feuchtigkeit, welche das Eiweiß ausmacht; und wenn sich am Ende dieser Gänge ihre Membrane und Rinde gebildet haben, daß das Ei zum Brüten reif ist, so tritt es heraus. Die Eierstöcke der hartgrätigen Fische bestehen aus Säcken, in deren Innerem gewöhnlich der ursprüngliche Sitz der Eier ist. In diesen Säcken wachsen die Eier dadurch, daß das Blut, welches aus den Schlagadern kommt, und welches da, wo es überflüssig war, von den Blutadern aufgenommen ist, darin aufgefangen wird. Um diese Eier legt sich bloß eine klebrige Feuchtigkeit an, die ihnen, wie ein Leim, dazu dient, sich an jeden Körper festzuhängen. Die Eierstöcke der knorpligen Fische sind gerade wie bei den Vögeln *). Haben sich die Eier von diesen Eierstöcken abgesondert, so gehen sie in die Gebärmutter, und sind dann gerade wie der

---

ὑγροτης. και ἡ τροφη δε ὁμοια γινεται τοις ιχθυδιοις εν τη κοιλια, ὡσπερ τοις ορνιθων νεττοις, ἡ μεν λευκη, ἡ δε ωχρα.
Lib. VI. cap. 8. p. 673.

que eadem ovum et foetum continet, cui membrana altera foetum per se continens subjacet. Humor autem inter membranas positus est. Adhaec cibus in alvo suggeritur, eodem modo pisciculis albus, quo avium pullis luteus.
Ita ex versione Gazae.

*) Man sehe hierbei die folgende Note, wegen der angeführten beutelartigen Körper. 3.

Dotter des Hühnereies. In diesen Gebärmüttern fängt un=
mittelbar die Entwickelung des Jungen an, das schon zuvor
im Eie exiſtirte; das Ei war aber vermittelſt des Samens, der
durch die genannten Gebärmütter bis zum Eierſtocke gekom=
men iſt, ſchon befruchtet. Als ich die Eier des Aehrenfiſches
beobachtete, wobei die Entwickelung des Jungen zum Theil
ſchon geſchehen, und wo der Grad der Entwickelung einiger
Eier von dem der übrigen ganz verſchieden war, ſah ich die
Kugel des Weißen im Eie nicht, die bei der Frucht des
Huhns an der gelben Kugel befeſtigt und mit ihr verbunden
iſt. Noch deutlicher erkannte ich dieſe Wahrheit bei der
Meernadel.

Das Weiße, das die gelbe Kugel in den Eiern des
Regenbogenfiſches umgiebt, iſt nicht die Feuchtigkeit, die von
einer eignen Membrane umgeben iſt, und unmittelbar zur
Ernährung der Frucht dient, wie das Weiße im Eie des
Huhns, ſondern ein weißes Waſſer, das dazu dient,
den Dotter und die Frucht, wenn ſie ſich entwickelt, feucht
zu erhalten. Dieſe weiße Feuchtigkeit iſt auch in dem Eie
des Huhns; zerbricht man die Schale und nimmt die erſte
und zweite Haut weg, ſo findet man dies weiße Waſſer, wel=
ches das wahre Eiweiß, das eine grüngelbe Farbe hat, um=
giebt. Es hat viel Feſtigkeit; denn nimmt man es in die
Hände, ſo zieht es ſich in Fäden, und wird von einer eignen
Haut eingeſchloſſen, da die äußere weiße Feuchtigkeit ganz
weiß und beinahe leimig iſt. Dieſe doppelte weiße Feuch=
tigkeit wurde auch ſchon von Harvey bemerkt, der aber
glaubte, daß jede in eine eigne Membrane eingeſchloſſen ſei.
Das Geſchäft des Eiweißes iſt, wie jeder ſieht, der die Phä=
nomene des befruchteten Eies beobachtet, die ölichte Feuch=
tigkeit des Gelben zu mäßigen; ſo denkt auch Haller.
Es kann alſo wohl möglich ſeyn, daß die gelbe Feuchtigkeit
allein von ſolcher Beſchaffenheit iſt, die Nahrung für die zar=
ten Theile der Frucht zu bilden.

Bei den knorpligen Fiſchen iſt die Bildung der weib=
lichen Geburtstheile ganz verſchieden. Sie gehören unter

die Zahl der Thiere, welche lebendige Junge zur Welt bringen;
d. i. ſie bringen ganz vollkommene Jungen aus dem Körper,
und deswegen iſt bei ihnen der Eierſtock (matrice) von der
Gebärmutter (utero) verſchieden *). In dem Eierſtocke bilden ſich die Eier, und wachſen ſo lange, bis ſie von dem
durch die Gebärmutter kommenden Samen des Männchens
befruchtet werden; hierauf gehen ſie in die Gebärmutter, um
ſich als Thiere zu entwickeln. Wenn ſie noch am Eierſtocke
befeſtigt oder unmittelbar in die Gebärmutter gegangen ſind
und in einem der Gebärmutter eigenem Waſſer ſchwimmen,
ſo ſind ſie nicht von dem Dotter unſrer Hühnereier verſchieden.
So habe ich es bei verſchiedenen Arten von Rochen, unter
andern am Zitterrochen gefunden, auch an vielen Arten von
Haien, namentlich am glatten Haie **), deſſen Zeugungsge-
ſchichte von Ariſtoteles vortreflich auseinander geſetzt iſt.
Als Herr Stephanus Lorenzini einen Krötenhai ***)
zerſchnitt, deſſen Jungen ſchon völlig entwickelt waren, fand
er, daß in jeder Gebärmutter ein Fötus von anſehnlicher
Größe lag. Das Ei, wovon ſich der Fötus nährte, hing
zum Theil außerhalb des Unterleibes dieſes Fötus, in Geſtalt einer Birn; hierauf ſpitzte es ſich wie ein Kanal von der
Dicke einer Hühnerfeder zu, und bildete den Stengel der Birn,

*) Herr Cavolini iſt ein entſchiedener Anhänger des Syſtems
des berühmten Arztes zu Modena, Herrn Roſa. Da erſterer
weiterhin eine genauere Anzeige dieſes Syſtems giebt, ſo füge
ich nur hinzu, daß der Ritter Landriani gar keinen ſo großen Unterſchied unter dem Blute der Schlagadern und der
Blutadern gefunden hat, wie Herr D. Roſa ihn annimmt;
und daß Herr Moſcati ſehr bedeutende Einwürfe gegen dieſ
Syſtem eines Schlagader-Geiſtes gemacht hat, und die meiſten
Phänomene durch die in den Arterien enthaltene Luft erklärt.
M. ſ. Oſſervazioni ed eſperienze ſul ſangue fluido e rappreſo.
Milano, 1783. 8.

**) Squalus Muſtelus Linnaei. *Squalo liſcio; Peſce Palombo* bei
den Fiſchern.

***) Squalus Squatina Linnaei. *Squadro; Peſce Squadro* bei den
Fiſchern.

drang zwischen die Muskeln des Unterleibes, und trat in seine
Höhle, wo es sich nach und nach zu einer andern Birn ver=
größerte. Diese, noch dicker als die vorige, hing von außen
herab, klebte am Eingeweide, und ließ durch eine ziemlich
sichtbare Oeffnung ihre Materie in das Eingeweide ausflie=
ßen. Das Eingeweide war theils von dieser gelblichen Ma=
terie des Eies voll, theils von einer andern, die von der Art
der auf dem Wasser der Wasserhaut schwimmenden Materie
ist, und befand sich im Magen, im Schlunde und im Mun=
de des Fötus *). Weit mehr habe ich am Zitterrochen
(Krampffisch) beobachtet **). Der Dotter seiner schon ziem=
lich in den Gebärmüttern entwickelten Jungen, war noch
vermittelst der Nabelschnur befestigt, und klebte an der
Seite der Gebärmutter. Dies geschah durch eine unzählige
Menge an dieser Seite befindlicher rothen Drüsen, die sich
an den Dotter legten. Zu diesem Dotter gehören zwei
Häute, die äußere gallertartige, die über die Maße dick wird,
wenn sie die Nabelschnur bedeckt, und nachher eine Decke
des Fötus bildet. Die innere Haut des Dotters ist dünner,
und führt die Blutgefäße, die über der Nabelschnur zu einer
Blutader werden, welche die gabelförmige Gestalt verliert
und einfach wird, nebst einer sie begleitenden Schlagader ins
Innere. Die Nabelschnur tritt in den Körper hinein und
durchbohrt die letzte Krümmung des Darms. Die Blutader
läßt ihr Blut in die große Blutader des Gekröses fließen und
tritt mit zwei Zweigen in die beiden Lappen der Leber. Die
Schlagader bringt hinein, um die Schlagader des Gekröses
zu treffen. Die Materie aus dem Dotter geht noch durch die
Röhre der Nabelschnur, und tritt in den Mastdarm, der nun
ein aufgeschwollenes Säckchen wird, worin die gelbe Materie
eine grünliche Farbe annimmt. Doch die Auseinander=
setzung dieser Thatsachen ist für eine besondere Abhandlung

---

*) Offervazioni intorno alle Torpedini. Firenze, 1678. 4.

**) Raja Torpedo Linnaei. *Tremola* bei den Fischern. .

D 3

über die Erzeugung der knorpligen Fische aufbehalten *).
In Beziehung auf diesen Punkt müßten auch Würmer, wenigstens solche, die einen mit den Fischen verwandten Bau
haben, untersucht werden. Der Kuttelwurm **) war von
dieser Seite dem Aristoteles ***) schon sehr bekannt. Diese
Thierchen versammeln sich alle im Frühlinge an den niedrigen
Ufern, um ihre Brut daselbst abzulegen, weil die Sonnen-
stralen da weit stärker wirken, und die Eier deßhalb weit
leichter ausgebrütet werden. So bald die Eier, die in ihrem
Leibe wie Hagel erscheinen, obgleich ihre Haut netzförmig ist,
abgelegt sind, bekommen sie die Gestalt und Farbe dicker reifer Myrtenbeeren, außer daß sie an der Spitze einen Fleck
haben. Sie sind in großen Massen um Pflanzen und Bäume
geschlungen. Wird die äußere Haut zerschnitten, so sieht
man, daß sie blattförmig ist; kommt man zur letzten ziemlich
feinen Haut, und drückt das ganze Ei, so wird man eine
durchsichtige Feuchtigkeit ausschwitzen sehen. Wird diese
Haut auch geöffnet, so spritzt diese weiße, sehr flüssige Feuchtigkeit, die den kleinen Fötus umgiebt, heraus. Ist dieser
schon etwas entwickelt, so kann man die Gestalt seines Körpers ganz deutlich sehen, den Kopf mit dem Maule, welches
mit den Fühlhörnern und zwei langen Rüsseln versehen ist.
Aus dem Mittelpunkte dieser Krone sieht man ein Röhrchen
kommen, welches die Fortsetzung des Schlundes ist. Dies Röhrchen erweitert sich und hängt mit der äußern Haut des Dotters zusammen. Der Dotter ist eine sehr weiße, von einer
leimichten Feuchtigkeit angefüllte Kugel, die gerade so abnimmt,
wie der Fötus wächst. Genau wie bei den Vögeln; doch
nimmt die weiße Feuchtigkeit, worin der Fötus frei schwimmt,
an Ausdehnung zu. Während der Dotter noch am Maule
frei befestigt herabhängt, ist der Fötus schon so weit entwickelt,

---

*) Die gewiß jedem ächten Freunde der Naturkenntnisse höchst
willkommen seyn wird. Z.

**) Sepia officinalis Linnaei. *Seppia* bei den Fischern.

***) Hist. Animal. L. V. cap. 17. p. m. 588.

daß er durch seine Kiefern inwendig im Sacke Athem holt.
Der Knochen sieht schon dunkel aus und ist fest; auch fließt
die schwarze Feuchtigkeit schon durch den Trichter ab. Der
kleine Fötus hat dann große Augen, und wirft sich im Wasser, womit er umgeben ist, umher, ungeachtet der Verwicke-
lung des Dotters, der am Maule befestigt ist und herabhängt.
Aristoteles sagt so: το σηπιδιον φυεται επι κεφαλην,
ὥσπερ ὁι ορνιθες κατα την κοιλιαν προσηρτημενοι . . .
κỳ τελος, ὥσπερ το ωχρον τοις ορνισι, τουτοις το λευκον
αφανιζεται. „Der kleine Kuttelwurm bildet sich vermittelst
„des Kopfes, so wie die kleinen Vögel dadurch, daß sie an
„den Bauch befestigt sind — — und endlich, so wie bei
„den Vögeln das Gelbe verschwindet, verschwindet bei diesen
„das Weiße.“ Hierdurch werden zwei Sätze bestätigt: einmal, daß diese weiße Feuchtigkeit, die in den Eiern des Kuttelwurms enthalten ist, der Flüssigkeit des Hühnereies, oder
dem Wasser in der Wasserhaut der vierfüßigen Thiere, entspricht. Wird das Ei des Kuttelwurms gekocht, so gerinnt
diese Feuchtigkeit nicht, wie das Weiße in den Eiern der Vögel, sondern bleibt flüssig. Nicht so ist es mit dem Dotter,
dieser weißen Kugel, die am Maule des Fötus befestigt ist;
denn er wird durch das Kochen fest, so wie die gläserne
Feuchtigkeit im Auge der Fische hart. Der andre Satz, der
noch bewiesen wird, ist, daß der Dotter im Eie mit dem Fötus immer zusammenhängt, und daß dieser Zusammenhang
nach verschiedenen Modifikationen, aber nicht der Substanz
nach, verändert ist; denn beim Huhne hängt die äußere Haut
des Gelben mit dem Darm zusammen, bei dem Kuttelwurme
mit dem Schlunde, welches seinem Wesen nach dasselbe ist,
weil der Schlund mit dem Darme zusammenhängt, und der
Mund und der After die Gränzen dieses Kanals sind. Aber
giebt es außer dieser so fortgesetzten Haut, durch welche die
Feuchtigkeit des Dotters sich in den Magen senkt, noch
Blutgefäße, die aus diesem Dotter zum Herzen gehen? Die
Durchsichtigkeit dieser Feuchtigkeit selbst bei dem erwachsenen
Thiere ist die Ursache, daß wir über diesen unvollständigen

Zustand des Thieres keine sichere Beobachtungen anstellen können. Mit dem Mikroskope sah ich über der Oberfläche des Dotters weiße, sich schlängelnde, in Zweige getheilte Einschnitte, die ich für durchsichtige Blutgefäße halten möchte, theils wegen der Analogie, theils weil der Magen nicht das erste Organ ist, das sich am Fötus entwickelt.

Ich hatte noch ein Experiment zu machen übrig. Dies war, die Eier der Fische zu kochen, um zu sehen, ob das Weiße, wie in den Eiern der Vögel, gerinne. Mit dem Eierstocke des oben beschriebenen Regenbogenfisches ist es mir geglückt. Die unreifen Eier, d. i. die kleinsten, blieben dunkel, auch der mehr durchsichtige Kern in ihrem Mittelpunkte; die mittlern blieben dunkel mit einem nahe am Umkreise sich befindenden durchsichtigen Ringe; und die größten, d. i. die reifen, behielten ihre natürliche runde Gestalt, das Weiße ward nur etwas verdunkelt. Als ich sie mit Nadeln zu zerbrechen suchte, fand ich ihre Haut so weich wie vorher. Das Weiße war flüssig; als es aber ins Wasser kam, erschien es leimicht (etwas zähe). Der Dotter war in seinem halbflüssigen Zustande geblieben; denn er verlängerte sich, theilte sich in mehrere Theilchen, die rund wurden, grade so, wie es vorher geschieht, ehe er an das Feuer kommt.

Ich habe alle diese Thatsachen gesammelt, um die Behauptung des Aristoteles zu bestätigen, daß nämlich in dem Eie der Fische das Weiße, welches die Griechischen Naturkündiger λευκον, λευκωμα nannten, fehle. Es giebt aber noch eine andre Feuchtigkeit, die Aristoteles ὑγροτης nannte, und die sich zwischen den beiden Häuten finden soll, zwischen der gemeinen und der dem Fötus allein eignen Haut. Dies ist die wässerige Feuchtigkeit, die sich beim Kochen flüssig erhält, und die, wie wir gesehen haben, dem Wasser der Gebärmutter der knorpligen Fische, oder dem der Wasserhaut (amnios) der vierfüßigen Thiere entspricht.

Das Ei bei den Fischen, sie mögen hartgrätige oder knorplige seyn, ist in der That weit einfacher, als das Ei der Vögel, weil ihm nicht allein das Weiße fehlt, sondern auch das, was von Hallern die Nabelhaut genannt wird, und welches die Alten im allgemeinen χωριον nannten. Doch genau gesprochen, fehlt diese Membrane in den Eiern der Fische nicht; sie wird nur nicht von Nabelgefäßen ausgedehnt, wie beim Huhne. Wir haben an den Eiern des Nadel= fisches, des Zitterrochen, und wahrscheinlich auch des Aehrenfisches über dem Eie eine allgemeine Haut gesehen, die sich hernach ausdehnt, um gleichsam ein Gewand des Fötus zu bilden. Bei einem gut entwickelten Hühnchen verschwinden die Blutgefäße nach und nach zuerst in der Na= belhaut, die aber abstirbt und als ein ganz fremder Körper sich absondert. Eben so habe ich an den Jungen des Zit= terrochen gesehen, wie die äußere schleimige Haut, die den Dotter bedeckt und durch die Nabelschnur geht, und gleichsam einen dicken Darm bildet, sich hierauf ausdehnt, um eine Decke des Fötus zu machen, bald ihre Lage verändert, und noch ehe der Dotter völlig verzehrt ist, sich gänzlich auflöset.

Es ist noch zu beweisen übrig, daß die Nahrung des Fötus aus der Feuchtigkeit des Dotters zubereitet wird. Wir haben beim jungen Zitterrochen, gerade wie beim Hühn= chen, deutlich gesehen, daß die Schlagader und Blutader aus dem Dotter kommt, und sich in die Schlag= und Blutader des Gekröses senkt. Beim Fötus des Nadelfisches setzte die Blutader das Blut unmittelbar in das Ohr des Herzens ab. Was ist denn nun die Verrichtung der Schlagader im Dotter, da dieser Dotter ein Eingeweide ist, das nicht mit dem Thiere fortleben soll, sondern aufhört, wenn das Thier zu leben anfängt? Wenn der Dotter als ein thierischer Körper angesehen werden kann, der nur deshalb belebt ist, weil er mit dem Fötus verbunden ist, und der schon seine ganze Entwickelung erhalten hat: wozu dienen die Schlag= adern, wenn der Blutumlauf darin nicht mehr zum Ernäh= ren nöthig ist; da seine Vervollkommnung und Vollendung durch ein System von Gefäßen verrichtet wird, die nach En= digung ihrer Dienste abgestorben sind; Gefäße, die Blut= und Schlagadern hervorbringen, die in den Eierstock des

Weibchens gehen, und mit dem Eie zerbrechen, wenn dieses
nach völliger Reife sich von seiner Mutter *) trennt? Wer
kennt nicht die große Theorie einer elastischen Luft oder eines
Dunstes, der das Leben befördert und die Ursache von den
Absonderungen im thierischen Körper ist, welche die Alten
annahmen, und die Schlagadern zu Hauptwerkzeugen dieser
Maschine machten? Dies ist die Theorie, die zu unsern
Zeiten unter den Händen des Ritters de Rosa so viel
Licht bekommen hat. Wer wird nicht auch sagen müs=
sen, daß zur Verwandlung der Feuchtigkeit des Gelben in
Nahrungssaft dieser Dunst nöthig sey; so wie gezeigt ist,
daß die Milch bei den Thieren das Werk einer Maschine sey,
die besonders durch die Hülfe eines so wirksamen Princi=
piums zu Stande gebracht wird?

Zuletzt redet Aristoteles noch von Materien, die
sich im Darm des Fötus bei den Fischen finden, nachdem
alle in Blut zu verwandelnde Feuchtigkeit von den Blutadern
des Gekröses eingesogen ist. Er sagt, diese Materie wäre
weißlich, zum Unterschiede von der bei dem Fötus des
Huhns, welche gelb ist. Ich mache einen Unterschied zwi=
schen dem Fötus der hartgrätigen und knorpligen Fische.
Bei den hartgrätigen ist der Dotter von einer fast flüssigen
Substanz, aber bei den knorpligen ist sie dick und ziemlich
gelb. Wir haben auch den Darm der kleinen Aehrenfische fast
ganz durchsichtig gefunden; bei den kleinen Zitterrochen war
das letzte Eingeweide von einer dicken grünlichen Materie
angeschwollen; bei den Jungen des glatten Haies war es
von einer ähnlichen gelben Materie angefüllt.

Da ich die weiblichen Theile der Fische beschrieben
habe, so ist nichts natürlicher, als daß ich nun gleichfalls
von den männlichen Geschlechtstheilen rede. Die Alten,
und unter diesen Aristoteles, glaubten, daß ben Fischen
die vorzüglichsten Organe der Männlichkeit fehlten, nämlich
die Hoden (testiculi). Er sagte: die Fische haben weder

*) Im Originale steht, nicchio, Muschel, auch die Scham; kei=
nes schien mir so passend.   Z.

innerhalb noch außerhalb des Körpers Hoden: ουδ᾽ ορχεις
(εχουσιν) 'ολως, ουτ᾽ εντος, ουτ᾽ εκτος *); auch nicht
einmal einen außerhalb sichtbaren Kanal zur Außspritzung
des Samens: ουτε αιδοιων πορον εκτος ουδενα φανε-
ρον. **) Aber Aristoteles selbst sagt uns, daß wenn
gleich solche Theile fehlten, so gäbe es doch statt ihrer, im
Körper der Männchen unter dem Zwerchfelle, zwei Kanäle,
die neben dem Rückgrate weggehend, vor der Oeffnung,
welche die Unreinigkeiten ausläßt, sich in einen einzigen ver=
einigen: πορους δη δυο εχουσι . . . συναπτοντας εις ἑνα
ανωθεν πορον, αχρι της του περιττωματος εξοδου; daß
diese Kanäle zur Begattungszeit von einer zeugenden Feuch=
tigkeit anschwellen, die dann durch Reiben ausfließt. †)
Die Oeffnung, wodurch sie geht, wird ομφαλος, der Na=
bel, genannt. Er fährt nun fort in seiner Geschichte, die
Art und Weise zu erzählen, wie diese Außspritzung geschieht,
und welches die Phänomene sind, die sich dabei zeigen.
Plinius, der den Aristoteles schlecht kopirt, sagt:
Piscibus serpentibusque nulli (testes), sed eorum vice
binae ad genitalia a renibus venae. ††) Ueberhaupt schei=
nen die Alten die Idee gehabt zu haben, daß es bei den Fi=
schen statt der männlichen Theile zwei Kanäle gäbe, die von
einer zeugenden Feuchtigkeit angefüllt würden. Diese Idee
scheint sich mehr für die Theile der knorpligen Fische, als
der hartgrätigen zu passen, bei denen die Saamenbehälter
ganz anders gestaltet sind, als daß sie einfache Kanäle seyn
sollten. Von den Neueren werden diese Organe bei den Fi=
schen Milch, lactes, genannt. Plinius bediente sich
dieses Wortes, um die feinen Eingeweide anzudeuten, die
sich so vom weißen Nahrungssafte füllen, wie diese Organe
von weißer zeugender Feuchtigkeit. Den Ort, wo bei den

---

*) Hist. Anim. L. II. c. 16. p. m. 214.

**) ibid. p. m. 216.

†) ibid. L. III. c. 1. p. m. 258.

††) Hist. Nat. L. XI. c. 49.

Weibchen der hartgrätigen Fische die Eierstöcke liegen, nimmt bei den Männchen die Milch ein; dies sind die Organe, welche den Saamen zubereiten und aufbewahren.   Daher verrichten sie zugleich den Dienst der Hoden und Samenbläschen der vierfüßigen Thiere.   Dieselben Bänder und Kanäle halten und nähren diese männlichen Organe; und so wie der Eierstock seinen Ausgang in die Scham, d. i. in eine unter dem After befindliche Oeffnung, hat, so hat ihn auf gleiche Weise die Milch, und die Oeffnung endigt entweder einfach, wie der Nabel, oder hat auch ein Wärzchen.   Ich beschreibe nun dieses Organ an demselben R e g e n b o g e n f i s c h e , und beobachte es in dem Zustande der Reife, wenn es schon von Samen angefüllt ist.

Am Boden des Unterleibes über der Schwimmblase
Fig. 12.   liegt an beiden Seiten ein Körper von etwas kon-
A.   verer Gestalt, so wie die Lappen der Leber. Mit ihrem konveren Theile legen sie sich an die Höhlung, welche die Bauchmuskeln bilden, und drücken mit dem halbebenen Theile, wenn ein Körper sich dem andern nähert, in der Mitte den großen Darm, der sich im After endigt.   Beide Körper erheben sich über die Schwimmblase, womit jede durch ein Band verbunden ist, das aus der Verdoppelung des Darmfells gebildet wird, und die Blutader enthält, welche aus der Spitze jedes Zweiges der Milch das Blut in den unter dem Herzen liegenden Sack zurückführt.   Außer diesem Bande giebt es noch das Band des Mastdarms, welches sich, bei der Vereinigung der Milch in Einen Körper, in zwei theilt, und sich an beiden Körpern an der innern Seite, eigentlich an einem Schirm oder Deckel, der der Länge nach über die halbebene Seite der Milch geht, befestigt.   Durch dieses Band kommen die Blutgefäße zur Milch. Beide Körper haben an der ebenen Seite Einschnitte, die, wie bei der Leber, viele Lappen bilden.   Diese Körper senken sich nachher, und sobald sie über der Urinblase sind, die sich an dem Boden des Unterleibes befindet, wird aus zwei Körpern ein einziger, der ein wenig vom After sich in der-

selben Oeffnung der Urinblase endigt. Diese Oeffnung ist noch mit einem konischen Wärzchen versehen.

Das Gekröse, welches das Eingeweide mit dem Boden des Unterleibes verbindet, theilt sich über der Schwimmblase gegen das Ende zu in zwei, und befestigt sich in dem Schirme an den Lappen der Milch, den sie in ihrer innern Seite haben. Auf die Weise führt es die Blutgefäße in die Milch, die durch das Gekröse laufen. Diese Gefäße sind sehr ansehnlich, weil sie zur Milz gehen müssen, die am Boden des Gekröses zwischen seiner Verdoppelung eingeschlossen ist, auch noch in die Schwimmblase dringen müßten, um die Verbindung derselben mit dem Gekröse zu befestigen. Obgleich diese Kanäle groß waren, so gelang es mir doch nicht, ihren Lauf durch die Einspritzung des Queckfilbers zu bestimmen; es gelang mir kaum mit dem venösen Kanale; daher hielt ich es für das Beste, es mit der bloßen natürlichen Besichtigung zu entdecken. Ich dehnte das Gekröse auf der konvexen Seite eines Uhrglases aus, drückte die Kanäle mit Nadeln, und ließ Blut herauslaufen. Da sah ich denn, daß zwei Stämme durch das Gekröse gingen, wovon der größere, der Venenstamm, ganz von Blute strotzte, der kleinere aber weniger Blut enthielt. Der Venenstamm ging unter dem linken Lappen der Leber weg, (ich beobachtete den Fisch auf dem Rücken liegend, den Schwanz mir zugekehrt), trat ins Gekröse, und schickte Zweige zum Eingeweide: einen zur Luftblase, einen andern zur Milz und endlich zur Milch, als sich die Haut des Gekröses theilte, um sich an den beiden Lappen derselben zu befestigen. Der Arterienstamm kam darauf unter dem Kopfe des Magens längs der Gallenblase her, und gab auf seinem Wege einen Zweig zur Verbindung der Schwimmblase ab; ein andrer, der einen Bogen machte, wandte sich zur Milz und theilte Schritt für Schritt dem Darmkanale Zweige mit; zuletzt endigte er in der Milch, wo das Gekröse sich an den beiden Lappen derselben befestigte. Ob ich gleich alles nur durch die untersuchende (esploratrice) Linse besah, so bin ich doch meiner Beobach-

tung gewiß; um so mehr, da ich eben dies an einem Lip=
fische von einer andern Art gesehen habe, dessen Gefäße im
Gekröse mit Quecksilber eingespritzt waren.

Der Körper der Milch ist von ziemlich harter Kon=
sistenz, die Oberfläche glatt und schlüpfrig.   Wenn man die
Milch in ihrer Reife etwas eindrückt, welches am besten ge=
schieht, wenn sie noch unter den Muskeln im Eingeweide
verschlossen ist, so wird man aus dem Nabel, d. i. der unter
dem After befindlichen Oeffnung, eine wie Milch weiße, lei=
mige Feuchtigkeit herauskommen sehen, die bei ihrem Aus=
gange aus der Oeffnung auf die Seiten des Fisches fällt.
Diese weiße Feuchtigkeit, ist der männliche Samen, das,
was von Aristoteles σπερμα λευκον oder eigentlicher
γονος und θορος (zeugende Feuchtigkeit der Fische) genannt
wird.   Dieser Samen wird innerhalb zweier Körper zuberei=
tet, die wir Milch genannt haben; in ihnen erhält sie sich,
und bereitet sich vor zum Ausfließen.   Diese Organe sind
also die Verarbeiter und Behälter dieser kostbaren Feuchtig=
keit; daher muß man ihren Bau in Vergleichung mit
ähnlichen Organen mehr zusammengesetzter Thiere unter=
suchen.

Die Samenmaterie reift nicht zu Einer Zeit, weswegen
denn auch die Versprützung derselben nicht auf einmal ge=
schieht; zuerst reift ein Theil unten in der Milch, nachher
oben.   Daher kommt es, daß der Theil, der zunächst am
Nabel liegt, sich zuerst der Samenmaterie entledigt, und, statt
aufgeschwollen zu bleiben, wie eine flache Leiste über der Urin=
und Schwimmblase wird.   Hierauf drückte ich diesen Theil
mit der Länge der Nadel, und fand, daß ein Ueberbleibsel
des Samens, das zu Folge des Zusammendrückens vorwärts
gehen mußte, krumme Wege durch den genannten Theil
nahm.   Als es zu dem noch vollen Theile kam, fand es so
viel Widerstand, daß es nicht weiter konnte.   Ich schloß aus
diesem einfachen Experiment, daß die Samenmaterie in einem
in viele Zweige getheilten Kanale enthalten sei, der inwendig
durch die ganze Substanz der Milch sich ausdehne, und wenn

dieser Kanal von solcher Feuchtigkeit überflüßig angefüllt sei; der Milchkörper dann über die Maße anschwelle.

Als ich ein Männchen vom Regenbogenfische vor mir hatte, drückte ich den Leib, und sah aus dem Nabel eine Portion Milch fließen; ich öffnete hierauf oben den Bauch, und fand, daß die Milch hier noch voll war, ob sie gleich unten ausgeflossen. Ich schnitt mit einem Scheerchen die Warze des Nabels ab, und als ich die Spitze der Spritze hinzeingesenkt, nahm ich eine Einspritzung mit Quecksilber vor, die mir sehr gelang. Hierauf hob ich den Darmkanal ein wenig in die Höhe, und deckte die beiden Körper der Milch auf. Das Quecksilber war durch den ganzen untern Theil der Milch gelaufen, und machte mannichfaltige Kreise, wie in einem vielfach gekrümmten Kanale; hierauf schien das Queckzsilber durch diesen Kanal in den noch vollen und unreifen Theil der Milch geflossen zu seyn, drang hier in die Substanz der Milch; und ging an der Oberfläche hin. Als ich hierauf mit einem spitzigen Hölzchen das Quecksilber weiter zu gehen zwang, vertheilte es sich immer in kleinere Zweige. Gleich glücklich war ich mit einer andern Einspritzung, die ich an der weit reifern Milch im Körper eines andern Regenbogenfisches vornahm; wegen der größern Reife konnte hier das Queckzsilber weiter dringen. Einen gleichen Versuch habe ich mit der Luft gemacht; ich blies nämlich mit der Spitze einer kleinen Röhrein die Milch, und die Luft öffnete sich einen ähnlichen Weg. Aus diesen wiederholten Versuchen schloß ich nun, daß die Höhlung der Milch bei den Fischen aus den verschiedenen und mannichfaltigen Zweigen eines Kanals bestände, der die Samenmaterie zubereitet.

Doch schien mir diese Folgerung nicht so klar und richztig, daß sich gar nicht mehr daran zweifeln ließe; denn es wäre möglich gewesen, daß die Substanz der Milch eine weiche Masse war, und daß das mit Gewalt fortgestoßene Quecksilber und die Luft sich einen Weg öffnen mußten, der mannigfaltig gekrümmt seyn konnte, je nachdem sie stärkern oder geringern Widerstand angetroffen. Daher hielt ich es

für weit sicherer, wenn ich dieses Organ zerschnitte und alles
ganz genau beobachtete.   Ich nahm einen Regenbogenfisch, dessen Milch halb reif war; der untere Theil hatte
sich nämlich des Samens entledigt und war zu einer Leiste
geworden. Ich trennte diese Leiste, die ein zelliges Gewebe zu
seyn schien, von der Blase, woran sie befestigt war, und
schnitt sie mit einer kleinen Scheere von der Befestigung, die
sie mit dem Nabel hatte, und von dem übrigen Körper der
Milch los.   Diesen Theil der Milchblase legte ich auf ein
kleines ebenes Glas des Mikroskops, und beobachtete es unter letzterem.   Ich sah eine Substanz, die eine dunkle Rami-
fikation in dem Gewebe bildete, übrigens aber durchsichtig
war; als ich das Gewebe mit der Länge der Nadel drückte,
sah ich aus dem obern zerschnittenen Rande viele kleine Gedärme (darmähnliche Körper) von weißer Materie herauskommen, die im Wasser so blieben, so lange sie durch die
Nadel nicht in Bewegung gesetzt und aufgelöst wurden. Bei
fernerem sanften Zusammendrücken, bemerkte ich, wie die
weiße Materie durch die Irrgänge vorwärts ging; und alles
dieses leitete mich wieder auf den vorigen Schluß.   Als ich
den reifen Theil der Milch noch an einem andern Regenbogenfische auf ähnliche Weise abschnitt, mit Nadeln auf-
riß und rein unter das Mikroskop brachte, erschien der Lauf
Fig. 11. dieses Kanals, der die Samenmaterie einschließt,
B. geradeso, wie ich einen Theil davon vier und sechzigmal vergrößert in Kupfer dargestellt habe; die übrigen punk-
tirten Kreise sind mit aufgelöster Samenmaterie bedeckt.
Nachdem ich die Milch in Wasser gekocht hatte, wurde die
Samenmaterie hart, und behielt die cylindrische Figur der
Kanäle, worin sie enthalten war.

Der Bau der Milch bei den Fischen ist also beinahe
derselbe mit dem der Hoden bei den vierfüßigen Thieren.
Wir haben gesehen, daß ein Zweig der Schlagader des Gekröses zur Milch geht, und daß die Blutader des Gekröses
mit ihren Zweigen, die zur Basis der Milch kommen, und
noch zwei venenartige Stämme, die aus den Spitzen der

Milch,

Milch, unmittelbar in den unter dem Herzen liegenden Venensack treten, die zu diesem Eingeweide gehörenden Blutkanäle sind. Die Anatomiker, die über den Bau des
Menschen gearbeitet, haben die Hoden in Fäden aufgelöst,
jeden Gang von dem andern unterschieden, und eine große
Menge solcher Gänge gefunden; sie haben auch jede Beugung gezählt. Die Anzahl dieser Kanälchen stieg bis auf
62500; die Länge eines jeden war ein Zoll; der Durchmesser $\frac{1}{200}$ eines Zolls; die Anzahl der Beugungen 5760.
So lese ich in Hallers größerer Physiologie. Aus dem
Blute in diesen Kanälen wird also die männliche Samenmaterie zubereitet, so wie die andern thierischen Feuchtigkeiten.
Die Materie des Bluts bringt durch die Häute der Kanäle,
und füllt sich mit einer gewissen Quantität von ausdehnbarem
Dunste; und der Theil des Bluts, der nicht hat Samen
werden können, wird von den Blutadern wieder aufgenommen.

Jetzt müssen wir die Analysis des Samens anfangen.
Ich nahm einen Regenbogenfisch, bei dem die Milch
schon angeschwollen, aber noch unreif war; ich schnitt ein
Stück mit der äußern Haut ab; und legte es in einen Fig. 12.
Tropfen Wasser unter das Mikroskop. Ich sah das ganze
Stück der darunter liegenden Materie in Massen zertheilt, die
alle unter einander verbunden waren. Ich versuchte es, an
den Massen zu arbeiten, und sah sie in Kernchen zerfallen.
Ich schabte die Massen, und entdeckte die Haut, an welcher
diese ganze Materie befestigt war. Sie war ein Theil des
allgemeinen Sackes, eine vollkommne Membrane, und hatte
offene Gefäße für das Blut.

Als ich aus dieser Beobachtung nichts schließen konnte,
wollte ich die reife Milch betrachten, die man durch einen
leichten Eindruck des Unterleibes durch den Nabel erhält. Ich
drückte daher den Bauch eines Regenbogenfisches, dessen
Milch halb reif war. Die milchartige leimichte Materie
trat aus dem Nabel, fiel wie ein weißes Fadenwerk ins
Wasser, und sah wie ein kleiner Wurm aus, schien aber mit

E

dem Wasser nicht viel ähnliches zu haben. Ich rührte das Wasser mit Nadeln um, und das Fadenwerk zertheilte sich in mehrere Wellen; als ich fortfuhr mit Umrühren, vermischte es sich gänzlich mit dem Wasser. Als ich einen geebneten Tropfen Milch auf einem Stück Glase unter dem Mikroskop beobachtete, bemerkte ich nichts von Theilen, die mit ihrem leimichten Wesen eine ganze Masse hätten ausmachen können; aber mit Wasser vermischt, bemerkte ich, daß die ganze Materie des Samens eine Sammlung kleiner Körper, wie Punkte, war, die an Größe selbst kleiner waren, als die Kugeln des Bluts bei diesem Fische. Hierauf öffnete ich den Bauch des Fisches selbst, und sah, daß die Milch voll und angeschwollen war, und nur unten leer; ich glaube daher, daß sie erst zum Theil reif war, und daß die ausgedrückte noch einige Zeit zur gänzlichen Vervollkommnung nöthig hatte.

Den 23 Mai beobachtete ich einen männlichen See brassen, der mit der Rothfloße *) nahe verwandt ist; als ich seinen Bauch nur leicht zusammengedrückt hatte, trat die Milch aus dem Nabel hervor. Einen Tropfen davon legte ich auf ein ebnes Glas des Mikroskops, beobachtete ihn da, wo er am dünnesten war, und sah, daß er eine Masse außerordentlich kleiner Kügelchen, wie Punkte war. Ich ließ einen Tropfen Wasser auf die Milch fallen, die sich nun wellenförmig durch das Wasser vertheilte. Ich sah durch das Mikroskop und bemerkte die Ströme von Kügelchen. Stillstehend und die Augen anstrengend, entdeckte ich in diesen Strömen der Kügelchen eine innere Regung, wodurch sie in Bewegung gesetzt wurden; diese Bewegung war aber von der gewöhnlichen, die der Tropfen Wasser vielleicht haben konnte, ganz verschieden. Diese Bewegung war gerade dieselbe, die ich am (Eisen=) Sande bemerkte, den ich auf Papier schüttete, und unter welchem ich den Magnet auf mancherlei Weise hin und her bewegte. Dies Phänomen an der Milch dieses Fisches habe ich zu wiederholten Malen beobachtet.

---

*) Sparus Smaris Linnaei. *Rotondo* bei den Fischern. .

Ueberhaupt scheint es, daß in der Materie des reifen Fisches etwas anders ist, das diese träge Masse bewegt, belebt und in Thätigkeit setzt; und es ist nicht zu vermuthen, daß dies kleine Thierchen sind, die im Samen sich bewegen, wie die Beobachter wohl in dem Samen anderer Thiere bemerkt haben, und die man bei der Maceration der Sämereien und anderer vegetabilischen Theile beobachtet; denn sie haben gar nicht die Gestalt dieser Thierchen. Dann hat man auch bemerkt, daß diese Kügelchen eben die Samenmaterie sind, so wie die festen ovalen Körper bei den Fischen den rothen Theil des Bluts ausmachen.

Büffon, der die Samenthierchen, oder wie er will, die organischen Körperchen (molecules) so genau untersuchte, beobachtete auch die Milch der Fische auf die Art, wie ich es gethan habe, und bemerkte dasselbe Phänomen, das ihm zum Beweise seiner Hypothese von den organischen Körperchen diente, die das Wesen der beiden Reiche, des Thier = und Pflanzenreiches, ausmachten *).

Wie auch die Folgerungen dieses großen Metaphysikers immer seyn mögen, die er aus diesem Faktum zieht, so las ich sie mit vielem Vergnügen, als ich dies Phänomen gleichfalls bemerkt hatte.

---

*) J'examinai la liqueur séminale qui remplit les laites de différens poiſſons, de la carpe, du brochet, du barbeau; je faiſois tirer la laite tandis qu'ils étoient vivans, & ayant obſervé avec beaucoup d'attention ces différentes liqueurs, je n'y vis pas autre choſe qu'une grande quantité de petits globules obſcurs en mouvement; je me fis apporter pluſieurs autres de ces poiſſons vivans, & ayant comprimé ſeulement en preſſant un peu avec les doigts la partie du ventre de ces poiſſons, par laquelle ils répandent cette liqueur, j'en obtins ſans faire aucune bleſſure à l'animal, une aſſez grande quantité, pour l'obſerver, & j'y vis de même une infinité de globules en mouvement, qui étoient tous obſcurs, presque noirs, & fort petits. Hist. Nat. T. I. P. II. p. 223. 4.

Wenn das Faktum also durch mehrere Beobachtungen
bestätigt ist; wenn die Bewegung in der Samenmaterie ihm
eigenthümlich ist, so wird die Auflösung dieses Phänomens
etwas wichtiges zeigen müssen. Wir müssen nun untersuchen,
auf welche Art die träge Materie bewegt wird: ob die Bewegung den Samentheilen eigen ist, und sie unter einander
gleichsam eine angeborne anziehende und zurückstoßende Kraft
besitzen, oder ob sie von einem elastischen Dunste kommt, den
der Samen in sich schließt, und der nach und nach sich los
macht? Ich will diese Thatsachen in Vergleich mit den Lehren, welche die ersten Meister der Philosophie in Griechenland
gaben, abhandeln; diese redeten nämlich von einem sehr thätigen allgemeinen Dunste, welcher der Urheber des Lebens und
der regelmäßigen Einrichtung aller Dinge in der Natur sei.

Jetzt sind wir nun zu dem Hauptpunkte der gegenwär-
tigen Untersuchung gekommen; nämlich, wie diese milchartige
Feuchtigkeit der Männchen auf die Erzeugung Einfluß habe.
Diese Untersuchung kann, meiner Meinung nach, in zwei
untere aufgelöst werden; zuerst nämlich untersuchen wir: wie
und mit welchem Theile des Weibchens diese Feuchtigkeit sich
vereinigt? Da denn schon gezeigt ist, daß sie nur die ganzen
und vollkommnen Eier berührt. Zweitens also, wie durch
diese Berührung der Embryo im Eie fähig werde, sich zu
vervollkommnen?

Was nun die erste Untersuchung betrift, so wurde es seit
den Zeiten des Aristoteles für schwer gehalten, sich hierin
Genüge zu leisten: „Ἡ δε των ωοτοκουντων ιχθυων οχεια
„ἡττον γινεται καταδηλος.“ „Die fleischliche Vermischung
„der eierlegenden Fische wird noch weniger offenbar.“ Doch
wußte man sehr gut, daß zu dieser Zeit der Vermischung, die
Kanäle der Männchen von dem zeugenden Samen sehr angeschwellt sind, und daß er daher herausgelassen werden muß;
„και προιενται ὑγροτητα γαλακτωδη.“ So ungewiß die
Sache damals auch war, so hatte man doch die Meinung,
daß die Männchen der eierlegenden Fische ihren After an den
der Weibchen anlegten, und dadurch das ganze Geschäft der

Befruchtung vollenbeten: „περιπιπτοντες τα ὑπτα προς „τα ὑπτα ποιουνται τον συνδιασμον" *).

Aristoteles bleibt hiebei nicht stehen, sondern erzählt, was durch dies Aneinanderlegen der After bewirkt wird. Er sagt: προσαγαγοντες τους πορους προς αλληλους, ους καλουσι τινες ομφαλους, ἡ τον γονον αφιασιν, αἱ μεν τα ὡα, ὁι δε τον θορον εξιασιν **). „Wenn sie die Deff= „nungen, die man Nabel nennt, zusammengebracht haben, „so lassen die Weibchen aus der Oeffnung, aus welcher die „zeugende Feuchtigkeit kommt, die Eier fleßen, die Männ= „chen aber den Samen." So ergiebt sich aus diesen Stel= len des Aristoteles, die Meinung der damaligen Welt von der Befruchtung der eierlegenden Fische ganz deutlich; sie geht nämlich außerhalb des Körpers vor, und indem das Weibchen die Eier wirft, bedeckt sie das Männchen mit der zeugenden Feuchtigkeit. Die Meinung von denen, die leben= dige Junge zur Welt bringen, oder von den knorpligen Fi= schen, war damals, daß die Eier noch im Leibe der Mutter von dem Männchen befruchtet würden, welches bei einigen, mit kleinen Schwänzen, den Rücken des Weibchens bestiege, und, den After (den Hinterleib) beugend, ihn an den des Weibchens legte; daß aber bei andern, mit größern Schwänzen, dies Zusammenlegen des Hinterleibes Bauch an Bauch geschähe, und die zeugende Feuchtigkeit des Männ= chens, die aus zwei sich im After vereinigenden Hoden kommt, durch die im After sich öffnenden Kanäle der Gebärmutter dringe ***).

Da wir jetzt die Meinung der Alten von den eierlegen= den Fischen mit Beweisen verstärken müssen, so wollen wir diese Beweise in zwei Klassen theilen. In der ersten wollen wir diejenigen aufführen, welche sich aus den anatomischen

*) Hist. Anim. l. V. c. 5. p. m. 526.

**) Hist. Anim. l. VI. c. 13. p. m. 695.

***) Hist. Anim. l. V. c. 5. p. m. 527.

Untersuchungen solcher Fische ergeben; in der zweiten die, welche man gerades Weges aus dem Faktum erhalten konnte. Sollten sie für jede Klasse nicht vollständig und entscheidend seyn, so bin ich doch gewiß, daß sie zusammen genommen, hinreichend sind, eine physische Wahrheit zu begründen.

Die Ursache von der verschiedenen Bildung der äußern Zeugungswerkzeuge bei den Thieren, ist keine andre, als die verschiedene Lage der weiblichen Organe, nämlich der Eierstöcke und der Gebärmutter. Diese beiden Organe sind gewöhnlich bei allen weiblichen Thieren von einander verschieden; bei den eierlegenden Fischen aber ist der Eierstock und die Gebärmutter (matrice e utero) eins. Man könnte sogar sagen, es gäbe da keine Gebärmutter, weil die Eier dort (im Eierstocke) ihre nöthige Größe erhalten, und in ihnen der Fötus nur nachdem sie befruchtet sind, zum Entwickeln noch ferner bleibt. Gewöhnlich befruchten sich die Eier in den Eierstöcken (matrici), das ist, in den Orten, wo sie gewachsen sind, und der Same muß, um sie zu berühren, die ganze Gebärmutter durchlaufen. Von dieser Regel macht der Salamander eine Ausnahme, weil, nach den Beobachtungen des berühmten Abtes Spallanzani, die Eier, nachdem sie schon in die Gebärmutter gesunken, von den Männchen zu verschiedenen Malen befruchtet werden. Dies darf niemanden befremden; denn von den Hühnern weiß man, daß der Hahn die Eier befruchtet, wenn sie noch in dem Eierstocke sind, ob sie gleich von selbst und ganz ohne Zulassung des Hahns in die Gebärmutter hinabsinken, und das Weiße, die Häute und die Schale annehmen.

Es ist auch bewiesen, daß die Eier der Frösche, wenn sie bereits aus dem Körper getreten sind, von dem Männchen befruchtet werden, so lange es, auf dem Weibchen liegend, mit seinen Armen die Brust umfaßt. Aber die Schlangen legen mit einander verwickelt, die Oeffnungen des Afters an einander. Die männliche Eidechse läuft hinter dem Weibchen her, und wenn sie es erreicht, umschlingt sie dasselbe und vermischt sich mit ihm. Die knorpeligen Fische biegen, wenn sie an einander kommen, den After, oder sie legen Bauch an Bauch, vereinigen die lange Spalte des Afters, und befruchten sich. Bei diesen Thieren, denen zur Befruchtung eine bloße Berüh= rung der Zeugungsöffnungen hinreicht, sind die Gebärmütter bloß Kanäle, und die zeugende Feuchtigkeit (oder der Same) braucht nicht, aus Bläschen gedrückt, weit von der Oeffnung, aus der er hervortritt, hingespritzt zu werden.

Aus diesen Thatsachen, die hier bloß angedeutet sind, und deren weitere Entwickelung ich auf ihre eigentliche Stelle verschiebe, ergiebt sich, daß die Befruchtung an den Eiern in jedem Zustande, sobald sie in die Gebärmutter getreten sind, Statt haben kann; nur müssen sie entblößt und hin= reichend feucht seyn. Ferner, daß die verschiedne Art der Befruchtung von dem verschiednen Baue der Glieder des Thie= res, womit sie sich drücken, anschließen, umwickeln oder bloß einander berühren, abhängt. Ich erkläre mich jetzt hierüber nicht weiter, und überlasse es dem Leser, das im vorhergehenden Paragraphe angedeutete weiter auszuführen.

Bei den hartgrätigen (eigentlichen) Fischen muß man bedenken, daß der Rückgrat, welcher der Länge nach durch den Körper geht, ihn vermöge seiner Unbiegsamkeit steif macht, daß dieser Körper keine äußeren Glieder hat, die ihnen in dem Elemente, worin sie leben, eine feste Stütze gewähren können, und daß es da, wo die Oeffnung für den Samen ist, kein Werkzeug giebt, welches von außen hervor= tritt. Die Oeffnungen liegen auch im untern Theile des Körpers, der sich immer in einer gewissen wagerechten Lage erhalten muß, und der dabei gewöhnlich der spitzigste, und weniger geschickt ist, sich gegenseitig genau an einander zu passen. Hieraus wird es stets unbegreiflich, wie bei den eierlegenden Fischen durch Aneinanderbringen der Oeffnungen das Männchen den Samen zum Eierstocke gelangen läßt. Man muß also schließen, daß die Männchen den Samen aus einer gewissen Entfernung in den Eierstock spritzen, ge= rade wie die Salamander; oder daß sie, wie die Frösche, den Samen auf die Eier spritzen, die den Körper schon ver=

E 4

laſſen haben, wobei das Weibchen nicht umarmt, ſondern verfolgt wird.

Der Salamander nähert ſich zur Begattungszeit dem Weibchen, und vereinigt Mund mit Munde; nach verſchiedenen andern Liebkoſungen läßt er aus der gemeinſchaftlichen Oeffnung des Afters, der dann mehr als gewöhnlich angeſchwollen und erweitert iſt, eine reichliche Menge Samen fließen, der ſich mit dem Waſſer vermiſcht, und ſo gemiſcht bis zum After des Weibchens kommt, der bei dieſer Gelegenheit mehr angeſchwollen und offner zu ſeyn ſcheint; auf dieſe Weiſe werden die Eier befruchtet, die nahe am Eingange der Gebärmutter ſind, welche ſich dann nahe am After öffnet. Haben ſich die Salamander dieſer Eier entledigt, ſo werden die andern auf eben die Weiſe befruchtet. Betrachten wir nun hingegen die äußeren Zeugungstheile der Fiſche, ſo werden wir finden, daß ſie zu einer ſolchen Befruchtung nicht geſchickt ſind. Die Scham liegt bei ihnen unter dem After, und iſt entweder von einer Art von Jungfernhäutchen verſchloſſen, oder in eine ſpitze Warze verlängert; um alſo den Samen aufnehmen zu können, muß entweder das Jungfernhäutchen zerriſſen, oder die Spitze der Warze ſehr erweitert werden. Die einfache Scham des weiblichen Regenbogenfiſches iſt mit einem Hymen bedeckt; wenn ich beim reifen Eierſtocke dieſe Haut mit einer Nadelſpitze zerriſſen hatte, ſo ſah ich einen klebrigen Saft heraustreten, der an den Seiten des Fiſches herabfloß; dies iſt die Eiermaſſe. Gerade zu dieſer Zeit muß die Befruchtung erfolgen. Es läßt ſich alſo nicht anders begreifen, als daß die Befruchtung bei den ſchon aus dem Eierſtocke gegangenen Eiern geſchieht; denn vor ihrer Reife iſt dieſes Hymen immer ganz, und da es im Augenblicke der Reife zerreißt, ſo können ſich die Eier keinen Augenblick halten, ohne herauszufließen. Eben dieſer Grund gilt bei den Weibchen der Fiſche, deren Scham ſich in eine Warze endigt; (von der Art ſind die obengenannten Arten der Lippfiſche) denn dieſe Warze iſt an ihrer Spitze ſo eng, daß ich kaum mit einer hineingeſenkten kleinen Blasröhre eine

Oeffnung hervorbringen konnte.   Ueberdies ist diese Oeffnung kaum größer als der Durchmesser des Eies, und man begreift nicht, welchen Theil des vom Männchen ausgespritzten Samens sie aufnehmen könne *).

Bei den Männchen der eierlegenden Fische verrichtet, wie wir gesehen haben, die Milch den Dienst der Hoden und Samenbläschen zugleich.   Die Milch liegt am Boden des Unterleibes, und wird durch einen bloßen Eindruck auf die Muskeln desselben, oder durch eine bloße Action, welche der Fisch selbst vornimmt, herausgespritzt.   Die Menge dieses Samens ist außerordentlich groß, in Vergleich mit dem Körper des Thieres und dem Umfange des Eierstocks zur Zeit der Befruchtung.   Die Ausspritzung wird von dem Gefühle der Schwere bewirkt, welche die angeschwollene Milch dem Thiere verursacht; und durch eine eigne, unerklärbare Einsicht (Instinkt) des Thieres selbst auf die Eier gerichtet.

*) Hiervon könnte das Geschlecht des Aals (Muraena) des Linné eine Ausnahme scheinen, weil diese Fische einen sehr biegsamen Körper haben.   Flußfischer haben mich auch in der That versichert, daß sie im Frühling in einander verwickelte Aale gefangen hätten; man müßte also glauben, daß Männchen und Weibchen sich begatten.   Diese Idee könnte von dem, was man von den Zeiten des Aristoteles an, bis nach Leuwenhoek glaubte, nämlich, daß sie lebendige Junge zur Welt brächten, begünstigt werden.   Es ist in der That so schwer, sie während der Schwangerschaft zu fangen, daß nicht allein ich, sondern auch viele andere Beobachter es nicht haben sehen können.   Wir verdanken die Entdeckung ihrer großen reifen Eierstöcke dem Fleiße des berühmten Vallisnieri: (Opér. T. II. p. 89.)   Ich sah im Mai dasselbe am Meeraale (Muraena Cònger Linnaei. *Ronco* bei den Fischern).   Da also die Eierstöcke dieser Fische wegen ihrer Gestalt und Lage von denen der andern hartgrätigen Fische nicht verschieden sind, so darf man glauben, daß sie dasselbe Gesetz befolgen; sie können aber übrigens in der Art, wie sie sich beim Befruchten dem Körper nähern, verschieden seyn.

E 5

Zu Folge der angenommenen Meinung müssen wir einsehen, daß die Sache sich in der That so verhält; indeß können wir noch nicht überzeugt seyn: denn um uns davon zu überzeugen, bedarf es hinlänglicher Beobachtungen, daß die Sache so, und auf keine andre Art zugehe. Um diese Beweise aufzusuchen, setzte ich mich im Frühling, wenn der größte Theil der Fische seine Laichzeit hat, in einen Kahn, um verschiedene Arten der Seebrassen und Lipfische zu beobachten, die ich zwischen den dichten, dann grünenden Meeresflächen, in den Buchten von Pausilippo und Nisita, weiden sah. Ich sah sie zu mehrern Malen einander verfolgen; aber so viel ich sie beobachtete, so bemerkte ich doch kein Aneinanderlegen, oder Ausspritzen der Eier oder der Milch, die wenigstens nur etwas das Wasser um sie her getrübt hätte. Ich befragte die erfahrensten Fischer darüber; sie konnten mir aber nichts wichtiges davon sagen, außer, daß sie diese Fische niemals mit einander vereint oder sich begatten sähen, wie alle andre Thiere.

Vergangenen Mai sah ich zwei Kröten in ein wenig Nebenwasser eines Bachs sich begatten, wobei das Weibchen kaum mit Wasser bedeckt war. Ich wartete bis das Männchen seine Feuchtigkeit auf die Schnur der aus dem After des Weibchens kommenden Eier gespritzt hatte. Das Weibchen streckte seine Arme vorwärts, als wenn es gehen wollte, zog auch den Körper so zusammen. Hierauf hielt das Männchen seinen After an die Schnur der Eier; aber so genau ich auch zusah, so sah ich doch die Feuchtigkeit nicht hervorspritzen, auch das Wasser nicht trübe werden. Ein ähnliches Phänomen war vom Herrn Abt Spallanzani gesehen; und nur, da die Frösche aufs Trockne gebracht waren, gelang es, das Hervorspritzen der zeugenden Feuchtigkeit zu sehen. Ich sah nun ein, daß es unmöglich war, in der Entfernung einiger Schritte im Wasser an den Fischen zu sehen, was man bei Kröten in fast gar keinem Wasser nicht hatte sehen kön-

nen *).   Führte ich hier das Zeugniß eines so großen Man=
nes nicht an, so würde man mir wenig Glauben beimessen.
Ich hätte also Grund an dem Faktum zu zweifeln, daß die
Herren Ferris und Du Hamel an Lachsen und Forellen
gesehen haben.   Der erstere befand sich am Ufer eines Fluf=
ses, dessen Wasser sehr schnell floß, aber niedrig und klar
war; er sah zwei Lachse in einer Tiefe von zwei Fuß, mit ein=
ander entgegengesetzten Schwänzen den Sand bewegen, und
eine Grube in Gestalt eines Kegels darin machen.   Ueber diese
richtete das Weibchen das Ende des Bauchs, und spritzte einen
rothen flüssigen Streif aus; das Männchen, das dieselbe
Stellung hatte, überschüttete dieselbe mit seiner weißen
Feuchtigkeit.   Hierauf bedeckten beide mit entgegengestellten
Schwänzen die Grube wieder mit Sande **).

Du Hamel sagt, daß die Laichzeit der Lachse im No=
vember sei; sie gehen dann aus den Flüssen in süße Bäche,
deren Boden steinicht und sandig ist.   Die Männchen gehen
um die Weiber herum, treiben hin und her, und reiben ihren
Bauch auf dem Sande, um die Eier und die Milch heraus=
zutreiben.   Die Eier, die das Weibchen ausfließen läßt,
fallen zu Boden; das Männchen spritzt dann daselbst hin
und wieder etwas Milch aus.   Die so befruchteten Eier
bringen nach zehn Wochen Jungen hervor ***).

Ich hatte Lust noch einen andern Versuch zu machen.
Ich glaubte, die Goldkarpfen, die jetzt eine Zierde der Zim=
mer und Gärten sind, könnten mir dazu dienlich seyn.   Ich
habe sie in großen Gefäßen aufbewahrt, und sie in zwei
Jahren und noch länger darin nicht laichen sehen; auch ist
der größte Theil von ihnen an einem ungesunden Anschwellen

*) Rösel sah aber dennoch in seinen mit Wasser angefüllten
Zuckergläsern dieses Ausspritzen des männlichen Samens sehr
deutlich, und bemerkte auch dabei, daß das Wasser dadurch trübe
ward.   Rös. Gesch. der Frösche S. 4.   3.

**) Rozier observ. sur la Physiq. Novembre 1782. p. 311.

***) Rozier observ. sur la Physiq. Novembre 1782. p. 329.

des Gekröfes gestorben, welches, wie ich glaube, davon
kam, daß das Waſſer, worin ſie leben mußten, ſich gar
nicht bewegte.   Ich verſuchte einige Seefiſche in Waſſer,
welches ich ſalzig machte, zahm zu machen, als Trichter-
fiſche (Mazzoni) und Schleimfiſche (Bavoſe).   Es iſt wahr,
ſie haben bei mir gelebt; aber mit ſolchem Zwange, daß ſie
Monderlang nichts gefreſſen haben.   Deſſen ungeachtet läßt
ſich im Frühling die Liebe einiger Fiſche, auch beinahe die
Befruchtung, bemerken.   Dieſe Fiſche ſind vom Geſchlechte
der Seebraſſen und Lipfiſche.   Der gemeine Seebraſſe *)
(Schwarzriegel) verſammelt ſich im Frühling, wenn er laichen will, haufenweiſe unter der aufgeworfenen Erde der
Klippen, als wären dies ihre eigentlichen Höhlen.   Eben dies
ſieht man auch am Meerpfau **), der mit dem Seebraſſen
nahe verwandt iſt.   Die Fiſcher umgeben dann dieſe Oerter
mit Netzen (reti di poſta), und machen mancherlei Geräuſch
an den Seiten des Kahns, wodurch die Fiſche aus ihren
Höhlen getrieben werden und ins Netz fallen.   Aber drei andre Arten Seebraſſen, der Larierfiſch †), die Rothfloſſe und
das Großauge ††) zeigen dies Faktum noch deutlicher.   Sobald die Begattungszeit kommt und die Zeugungsorgane
ſtark werden, verändern alle drei Arten ihre Farbe; die
Männchen beſonders bekommen glänzende Streifen, die ſo
ſchön wie Indigo ſind, und vom Kopfe über die Augen und
den ganzen Körper gehen, auch über die Floſſen; übrigens
haben ſie dabei eine ungewöhnlich braune Farbe.   Die
Männchen werden dann unter den Fiſchern auch dem Samen
nach von den Weibchen unterſchieden.   Das Männchen des
Larierfiſches iſt zweimal, ja dreimal ſo dick als das Weibchen,

---

*) Sparus annularis Linnaei. *Sparaglione* bei den Fiſchern.

**) Labrus pavo Linnaei. *Paoneſſa* bei den Fiſchern.

†) Sparus maenis Linnaei. *Mennola* bei den Fiſchern.

††) Boopis ſecunda ſpecies Rondeletii? p. 137. Sparus Boops
Linn. *Spigaro* Ital.

und man nennt es dann Maſchio. Das Männchen der
Rothfloſſe, welches auch größer iſt, als das Weibchen, heißt
Cerro, und das des Großaugen, Ciavolo. Dieſe drei Arten Seebraſſen ſind wegen ihrer Körperbeſchaffenheit unter
einander verwandt; ſie haben zum Charakter einen ſchwarzen
viereckigen Fleck unter der Seitenreihe des Körpers, und einen
noch dunklern gegen den Schwanz zu. Ihre Eierſtöcke, ſo
wie auch ihre Milch, ſind einfach, aber oben gabelförmig;
wie zum Beiſpiel die Eierſtöcke der Blutſtrieme oder die
Milch des Regenbogenfiſches. Dieſe Eierſtöcke ſind ſehr dick
in Vergleich mit dem Körper. Eine ſchwangere Rothfloſſe,
die zwei Unzen wog, hatte einen Eierſtock von $\frac{3}{4}$ Unzen. Sie
entledigen ſich zu mehrern Malen der Eier; daher ſieht man,
wenn mit einem Röhrchen durch die Scham geblaſen wird,
einen Theil des Eierſtocks ganz leer. In der Mitte des Märzes haben die Großaugen ihre Laichzeit.

Die Fiſcher mit der Angel ſehen ſie in klarem Waſſer
ſich verſammeln, und finden ſie ſchwanger; nach und nach
bemerken ſie die Eierſtöcke, und die Milch verhältnißmäßig
verkleinert. Aber die Rothfloſſen und beſonders die Larier-
fiſche verſammeln ſich gegen das Ende des Frühlings in weit
größerer Anzahl, ſo, daß ſie zuſammen eine anſehnliche Maſſe
ausmachen. Dies pflegt um die Mündungen unſers Meerbuſens, bei den Inſeln Capri und Iſchia zu geſchehen. Dieſe
großen Fiſchmaſſen oder Heerden werden von den Fiſchern
Montoni genannt. Wenn ſie einen Montone bemerken,
ſo nähern ſie ſich in einer gewiſſen Anzahl Fiſcherbarken, umgeben ihn mit Netzen, und fangen in mehrern Tagen den größten Theil von ihnen weg. Bei gänzlicher Meeresſtille bemerken die Fiſcher, daß, um dieſe große Gruppe zu bilden,
Männchen und Weibchen jeder dieſer verſchiedenen Arten zu-
ſammenkommen, unten und oben hin und her ſchwimmen, und immer im Kreiſe treiben. Sie ſind dann ganz
ohne Furcht und trennen ſich ſelbſt nicht wegen der Netze
(Sciabichelli), wodurch doch faſt alle ums Leben kommen.
Die Weibchen legen dann die Eier ab, welche von gefräßi-

gen Männchen verschlungen werden. Die Männchen muß=
ten den in der Milch enthaltenen Samen darauf sprißen;
und diese Milch leert sich Tag für Tag aus. Man trifft oft
unter einem solchen Haufen von Fischen den Stockfisch und
den glänzenden Spiegelfisch *) an, bloß um sich an den Eiern
zu sättigen, vorzüglich an denen der Larierfische, welche eine
ansehnliche Menge von sich geben, weswegen Aristoteles
ihn πολυγονωτατον, den fruchtbarsten nannte; ob er gleich
nicht den Frühling als die Zeit ihrer Geburt angegeben
hat **). Wer wird nicht sagen müssen, daß bei dieser gro=
ßen Zusammenkunft der Fische beiderlei Geschlechts das Zeu=
gungsgeschäft die Absicht sei? Indem sie so den ungestü=
men Reiz der Liebe befriedigen, werden sie in den aufgestell=
ten Netzen gefangen; auch ist dieß die einzige Ursache, warum
sie sich so genau vereinigen könnten. Die Eierstöcke und die
Milch sind dann angefüllt, und beide leeren sich verhältniß=
mäßig aus. Man sieht vor seinen Augen die Eier heraus=
kommen, aber man sieht kein Paar Fische, die sich begatten;
man muß daher sagen, daß die Männchen ihre zeugende
Feuchtigkeit auf die Eier der Weibchen gießen.

Wir haben oben gesehen, daß die Eier der Fische, wie
die der Frösche, in einen Gallert eingeschlossen sind, und um
so leichter können sie mit Samen besprißt werden. Ueberdies
pflegen sie, wie ich auch oben bemerkt habe, die Eier an
glatte ebene Körper zu hängen, damit die Besprißung mit
dem Samen noch bequemer geschehen könne. Ich habe hier
ein Faktum, das alle Aufmerksamkeit verdient. Im April
fischte ich eine Lazarusklappe (Spongylus L.), die an einer
Klippe hing, auf; das Thier darin fand ich todt. Die beiden
Klappen, welche die Muschel bildeten, waren offen geblieben,
und die größte Oeffnung am Rande mochte etwa ein guter
Zoll seyn. Die Klappen waren inwendig glatt, die obere
und untere Seite inwendig war aber mit der Brut eines Fi=

---

*) Zeus Faber Linnaei. *Pesce Gallo* bei den Fischern.

**) Hist. Anim. L. VI. c. 17. p. m. 710.

sches bedeckt, die, wie ich glaube, vom Aehrenfische darin
befestigt war. Beide Seiten waren mit Eiern bedeckt bis in
den hohlsten Theil nahe am Schlosse. Indeß bemerkte man
eine Verschiedenheit unter den Eiern. Alle, welche die untere
und obere glatte Seite der Klappen nahe am Rande einnah=
men, enthielten den ganzen Fötus; diejenigen aber, welche
in den Höhlungen und schrägen Seiten der Klappen saßen,
waren alle verdorben. Als ich sie untersuchte, hatten die
gutgebliebenen Eier ein Fischchen, wie ich es oben beschrieben
habe, mit großen Augen, das mit dem Bauche am Dotter
befestigt war. Die unfruchtbaren waren gelb, und unter
einem Mikroskope besehen, bemerkte man eine große gelbe
Kugel in der Höhlung, die, weil sie verdorben war, sich in
viele andre Kugeln aufgelöst hatte; doch hingen alle vermit=
telst eines Leimes an der Fläche. Ich bewahre die Muschel
noch auf, und sie haben noch dieselbe Farbe und sitzen immer
noch fest. Ueber dieses Faktum räsonnire ich auf folgende
Weise: man bezweifle nicht, daß dies die Brut eines Fisches
sei, die auf einmal abgesetzt worden. Wenn sie im Eierstocke
befruchtet war, so mußten alle Eier wohl bekommen. Wirft
man mir ein, daß einige Eier von dem männlichen Samen
nicht berührt wären, so antworte ich darauf, daß alle diese
Eier nicht so in guter Ordnung gestellt wären, so daß sie die
tiefen Theile der Muschel eingenommen hätten, die in den
Klappen miteinander korrespondiren. Nehme ich aber an,
daß das Weibchen sie unbefruchtet abgesetzt hat, und daß das
Männchen in die Oeffnung der Muschel seinen Samen ge=
spritzt hat, der in die Länge und gerade gehend die Eier, wie
auf einer Leiste, unten und oben in dem ebenen Theile der
Muschel benetzte: so glaube ich dies Phänomen vollkommen
erklärt zu haben.

Ich erstaune, wenn ich alle diese Thatsachen mit der
größten Genauigkeit beim Aristoteles lese. Er erklärt
alles, was mit den Eiern vorgeht, nachdem sie den Leib der
Mutter verlassen haben; und so ist es leicht, daß diese nicht
von dem männlichen Samen befruchtet werden, der über sie

gespritzt werden muß, und auf diese Weise verderben diese
Eier. Ich verweise meinen Leser auf sein Werk selbst *).

Ich rede hier nicht von dem unglücklichen Erfolge, den
einige meiner Versuche hatten, als ich eine künstliche Befruchtung hervorbringen wollte. Ich nahm aus dem Leibe
des Regenbogenfisches die reifen Eier und ließ die Milch des
Männchens darauf fallen; ich brachte die Eier in blecherne
Röhren, die verschlossen und durchlöchert waren, und hängte
sie hierauf ins Meer. Am Ende des Tages sah ich, daß
das darin verschlossene Wasser mit sammt den Eiern, ungeachtet der vielen Löcher, verdorben war. Doch lese ich, daß
der oben angeführte Herr Du Hamel mit dieser Art, die
Flußfische, als Lachse und Forellen, künstlich zu befruchten,
glücklich zu Stande gekommen ist. Er suchte einen kleinen
Bach mit Wasser und setzte ein nach Gefallen großes Kästchen hinein. Z. E. N Fuß lang, $1\frac{1}{2}$ breit, $\frac{1}{2}$ hoch; an
dem einen Ende ließ er eine Oeffnung von 6 Zoll ins Ge-
vierte, die mit einem aus Messingfäden verfertigten Reusen
verwahrt wurde; die Fäden standen nicht über 4 Linien
aus

---

*) Ὁσα δε αν τῳ θορῳ μιχθῃ των
ωων, ευθυς τε λευκοτερα φαινεται,
και μειζω εν ἡμερᾳ, ὡς ειπειν. ὑςερον
δε ολιγον χρονον δηλα εςι τα ομματα
των ιχθυων. τουτο γαρ εν πασι τοις
ιχθυσιν, ὡσπερ και εν τοις αλλοις
ζωοις, επιδηλωτατον εςιν ευθυς, και
φαινεται μεγιςον. ὁσων δε αν ωων ὁ
θορος μη θιγῃ, κρᾳπερ και επι των
θαλαττιων, αχρειον το ωον τουτο,
και αγονον εςιν. απο δε των γονιμων
ωων αυξανομενων των ιχθυων, αποκε-
θηρᾳται δἱον κελυφος. τουτο δε εςιν
ὑμην ὁ περιεχων το ωον και το ιχθυ-
διον.

Hist. Anim. L. VI. c. 13. p. m.
695.

Ova quae liquor ille vitalis
contigerit, candidiora extemplo
cernuntur, majoraque reddi eodem die propemodum dixerim.
Paullo autem post oculi foetus
exiftunt conspicui, qui in quovis
piscium genere perinde, ut in
caeteris animalibus, ftatim pate-
fcunt, praegrandesque apparent.
Quae ex ovis non attigerit liquor
mafculi ille vitalis, haec fteri-
lefcunt, et fupervacua funt; ut
in marino etiam genere incidit.
Foecundis jam ovis, pifciculo in-
crefcente, detrahitur velut puta-
men, quod membrana eft ovum
ambiens & pifciculum.

Ex Gaza, cap. 14. *p. m.* 664.

aus einander. Am andern Ende war ein ähnlicher Reusen, 6 Zoll breit, 4 hoch; den Boden des Kästchens bedeckte er mit einem guten Zoll Sande; darüber legte er eine Schicht Scherben, und so erhielt er einen künstlichen Bach für die Eier, die auf den Boden des Kästchen fallen mußten. Zur Begattungszeit der genannten Fische fing er ein schwangeres Weibchen, das er am Kopfe über einen Eimer mit Wasser schwebend hielt. Waren die Eier reif, so fielen sie von selbst; wo nicht, so bedurfte es nur eines leichten Druckes mit der flachen Hand auf den Bauch, und die Eier mußten sich losmachen und hinein fallen. Hierauf nahm er ein Männchen von eben der Art, und hielt es schwebend über demselben Eimer, in welchen die Eier gefallen waren, und so lange bis es so viel Milch gab, daß die ganze Oberfläche des Wassers davon weiß wurde. Als die Befruchtung geschehen war, zerstreuten sich die Eier in dem erwähnten Kästchen. Als er ungefähr nach fünf Wochen das Kästchen untersuchte, sah er in den Eiern kleine Fische mit zwei schwarzen Punkten, welches die Augen sind, die, nachdem die Schale zerbrochen war, im Wasser umherschwammen. Herr du Hamel beobachtete, wenn man die Milch des Männchen hinzuzuthun unterließe, daß die Eier dann keine Junge gäben. Er beobachtete endlich, daß die Eier der Forellen ziemlich hart sind, und das Leben, oder wenigstens die Fähigkeit, befruchtet zu werden, einige Tage nach dem Tode des Fisches behalten; dasselbe soll beinahe der Fall mit der Milch des Männchens seyn *). Ich will dem Verdienste dieser Beobachtung nichts entziehen, welche noch durch den Namen des Verfassers mehr Glauben gewinnt; ich sage nur, daß es mir sehr schwer scheint, Fische in voller Reife der Eier und der Milch zu fangen. Ferner wissen wir auch überdies, daß bei dem Tode des Fisches die Eier zuerst verderben. Es konnte bei diesem Experimente sich zutragen, daß das Wasser, welches über den Kasten lief, durch den Reusen natürlich befruchtete Eier hineinbrachte;

*) Rozier am angeführten Orte, p. 321. 325.

F

ich weiß, daß ein ähnliches Faktum, welches nicht bekannt
gemacht ist, Gelegenheit gab zu glauben, daß todte Insekten
und Fische in ausgetrockneten Teichen wieder auflebten, wenn
frisches Wasser hineinkäme.

Als den letzten Beweis für die oben aus einander gesetzte
Art, wie sich die hartgrätigen Fische befruchten, will ich hier
eine sehr merkwürdige Entdeckung anführen, die ich an zwei
hartgrätigen Seefischen gemacht habe; nämlich, daß sie vollkommne Zwitter sind, in dem Sinne, daß jeder die Organe
beider Geschlechter hat, die an einem und demselben Individuum
das Zeugungsgeschäft verrichten können.   Es sind zwei gemeine Fische, die an Klippen wohnen, nämlich der Pärsch
(Perca) und die Blutstrieme (Canna) *).   Die Griechen
kannten sie unter den Namen: περκη und χαννη; die Latei-
ner nannten sie Perca und Channe oder Channa, oder auch
Hiatula, indem sie χαινω durch hio übersetzten: denn diese
Fische sterben, am meisten im zweiten Jahre, mit offenem
Maule.   Die Toskaner haben den ersten Pesce Persico genannt, unsre Neapolitanischen Fischer Perca oder Perchia;
den zweiten Canna.   Linné hat aus ihnen zwei Arten des
Geschlechts Perca gemacht; den einen hat er Perca marina,
den andern P. Cabrilla genannt.   Ich habe mir eine kleine
Beschreibung ihrer äußern Theile und ihrer nicht häßlichen
Farbe gemacht; aber ich befürchte dem philosophischen Leser
Langeweile zu erregen, wenn ich mich dabei aufhielte, besonders da sie bei den praktischen Beschreibern der Fische, als
beim Rondelet und noch besser beim Salviano hin-
längliche Beschreibungen und Figuren finden können; und
endlich ist nichts leichter als in Fischereien die Fische selbst
zu erhalten.   Die Fische wohnen, wie ich schon gesagt habe,
an den Klippen am Ufer; hier fängt man sie in kleinen Netzen, oder umgiebt den Ort mit einem Netze, das man Rez-
zella nennt, oder auch mit einem andern, das an einem
eisernen Reifen hängt und von einem Menschen gehandhabt

*) Labrus Channa Artedi p. 54. y. Hiatula Salviani, nicht Labrus
Hiatula Linnaei. Z.

wird; läßt man es auf die Spitzen der Klippen hinab und lockt (oder ködert) mit einem aus Brod und Krebsen gekneteten Teige, so kommen Borstenflossen *), Regenbogenfische, Rothflossen, Pärsche, Blutstriemen und andre verwandte Fische in Menge herbei. Der Pärsch verschluckt gern den großen Blackfisch **); er treibt vor dessen Höhle umher und giebt dadurch dem Fischer ein Zeichen. Wenn dieser hierauf sein mit Angeln versehenes Blei ins Meer wirft, um den Blackfisch anzulocken, und ihn aus seiner Höhle herauszubringen, so fällt der Pärsch, sobald jener nur einen Arm ausstreckt, sogleich über ihn her. Der Blackfisch läßt seine Brut, in traubenförmiger Gestalt, entweder in der Höhle einer Klippe, oder in einem Kruge (hohlen irdenen Gefäße). Die Mutter bewacht die Brut an der Mündung, und fürchtet sich nicht vor den Nachstellungen des Pärsches; sie wird dabei mager und blaß. Der Krug wird aus dem Meere gezogen, von dem Fischer in die Hand genommen und wieder ins Meer gesetzt; und doch bewacht sie noch immer die Brut. Aristoteles sagt dies, und ich kann diese Thatsache selbst bezeugen. Uebrigens nähren sich diese beiden Fische von Asseln, kleinen Krabben und kleinen Fischen.

Wenn Aristoteles von dem Geschlechte der Fische redet und das Männchen vom Weibchen unterscheidet, nimmt er zwei Fische von der Regel aus. Er sagt, bei ihnen fände man gar keinen Unterschied des Geschlechtes, und sie wären alle Weibchen; aus dem Grunde, weil alle, die da bemerkt waren, eine Masse von Eiern bei sich hatten. Er sagt so: Εισι δε των ιχθυων οι μεν πλειςοι αρρενες και θηλεις· περι δε ερυθρινου και χαννης απορειται, παντες γαρ αλικονται κυηματα εχοντες ***). „Die meisten Fische „sind entweder Männchen oder Weibchen; wegen des Ery= „thrinus und der Channa ist man in Zweifel: denn alle die

*) Sparus Chromis Linnaei. *Guarracino* bei den Fischern.
**) Sepia Octopodia L. Der Achtfuß, Müllers Linn. 3)
***) Hist. Anim. L. VI, c. 12. p. m. 688.

„gefangen werden, haben Fötus." Von der Channa sang deswegen Ovid, oder wer sonst der Verfasser von dem Fragment Halieuticon seyn mag:

. . . . . et ex se

Concipiens Channe gemino fraudata parente *).

Rondeletius, der den größten Theil seines Studirens dazu anwandte, die Alten zu verstehen, wirft, wenn er diese Stelle des Aristoteles kommentirt, über das doppelte Geschlecht dieser Fische einen Zweifel auf. Dieser Zweifel hätte können zu einer glücklichen Entdeckung Gelegenheit geben, wenn nicht das Ansehn des Aristoteles ihn unterdrückt hätte **).

Diese beiden verwandten Fische, der Pärsch und die Blutstrieme, sind im Frühling immer schwanger. Die Schwangerschaft fängt am Ende des Aprils an, vervollkommnet sich, und fängt darauf an abzunehmen; da dies alles nach und nach geschieht, so dauert es bis in den Julius. Der Bau und die Lage der Zeugungsorgane ist bei beiden Fischen vollkommen dieselbe. Wir wollen daher die an beiden Arten gemachten Entdeckungen unter einander anführen, um den Gang, den die Natur bei eines jeden Erzeugung nimmt, kennen zu lernen. Wenn diese Fische hochschwanger sind, so ist ihr Bauch über die Maße angeschwollen; daher erstrecken sich die Eier bei starkem Umfange vom Boden des Unterleibes, bis an die Höhle der Leber. Wird dann der Fig. 16. Unterleib geöffnet, so sieht man, daß die ganze Höhlung desselben vom Eierstocke, der wie beim Regenbogenfische gabelförmig ist, eingenommen wird. Der Darmkanal läuft durch die Mitte der beiden Zweige, und tritt in den After. Die Bänder des Eierstocks sind wie die schon oben beschriebenen; und durch das obere Band führt die Blutader eines jeden Zweiges in den unter dem Herzen liegenden Sack. Der ganze Eierstock erhebt sich über die große Schwimmblase, die

*) Halicut. Frag. v. 107.

**) Rondelet. de Piscibus. T. I. p. 184.

am Boden des Unterleibes liegt; und endigt sich über die
Urinblase hinaus in der Scham, einer unter dem After be=
findlichen Oeffnung, die zwei Anhängsel hat. Da die Haut
dieses Eierstocks sehr fein ist, so scheinen die Eier durch; die
reifen haben eine goldgelbe Farbe, die unreifen sind weiß.
Als etwas bei anderen Fischen ganz Ungewöhnliches, bemerkt
man an diesem Eierstocke einen doppelten weißen Streif, der
an der Seite jedes Zweiges des Eierstocks über der Mitte
anfängt, sich darauf vereinigt, um nahe bei der Scham einen
einzigen zu bilden, wo er sich mit dem Eierstock zusammen
endigt. Jeder Venenstamm, der aus der Spitze jedes Flü=
gels des Eierstockes kommt, entsteht aus zwei Zweigen, wo=
von einer durch die obere, der andre durch die untere Seite
des Eierstockes läuft. Diese venenartige Zweige, die so ober=
und unterhalb eines jeden Flügels des Eierstocks laufen, thei=
len sich in kleinere Zweige, die sich im Eierstocke verlieren,
nicht allein da, wo die Eier durchscheinen, sondern auch, wo
die weißen Streifen erscheinen. Man kann daher nicht an=
stehn, sie für einen Theil des Eierstocks zu halten. Wenn
der linke von diesen beiden Venenstämmen (ich nehme den
Fisch auf dem Rücken liegend an) etwas über der Schwimm=
blase hingegangen ist, krümmt er sich, und steigt zum Ma=
gen, senkt sich aber wieder, und geht über die Blase hinweg,
um in den Venensack zu treten. Der andre Stamm nimmt
einen ähnlichen Weg über der Blase. Wird der Eierstock ge=
öffnet und die Eier untersucht, so findet man, daß sie von
verschiedener Reife sind, und daß sie von einem Leime und
Blutgefäßen zurückgehalten werden, gerade so, wie beim Re=
genbogenfische. Will man mit der Spitze der Lanzette die
reifen Eier zerbrechen, so entfliehen sie, weil sie schlüpfrig
und hart sind; sind sie zerbrochen, so tritt der Dotter hervor,
die membranöse Schale aber bleibt. Wird der Eierstock, da,
wo die weißen Streifen sind, zerschnitten, so findet man sie
von einem ganz verschiedenen Bau, als daß sie zu Fis. 17.
Eiern werden könnten. Man sieht auch mit bloßem Auge
und unter dem Mikroskope, an Farbe und Bau, daß dieser

F 3

Theil die wahre Milch des Fisches ist, die in einer sonderba=
ren Gestalt am Eierstocke liegt. Diese Bemerkung machte
ich zum erstenmale, den 19 Mai 1785.

Dieses Faktum, das nicht allein unter den Fischen,
sondern im ganzen Thierreiche, den wahren Zwitter bestimmt
hat, war immer dasselbe, wenn es auch von allen Seiten be=
trachtet wurde, d. i. in den verschiedenen Graden der Ent=
wickelung dieser Organe, zu derselben Jahrszeit und zu wie=
derholten Malen in den folgenden. Den 21 Junius öffnete
ich einen Pärsch, und fand seinen ganzen Eierstock und die
Milch fast leer; die Milch nahm die Basis des Eierstocks ein,
und bildete fast ein ähnliches Gewebe, wie das, wovon wir
beim Regenbogenfische geredet haben. Ich hatte vorher den
Bauch des Fisches gedrückt, und die Milch war, wie bei den
Männchen der andern Fische, herausgespritzt. Es waren nur
noch sehr wenige Eier im Eierstocke. Das Gekröse enthielt
viel Fett.

Den 26. Junius untersuchte ich einen andern Pärsch,
dessen Eierstöcke nur halb leer waren. Ich senkte ein Röhr=
chen in die Scham, und blies hinein; der Eierstock schwoll
an, und da der obere Theil sich in die Höhe hob, so zog es
die weißen Körper, d. i. die Milch, auch mit sich. Die
Milch schien in vier Stücke zertheilt zu seyn, weil der Deckel
(scrima), der inwendig jeden Flügel der Milch theilte, ver=
größert war. Die Eier sah man an der Haut des Eierstocks
Fig. 18. befestigt, nur an dem Theile nicht, der den genann=
ten vergrößerten Deckel der Flügel der Milch bildet. Ich
öffnete hierauf den Eierstock, und bemerkte, daß die weißen
Körper vom Eierstocke verschieden waren, obgleich in einem
Umschlage eingeschlossen. Sie hatten nichts mit einander ge=
mein, als den obern Theil der Haut des Eierstocks; sie hat=
ten denselben Ausgang durch die Scham, und erhoben sich
alle über die Eiermasse. Ich versuchte es mehrere Male, die
Milch von der Haut des Eierstocks zu trennen; aber es ge=
lang mir nie, wenn ich nicht die Haut zerriß. Man kann
also schließen, daß diese weißen Körper, die der äußern Ge=

stalt nach der wahren Milch der Fische ähnlich sind, im Eier=
stocke verschlossene Säcke sind, die einen Theil der Haut des
Eierstocks und denselben Ausgang in der Scham mit einander
gemein haben. Die Eier dieses Pärsches waren noch unreif,
da er sich erst kurz vorher derselben hatte entladen müssen.
An diesen bemerkte man die Stufenfolge von durchsichtigen
Bläschen bis zu dunkeln Kügelchen.

Es kann gar nicht bezweifelt werden, daß dies die
Eier sind, aber wohl, ob diese weißen Körper die Milch
sind, oder nicht; man muß daher zur Analysis schreiten.
Ich halte mich hier nicht dabei auf, die ganze Reihe der Ver=
suche zu erzählen, die ich an verschiedenen Gegenständen
machte; es ist hinreichend, wenn ich dem Leser erzähle, daß
ich alle Versuche darüber angestellt habe, die ich bei der Milch
des Regenbogenfisches gemacht, und die oben angeführt sind.
Daher bin ich völlig überzeugt, daß es die Milch ist, wovon
ich einen reifen Tropfen in Wasser aufgelöst, vier Fig. 15. 14.
und sechzigmal vergrößert dargestellt habe; daneben zwei Eier
vom Pärsch, das eine (a) unreif, das andre (b) reif. Ich
fand, daß die wahre Milch von dem Fette des Gekröses ver=
schieden war, welches von einigen, die es nur selten bei Fi=
schen fanden, für die Milch gehalten wurde, wie ich jetzt er=
zählen werde.

Der Leser will nun wohl gern wissen, ob sich die Spu=
ren der Milch auch in den Eierstöcken erhalten, wenn diese
außer der Zeit der Schwangerschaft klein und verwelkt sind?
Am Ende des Augusts zerschnitt ich einen Pärsch; am Boden
des Unterleibes sah ich den Eierstock in zwei weiße, halb=
durchsichtige kleine Cylinder getheilt. Für jeden Cylinder er=
hoben sich aus der gemeinschaftlichen Basis gleichsam zwei
weiße dunkle Aehren unter ihren Häuten. Ich öffnete die
Cylinder mit einer kleinen Zange, und fand daß die ganze
innere Fläche voll Falten war, um eine Art von zugespitztem
Blatt zu bilden; doch ließen die Falten der Aehre oder Pyra=
mide Platz, die sich vorn an der Haut des Cylinders erhob.
Werden die Aehren unter einer wenig vergrößernden Linse be=

trachtet, so bemerkt man in der Mitte der Länge nach einen Deckel (Falte), und dann daß jeder Körper in Lappen zertheilt ist. Untersucht man diese Falten, die fast die ganze innere Seite der Cylinder bedecken, unter dem Mikroskop, so wird man sehen, daß es eine Masse runder sehr durchsichtiger Bläschen ist, und daß in den größten von ihnen sich der Kern bildet. Hieraus ergiebt sich, daß die innere Seite des Eierstocks bei diesen beiden Fischen, wie bei so vielen andern, der Sitz der Gebärmutter (des Entstehungsorts) der Eier sei. Ich legte darauf einen Lappen von dieser weißen Aehre, welche der ursprüngliche Sitz der Milch ist, unter das Mikroskop, wo er als ein dunkler Körper erschien; ich suchte ihn in einem Tropfen Wasser zu zerbrechen, konnte aber den netzförmigen Bau der Milch nicht sehen, sondern der ganze Körper lös'te sich in kleine Kerne auf. Ich habe Grund zu glauben, daß, da dies der Anfang der Milch ist, es nicht möglich sei, diese Kanäle aufzudecken, die bei der reifen Milch des Regenbogenfisches sowohl, als des Pärsches selbst, den größten Fleiß und Geschicklichkeit erforderten, um sichtbar zu werden.

Nachdem ich in drei Jahrszeiten beide Fische, den Pärsch und die Blutstrieme, als Zwitter befunden und sie in verschiedenen Lagen betrachtet hatte, schrieb ich an den berühmten Herrn Carl Bonnet in Genf, und legte dem Briefe eine Zeichnung der Zeugungstheile dieses Fisches bei. Der tiefe Beobachter der Natur hat die Güte gehabt, mich mit einer Antwort zu beehren, woraus ich jetzt den auf diesen Artikel sich beziehenden Punkt hersetze: „C'est une obser-„vation très intéressante, que celle de ces poissons *vrai-„ment hermaphrodites*, ou dans l'intérieur desquels s'opére „une vraie fécondation pour la réunion singulière des „organes propres aux deux sexes. Ce que vous m'en „rapportez est très remarquable. Dès que vous avez très „bien vu une enveloppe commune, qui renferme à la fois „la matrice & le sac de la liqueur seminale, la chose n'est „pas équivoque; & cette sorte d'hermaphrodisme est la

„plus parfaite que nous connoiſſions. Il s'étend pro-
„bablement à bien d'autres eſpèces, qu'on découvrira un
„jour. Dans une note additionelle à l'article 350 des
„ Corps organiſés nouv. edit. de 1779, j'ai fait mention de
„poiſſons hermaphrodites, & de poiſſons dépourvus de
„ſexes; mais les uns & les autres ſont des Monſtres, les
„prémiers par excès, les ſeconds par défaut“ *). So
ſchreibt mir dieſer große Philoſoph den 22 September 1787.
Ich muß ihm ein öffentliches Zeugniß meiner Dankbarkeit
geben, weil er das wenige, was ich geſehen habe, gütig aufgenommen, und geſchloſſen hat, daß das vorgelegte Faktum
von der Zwitterſchaft eben ſo intereſſant als neu ſei.

Gegen die Behauptung, daß dieſe Thiere vollkommne
Zwitter ſind, kann mancher einen Einwurf machen, der aus
der Analogie der Schnecken genommen iſt, die, wie man
weiß, Zwitter in einem unvollkommenen Sinne ſind; denn
ob ſie gleich die Werkzeuge beider Geſchlechter haben, ſo kann
ſich doch kein Individuum durch ſich ſelbſt und durch die Wirkung ſeiner eigenen Organe befruchten. Auf dieſen Einwurf
antworte ich, daß der analogiſche Grund fehlt; denn die Beſchaffenheit der einen Art dieſer Thiere iſt gänzlich von der
andern verſchieden. Ich behaupte, daß das Faktum fürs

---

*) D. i. Die Beobachtung der Fiſche, die wahrhafte Zwitter
ſind, oder in deren Innerem durch die ſonderbare Vereinigung
der, beiden Geſchlechtern eigenthümlichen Organe eine wirkliche
Befruchtung vorgeht, iſt ſehr intereſſant. Was Sie mir davon
berichten, iſt ſehr merkwürdig. Da Sie ganz deutlich eine gemeinſchaftliche Decke, die zugleich die Gebärmutter und den
Sack der Samenfeuchtigkeit umgiebt, geſehen haben, ſo iſt die
Sache nicht mehr zweideutig; und dieſe Art von Zwitterſchaft
iſt die vollkommenſte, die wir kennen. Wahrſcheinlich dehnt
ſie ſich noch auf mehrere andere Arten aus, die man dereinſt
entdecken wird. In einer Note zum Artikel 350 in der neuen
Ausgabe von den organiſirten Körpern von 1779, habe ich Fiſche
als Zwitter erwähnt, und von andern geſagt, ſie hätten gar
kein Geſchlecht. Aber beide ſind Mißgeburten: die erſten aus
Uebermaaß, die andern aus Mangel.

Gegentheil entscheidend ist, denn man hat bei beiden Fischen Eierstock und Milch zu gleicher Zeit reif gesehen; der Eierstock entledigte sich verhältnißmäßig mit der Milch. Wer also sagte, es sei möglich, daß diese Milch dazu gedient hätte, ein anders Individuum zu schwängern, der würde Möglichkeit gegen Thatsache behaupten.

Der Genfer Philosoph glaubt, daß diese beiden Fische nicht die einzigen sind, welche diese Fähigkeit haben; bis jetzt sind die Beobachtungen dieser beiden für mich einzig. Doch redet Aristoteles am angeführten Orte vom Ερυθρινος, Erythrinus (Rothschuppe), als habe er, wie die Blutstrieme, kein besonderes männliches Geschlecht. Es ist ein nicht seltner Fisch vom Geschlecht der Seebrassen. Neapolitanische Fischer nennen ihn Luaro; Gesner brauchte das Wort Rubellio, diesen Fisch zu bezeichnen; Müller giebt es in seinem verdeutschten Linné durch Rothschuppe *). Ich habe ihn im Frühling untersucht, aber nichts gefunden, was von den Weibchen der vielen andern Arten Seebrassen verschieden wäre. Man kann bloß zwei Eierstöcke bemerken, die sich beide in der Scham endigen, aber wahre und einfache Eierstöcke sind. Aristoteles wiederholt auch noch an einem andern Orte in seiner Geschichte, daß diese Thiere kein Geschlecht haben, eine Eigenschaft, wie er sagt, die bloß den Pflanzen zukommt; aber auch die Blutstrieme und der Rothschuppe, των ψηττων γενος, das Geschlecht der linken Seitenschwimmer (Passeres) **) hat diese Eigenschaft ***). Viele Fische vom Geschlechte der Pleuronectes (Schollen, rechten Seitenschwimmer) lassen sich auf dies Geschlecht zurückführen, wie aus der Lesung der von Rondelezio angeführten Stellen der Alten erhellt. Dieser macht die Bemerkung: wenn Aristoteles von dem ganzen Geschlechte der linken Seitenschwimmer rede, so sei es nicht völlig wahr.

*) Sparus Erythrinus L.

**) Pleuronectes, oculis a latere sinistro. 3.

***) Hist. Anim. L. VI. c. 11.

Ich habe im Frühling eine Art dieser linken Seitenschwimmer untersucht, die unsre Fischer Soage di mar profondo nennen, und habe gesehen, daß er allein bloße Eierstöcke hat. Aber wie verhält es sich mit den vielen andern Arten Pärsche, die im süßen Wasser wohnen? Von dreien von ihnen, die Artedi zerschnitten, und wovon er uns seine Bemerkungen mitgetheilt hat, kann man sagen, daß sie keine Zwitter sind, und man muß dies so lange glauben, als die Naturforscher nichts anders bemerken.

Ich habe gesagt, daß unter den Fischen nur diese beiden Arten die Eigenschaft eines Zwitters haben, und man kann mich daher entweder für einen Fremdling in der Physiologie, oder für unbedachtsam und verwegen halten, weil es Stellen in Büchern giebt, woraus deutlich erhellt, daß noch andre Fische, und noch ein anders Thier, Zwitter sind. Der berühmte Haller erzählt in einer gelehrten Abhandlung, die in den ersten Theil der Commentarii Societatis Regiae Gottingensis eingerückt ist, und den Titel führt: 'De Hermaphroditis, et an dentur, und in der Versammlung den 23. April 1751 vorgelesen wurde, alles, was er bis jetzt in dieser Beziehung an dem Menschen beobachtet hat, und schließt so: Contractis in unum observationibus, videor non temere concludere, plerosque homines, qui androgyni crediti sunt, ad genus hypospadiaeorum pertinere; nonnullos ad feminas clitoride longiori instructas, de aliis non penitus liquere; denique rarissimos casus esse, in quibus utcunque probabile sit, utique primaria utriusque sexus organa commixta fuisse. An der Möglichkeit endlich, daß andre Thiere auch Zwitter seyn können, zweifelt er gar nicht, sondern er glaubt, daß sie wirklich existiren; Denique historias reperio, in quibus nisi fidem historicam negare placet, aut error insignis Anatomici subfuit, utrumque sexum conjunctum fuisse probabile fit. De animalibus quidem nihil miri fuerit, quibus duplicia organa generationis sunt, et quibus uno in latere mascula, in altero feminina organa esse nihil repugnat, et experimenta confirmant. Inter piſces huc pertinent Salmo, Melanurus, Carpio, Aſellus, et adfinis piſcibus, Aſtacus *). Es iſt alſo meine Pflicht, dieſe hiſtoriſchen Fakta, worauf Haller bei ſeinen Meinungen über dieſe Thiere ſich ſtützte, genau zu unterſuchen. Ich will die Erzählungen ſelbſt kritiſch beleuchten, und meine Beobachtungen über dieſelben Thiere anführen.

Der erſte von den angeführten Fiſchen iſt der Lachs. Es iſt wahr, daß ich an dieſem Flußfiſche nicht ſelbſt habe Fakta durch eigene Beobachtung ſammeln können; er hat aber doch die oben erzählten Beobachtungen des Ferris und du Hamel über ſein doppeltes Geſchlecht wider ſich, wie auch des Herrn Jacobi **), welche die Eier der Weibchen mit der Milch des Männchens künſtlich befruchtet haben.

Der zweite Fiſch iſt der Schwarzſchwanz †). Die Beobachtung darüber iſt von Heinrich Stark in Miſcellaneis Curioſorum ††) eingerückt. Der Fiſch war in der Küche zubereitet und auf den Tiſch gebracht, und es ſchien, als habe er an der einen Seite Milch, an der andern Eier, ab altero latere lactium, ab altero ovorum ſpeciem oſtendebat. Dieſer Fiſch iſt zwiſchen den Klippen unſeres Meeres ſehr häufig; ich habe im Frühling ſo viele bekommen, wie ich immer wollte, und ſie trächtig gefunden, d. i. Weibchen mit gabelförmigem Eierſtocke. Sie haben den wahren einfachen Eierſtock, wie alle mit ihnen verwandten Fiſche. Die Männchen hatten gabelförmige Milch. Von Fiſchern wird dieſer Fiſch Occhiata oder Ajata genannt.

Der dritte iſt der Karpfe. Das Faktum ſteht in der Geſchichte der Franzöſiſchen Akademie der Wiſſenſchaften. Es heißt daſelbſt: D. Sedileau epiſtolam a Chartuſiano ſcriptam accepit, in qua Cyprinum piſcem non raro lacteam in

---

*) Comment. Soc. Reg. Götting. T. I. p. 22 et 21.

**) Mém. de l'Acad. de Berlin, T. XX.

†) Sparus Melanurus L.

††) Dec. 3. an. 7. 8. 1699., 1700. Obſ. 119.

ventre pulpam, simul et ovo continere testatur *).   „D.
Sedileau hat von einem Karthäuser einen Brief erhalten,
der ihn versichert, der Karpfe habe nicht selten Milchbrei und
Eier zugleich bei sich.“   Da der Text sagt: Piscem Cyprinum, so kann das Faktum auf Cyprinus Carpio und auf
auratus gehen, da diese beiden Arten in Europa häufig in
Teichen gehalten werden.   Doch bin ich geneigter zu glau=
ben', daß der Autor von dem Goldkarpfen geredet habe **),
weil die Bemerkung nur von einem unbekannten Karthäuser
kommt.   Ich glaube, er redet hier deswegen vom Goldkar=
pfen, weil er gemeiner ist, weil er mit seinen glänzenden Far=
ben ihm gefiel.   Es sei nun die eine Art oder die andre, bei
beiden muß beinahe dasselbe Statt finden.   Vom Goldkar=
pfen habe ich dieses Faktum.   Ich hatte viele von ihnen in
einem Topfe sitzen, wovon zuweilen einer starb; wenn ich
ihn öffnete, so fand ich, daß der lange dünne Darm das Ge=
kröse mit einem weißen Breie verschleimt hatte, der die ganze
Höhle des Unterleibes einnahm.   Dieser Brei war nichts an=
ders als Fett, welches seine weiße glänzende Farbe bewies,
und wovon ich mich noch mehr überzeugte, als ich es auf
eine Karte legte und Feuer daran brachte.   Ich zweifle gar
nicht, daß dieser Karthäuser keinen andern Karpfen geöffnet,
als die an dieser Krankheit des Gekröses gestorbenen; da er
Eier fand, so meinte er, der weiße Brei sei die Milch, und
der Fisch ein Zwitter.

Der vierte Fisch ist der Stockfisch, ονος bei den Alten,
unsre Fischer nennen ihn Merluccio ***).   Die Beobachtung
wird von Leeuwenhoek so erzählt: Aliquo abhinc tempore exhibebantur mihi conspicienda ova aselli piscis, quorum membranae communi simul parvae lactes accreverant.

*) Du Hamel Hist. Acad. p. m. 265.

**) Hier kann wohl nicht Cyprinus auratus L. der Chinesische
Goldkarpfen, sondern wohl vielleicht der Spiegelkarpfen ver=
standen werden.

***) Gadus Merluccius L.

Nec ita longo poſt illud tempore mihi denuo tradebantur
parva ova aſelli, ex quorum parte acuminata (ubi vulgo
ovorum reperiuntur vaſa ſemen nutrientia) ſimul etiam
vidi ſemen nutrientia vaſa, ex quibus lactes conficiuntur,
ac alimentum ſuum ad increſcendum accipiunt. Quoniam
hoc mirum mihi videbatur, horum ovorum granula ſolito
minora microſcopio examinavi, ſed nil notatu dignum in
iis inveni. Ubi vero ad lactium accederem obſervationem,
eas magis reperi perfectas quam ova; ſed tamen in iis
partibus, quas animalcula eſſe cenſebam, neque vitam,
neque caudam dignoſcere potui. Cujus rei rationem eſſe
exiſtimabam, quod quamdui animalcula natando loca ſua
perfecte mutare non poſſunt, tamdiu etiam cauda concinne
circa corpus maneat ordinata; quodque ideo ſingula animalcula rotundum repraeſentent corpuſculum. Ac, licet
hic piſcis ovis ac lactibus perfectis eſſet inſtructus, illo
tamen anno ad generationem fuiſſet ineptus, quia lactes
ac ova non uno eodemque tempore ad generationem fuiſſent apta. Nihilominus hic piſcis primum maris vices
implere potuiſſet, (quia lactes primo ad generationem aptae
factae fuiſſent) et poſtea feminae *). D. i. „Vor einiger Zeit
zeigte man mir die Eier eines Stockfiſches, an deren gemein=
ſchaftliche Membrane zugleich kleine Milch feſt gewachſen
war. Nicht lange nachher gab man mir aufs neue kleine
Eier von einem Stockfiſche; in deren ſpitzem Theile (wo man
gewöhnlich bei den Eiern die den Samen ernährenden Ge=
fäße findet) ſah ich zugleich Gefäße, die den Samen ernäh=
ren, aus welchem die Milch verfertigt wird, und ihre Nah=
rung zum Wachsthum erhält. Weil mir dies ſonderbar
vorkam, unterſuchte ich die ungewöhnlich kleinen Körner die=
ſer Eier unter dem Mikroſkope; ich fand aber nichts Merk=
würdiges an ihnen. Als ich die Milch beobachtete, fand
ich ſie vollkommner, als die Eier, konnte aber an den
Theilen, die ich für kleine Thierchen hielt, weder Leben noch

_____

*) Arcan. Natur. T. I. p. m. 150. edit. Lugd. Bat. 1722.

einen Schwanz entdecken. Der Grund davon, glaubte ich, sei dieser: so lange die Thierchen durch Schwimmen ihren Ort nicht vollkommen verändern können, bleibe auch der Schwanz dicht am Körper liegen; und daher erscheine jedes Thierchen als ein runder Körper. Und obgleich dieser Fisch vollkommne Eier und Milch habe, so sei er doch in diesem Jahre zur Erzeugung nicht geschickt gewesen, weil Milch und Eier nicht zu gleicher Zeit zur Erzeugung reif gewesen wären; der Fisch habe aber dennoch zuerst das Geschäft des Männchen verrichten können, (weil die Milch zuerst zum Erzeugen reif gewesen wäre) und nachher das des Weibchen." So verwickelt und schwankend ist die Geschichte dieses Faktums bei dem Holländischen Naturkündiger. Sein Landsmann Baster machte auch eine Bemerkung, die von der seines Vorgängers nur wenig verschieden war; denn er fand in einem Stockfische: lactes parvae, sed ova perfectae magnitudinis; die kleine Milch war, wie aus der Figur erhellt, an dem spitzen Fortsatze, den die Eierstöcke an der Schaam machen, befestigt *). Ich habe oben von dem Eierstocke dieses Fisches geredet und ihn etwas genauer beschrieben, um dieses Faktum, welches zwar außerordentlich ist, aber immer doch noch möglich bleibt, ins gehörige Licht zu stellen; denn, weil man fand, daß die Milch nicht die gehörigen Eigenschaften hatte, nämlich, weil es keine Milch war, so hatte man geglaubt, daß sie das andre Jahr Milch gewesen wäre. Ich trage hier gar kein Bedenken zu behaupten, daß beide Holländer die große Urinblase und das Stück des Darmfells, welches ich hier statt der vorgeblichen verwelkten Milch fand, für die Milch genommen haben. Ueberdies sieht man, daß die Leuwenhoekische Bemerkung nicht mit der gehörigen Anzahl von Thatsachen versehen ist, und daß sich die Basterische auf Fischererzählungen gründet, eilig gemacht, und schlecht in Kupfer gestochen ist. Diese Bemerkung wird auch durch das klare reine Faktum, welches ich zu wiederholten Malen gesehen habe, widerlegt.

*) Opusc. Subseciva. T. I. L. 2. p. 138.

Nun bleibt uns noch der Flußkrebs übrig. Die Bemerkung ist von Herrn Nicholls, Professor der Anatomie in Orford, und steht im 36. Bande der Philosophical Transactions, Nummer 413, wo er mit Zeichnungen zu beweisen sucht, was er gesehen hat. Bei Num. 4 giebt er die Zeichnung eines männlichen Flußkrebses, welchen er für einen Zwitter hält, mit offner Brust, und bezeichnet mit dem Buchstaben *F*, anstatt des Eierstocks, das Herz mit seinen Kanälen. Um mich von diesem Faktum zu überzeugen, muß ich entweder einen lebendigen Krebs öffnen und den großen Muskel schlagen sehen, oder die Zeichnungen des Englischen Anatomikers mit Rösels schönen Zeichnungen in seiner Insektenbelustigung vergleichen, wo er auf der 58. Tafel des Supplementbandes bei Fig. 9. h, ad 14. das Herz des Thieres mit seinen großen Kanälen darstellt. Man kann hierüber auch den zweiten Theil dieser Abhandlung nachsehen, worin ich von der Erzeugung der Krebse handeln werde.

Ich habe also gezeigt, daß die Fische und Krebse keine Zwitter sind, welche von Schriftstellern dafür gehalten wurden; und da dies vermittelst Thatsachen bewiesen ist, so wird niemand mehr daran zweifeln können. Der Pärsch und die Blutstrieme sind also bis jetzt allein Zwitter. Zuerst hat man an ihnen zu betrachten, daß diejenigen Blutkanäle die sich im Eierstocke und der Milch in Zweige theilen, eben dieselben sind, und daß sie in den Eierstock das Materielle führen, was zur Entwickelung der Eier dient, und in die Milch, was den Samen zubereiten kann. Es können also in einem und demselben Individuum in verschiedenen Organen sich zwei Materialien bilden, die von sich selbst nichts hervorbringen, aber mit einander vereint ein Wesen erzeugen können, das dem, wovon sie einen Theil ausmachen, ähnlich ist. Wir haben ferner durch wiederholte Beobachtung gesehen, daß bei diesen beiden Fischen der Eierstock und die Milch zugleich reifen, und daß, wenn die Eier abgelegt werden, auch die Milch ausgespritzt wird; und da durch Thatsachen bewiesen ist, daß diese beiden Säcke, nämlich der

Eier-

Eierstock und die Milch inwendig gar keine Verbindung mit
einander haben, als allein den Ausgang in der gemeinschaft=
lichen Oeffnung, der Scham; so muß man sagen, daß
gerade dann, wenn die Eier abgelegt werden, die Milch auch
darüber gespritzt werde.   Auch kann dies dem Mechanismus
zufolge nicht anders geschehen; denn bei dem Drucke der
Muskeln auf den Bauch, im Augenblicke des Gebärens, da
die Milch eben so reif ist, wie die Eier, ist es nicht anders
möglich, als daß die Milch, die noch unmittelbarer an den
Muskeln des Unterleibes liegt, von diesen gedrückt mit den
Eiern zusammen ausfließt, und diese von ihr benetzt werden.
Bei diesen beiden Zwittern ist das Faktum sprechend, näm=
lich, daß die Befruchtung außerhalb des Körpers der Mut=
ter vorgeht.   Da nun das ganze Geschlecht dieser Thiere
einem Gesetze unterworfen seyn muß, so darf man behaup=
ten, daß bei dem Geschlechte der hartgrätigen Fische die Eier
außerhalb des Körpers der Mutter von dem ausgespritzten
Samen des Männchen befruchtet werden.

Ein solches Faktum schien an und für sich dem berühm=
ten Linné ein Paradoxon zu seyn, wenn er entscheidend
sagt: Nullam in rerum natura, in ullo vivente corpore
fieri foecundationem, vel ovi impraegnationem extra cor=
pus matris. „Es gebe in der ganzen Natur an keinem leben=
digen Wesen Begattung oder Schwängerung des Eies außer=
halb des Körpers der Mutter.„ - Er führt zum Beweise die
Analogie der Vegetabilien, vierfüßigen Thiere und Vögel an.
Was Swammerdam und Rösel von den Fröschen an=
geben, und heut zu Tage von dem berühmten Spallanzani
philosophisch ins Licht gesetzt ist, hat die Schwäche des Lin=
néischen Räsonnements gezeigt.   Wenn Linné noch in der=
selben Abhandlung die Befruchtung der hartgrätigen Fische
berührt, so bringt er Dinge vor, die nicht allein mit der Ver=
nunft streiten, sondern von Aristoteles Zeiten her als
Alteweibermährchen erzählt wurden.   Und was noch mehr
ist, der Schwedische Naturkündiger behauptet, es durch eigene
Beobachtungen bestätigt zu haben.   Ich setze die Stelle mit

feinen eigenen Worten her: In Smolandia Sueciae dudum
audivi pifces mares per aliquot dies prius genituram ejacu-
lare, quam feminae: vidi ibi primum Efoces, cum generationis dies inftabant, congregari, tres, quatuor faepe,
vel pauciores adproximaffe mari, et feminas fumma cele-
ritate explofam genituram maris hraufiffe ore: vidi et idem
in *Perca lineis utrinque fex transverfis nigris, pinnis ventralibus rubris;* Art. Sp. 74. omnium autem manifeftiffime, et
copiofiffime in *Cyprino iride, pinnis ventralibus anique ple-
rumque rubentibus* Art. Sp. 10. ad littora lacus Moeklen *).

Nachdem Herr von Haller die verschiedenen Meinungen der Schriftsteller erzählt und gegen einander gehalten
hat, kommt er auf die Vermuthung, daß die Befruchtung
der hartgrätigen Fische innerhalb ihres Körpers vorgehe, und
die Gründe derer, die das Gegentheil glaubten, scheinen ihm
von wenigem oder gar keinem Gewichte. Es ist ausgemacht,
daß, wenn die Gründe, die den Physiologen von Bern zu die-
fem Urtheile verleiten, aus dem Munde eines andern kämen,
man dem Verfasser den gesunden Menschenverstand absprec-
chen würde. Er redet hiervon auf folgende Art in seiner größern Physiologie: Neque video cur pifces mares feminas
fequerentur, et quae major voluptas effet in feminis ad
ova adfperfione quam ab ejusdem feminis effufione, quae
ex frictione ad omne aliud corpus facta fuccederet. Hierdurch spricht Haller den Thieren nichts geringeres ab, als
was man Inftinkt nennt. Diese Erkenntniß, die wir ftünd-
lich an den einfachsten Thieren bewundern, macht in Hinsicht
deffen, was ihre Erhaltung und Fortpflanzung betrifft, den
bewundernswürdigsten Gegenstand in der Natur aus, wenn
wir auch nicht völlig von der Urfache unterrichtet wären. Er
fetzt hierauf noch hinzu: Denique pifces fui generis tenaces
funt, neque alterius fpeciei feminas infequuntur, ut feminas adgnofcere et quaerere videas, non ova, quorum
ex diverfis pifcibus effuforum vix ulla fit diverfitas **).

---

*) Artedi Philofoph. Ichthyolog. p. 32.
**) Lib. XXIX. fect. I. §. 9.

Ebendarum verfolgen sie aber auch die Weibchen ihrer Art, um auf die Eier, die gerade diese ablegen, den Samen spritzen zu können, weil sie sonst nicht von ihnen erkannt werden; und aus eben dem Grunde verschlingen die Männchen eher die Eier, die sie antreffen, als daß sie dieselben befruchten sollten.

Ich habe also mit unzweideutigen Schlüssen bewiesen, daß bei den hartgrätigen Fischen die Eier außerhalb des Schoßes der Mutter, wenn sie vollkommen sind, d. i. wenn ihnen nichts weiter fehlt, um vollkommne Eier zu bleiben, von dem männlichen Samen besprißt werden. Wir kommen nun zu der zweiten Unterabtheilung unserer Untersuchung, nämlich auf die Frage: was diese Feuchtigkeit wohl im Eie bewirkt, damit der Fötus sich darin bilden kann. Diese Untersuchung enthält die Entwickelung des Geheimnisses der Erzeugung. Man hat es Geheimniß genannt, weil man es erst seit kurzem verstanden hat. Heut zu tage ist es fast ganz aufs reine gebracht, seitdem Melpighi und Haller die Geburt des Huhns untersuchten, und Bonnet darüber nachdachte, und Spallanzani an den Amphibien mit eignen Augen sah, was man bei den andern Thieren bis dahin zu sehen geleugnet hatte. Als dieser geschickte Mann die Eier der Amphibien, z. B. der Frösche und Salamander, beobachtete, zeigten sie sich ihm als eingehüllte Fötus, denen nur noch wenig Entwickelung fehlte, um den Müttern ähnlich zu seyn. Ueberhaupt genommen, waren es Eier von einer größern Reife, oder vollkommneren Entwickelung, als diejenigen, welche man gewöhnlich Eier nennt, nämlich die der Vögel und Fische. Es zeigte sich nun, daß in diesen Eiern der Embryo lag, aber in eine Masse von Materie verwickelt, die zur Nahrung dienen muß, so, daß dadurch der Fötus ganz unkenntlich war. Hiermit kommt die vom Aristoteles gegebene Definition des Eies überein. Ich will nun bei den hartgrätigen Fischen die Hauptsache der Erzeugung im allgemeinen berühren; und durch die Bemühungen der oben angeführten berühmten Physiker, und durch das Neue, das sich mir jetzt bei den Fischen gezeigt hat, schmeichle ich mir, dem Leser ein reineres und lichtvolleres System der Erzeugung zu geben, als diejenigen, die bisher erschienen sind.

Zuerst nun muß ich als bewiesenes Theorem aufstellen, wovon ich schon etwas gesagt habe, nämlich daß im Eie die Keime des Embryo vorher existiren *); das Ei sei nun so wie bei den Vögeln oder Fischen, oder wie bei den oben genannten Amphibien. Den Beweis eines solchen Theorems führten Malpighi und Haller beim Huhne, als sie sahen, daß die Blutgefäße des Fötus mit den Blutgefäßen, die sich im Dotter entwickeln, zusammenhingen, und die Haut des Dotters mit dem Darmkanal des Fötus verbunden sei. Dieses Faktum habe ich hinlänglich bestätigt, durch die Beobachtung der Fötus des Zitterrochen und anderer Fische. Aufrichtig gesprochen, entsteht daraus nur ein indirekter Beweis, der nämlich zeigt, daß die Sache auf eine andere Weise nicht geschehen könne. Haller hat einige Einwürfe, die man diesem Beweise machen konnte, zu widerlegen gesucht; ich weiß aber nicht, ob es ihm mit den Thatsachen, die er anführt, geglückt sei. Die Einwürfe sind indeß nicht von der Art, daß sie den ganzen Beweis vernichten könnten. Spallanzani konnte bei den Fröschen und Salamandern einen direkten Beweis des Faktums führen, weil bei diesen Thieren der Embryo von Anfang sichtbar ist, und nicht unkenntlich wie in andern Eiern.

Dieses Datum aufgestellt, will ich zu erforschen suchen, was physisches Leben bei den Thieren ist, und worin es bestehe? Wir nennen ein Thier lebendig, in welchem ein es ernährendes Fluidum cirkulirt, welches empfindet und nach eigner Empfindung sich bewegt. Im Gegentheile nennen wir ein Thier todt, bei dem der Umlauf des Fluidum aufgehört hat, und dessen Empfindung vernichtet ist. Umlauf also und Empfindung sind so sehr verwandte Eigenschaften, daß, wenn sie zusammen da sind, sie das Leben ausma-

*) Ob alle Physiologen hierzu wohl Ja sagen möchten? Z.

chen, wenn aber beide aufhören, der Tod erfolgt. Man könnte nun fragen, ob das Dasein der einen Eigenschaft ohne die andere möglich sei? Meine Absicht ist nicht von Thieren zu reden, deren Empfindung sehr gering ist; ich frage bloß: ob in einem lebenden Thiere eine dieser Eigenschaften entbehrt werden könne? Dieser Gegenstand kann aus zwei Gesichts= punkten betrachtet werden; erstlich im Anfange, zweitens am Ende des Lebens. Beim Anfange muß man unter= suchen, welches Organ sich zuerst bewegt, d. i. zuerst ein Zei= chen des Lebens von sich giebt. Beim Ende muß man dar= nach sehen, ob sich das Leben im Augenblicke endigt, wenn die Empfindung aufgehoben oder der Umlauf gehemmt ist. Es wird gar nicht mehr bezweifelt, daß das Herz beim Em= bryo zuerst und ganz allein die ganze Masse des Systems der Gefäße in Bewegung setzt, und daß seine Wirkung der des Gehirns und der Nerven lange vorhergehe.

Das Geschlecht sehr vieler Würmer, die den Naturfor= schern sonst bis jetzt noch wenig bekannt sind, außer nur wegen der einförmigen gallertartigen, sehr durchsichtigen Substanz ihrer Körper, worin sie kein Gehirn zeigen, hat einen Kanal für die Cirkulation, die an dem schimmernden Zittern einiger Reihen Blättchen sichtbar ist *). Wird die Cirkulation beim Räderthier gehemmt, so stirbt es; wird sie wieder hergestellt, so kehrt das Leben zurück. Unter Menschen hat man Fötus ohne Kopf leben sehen, auch deren Gehirn versteinert war; auch die, so mit starken Schlagflüssen befallen waren. Um das Leben augenblicklich zu endigen, braucht man nur das Athmen zu hemmen; Erstickte, Erdrosselte, der größte Theil derer, die in mephitische Luft kommen, sterben augenblicklich. Leute, deren Gehirn verdorben, oder von einer Flintenkugel oder von einem Pfeile getroffen ist, sind erst nach einer gewis= sen Zeit gestorben. Schneidet man Thieren, die kaltes Blut haben, den Kopf ab, so leben sie noch lange. Bei schwind= süchtigen Menschen dauert das Leben so lange, als der Athem

---

*) Wie bei den Flimmerspitzen mehrerer Räderthierchen. Z.

bleibt; geht der aus, so hört das Leben auf. Ueberhaupt ist gar nicht zu leugnen, daß das Leben mit der Cirkulation anfängt und auch damit endigt.

So wie bei Thieren von feinerer Empfindung die Cirkulation zunimmt, so entwickelt sich das Organ der Empfindung; und dieses Organ wird mit dem der Cirkulation zu gleicher Zeit vollkommen. Wir wissen nicht, wie dies zugeht, und wann dieses Organ anfängt zu empfinden; wir wissen nur, daß es in einem solchen Zustande die Herrschaft über das Leben des Thieres hat, und fast für eben so nöthig gehalten werden muß, wie das Organ der Cirkulation. Bei den Thieren, die man empfindende nennt, macht es einen eben so wesentlichen Theil aus, wie das Organ der Cirkulation; sonst würden diese Thiere, wenn sie dieses Organ entbehren und nicht entbehren könnten, empfinden und nicht empfinden, welches aber wider die festen Gesetze der Natur ist. In der That bereitet das Gehirn eine Materie, die sich in die Nerven vertheilt, welche Bündel eben so vieler Cylinder sind, und wovon jeder eine Portion dieser Materie zu einem bestimmten Theile des Körpers führt; aber diese Materie kommt aus dem Organ der Cirkulation, um im Gehirne zubereitet zu werden. Hieraus zeigt sich auch, daß das Gehirn ohne Cirkulation nicht existiren kann. Diese im Gehirne zubereitete und im Körper verbreitete Materie, theilt den Theilen desselben eine neue Eigenschaft mit, eine Eigenschaft, die den Körper belebt. Dies ist die Eigenschaft, welche Hallers Schüler: Irritabilität, Reizbarkeit, nennen. Diese Eigenschaft entsteht in einem Muskel, wenn er den Nervensaft empfängt, verliert sich aber unmittelbar, wenn der Zufluß desselben gehemmt wird.

Bis jetzt haben wir mehr die Phänomene des physischen Lebens aufgesucht, als das Wesen. Das Herz des Hühnchens ist noch nicht reizbar, wenn es anfängt zu schlagen, weil es noch nicht von dem Safte des Gehirns belebt wird; und dennoch fängt es an zu schlagen, und schlägt regelmäßig: das Blut fängt sich dort an zu bilden; dieses Blut, welches durch die Feuchtigkeiten des Eies entsteht. Diese Feuchtigkeit ist aber nicht dazu geschickt, das Herz zu bewegen, weil es eine träge Materie ist *); eine andre Bewegung muß also das Herz beleben, diese physische Bewegung müssen wir in dem schon ausgewachsenen schlagenden Herzen aufsuchen, um sie auf die ersten Augenblicke des Schlagens zurück zu führen.

In dem Herzen und in den Schlagadern aller warmen Thiere befindet sich, außer dem Blute, ein von der Luft verschiedener Dunst, der mit dem Fluidum analog ist, welches im Universum das Wesen des Feuers, des Magnetismus, der Elektrizität und der Erdbeben bildet. Dieses Fluidum cirkulirt beständig im Universum, zu Folge eines Stoßes, den es einmal von der Hand des Schöpfers erhielt. Es ist im Arterienblute vorhanden, weil es einst ins Herz strömte, als dieses zu schlagen anfing, und vermittelst des Organs der Lunge erneuert, von der Luft angezogen, und mit dem Blute zugleich zum Herzen geführt wird. Außerdem noch daß dieser Dunst die Gefäße wieder füllt, besprengt oder benetzt (irrora) er den Körper des Thieres mit einem sehr feinen Spiritus **), der ihn erwärmt und bewegt. Das Dasein dieses Dunstes wird durch eine Reihe mannichfaltiger Versuche bewiesen, die mit dem Arterienblute sowohl in gebundenen Stücken der Arterien, als in solchen, die von dem lebenden Körper abgesondert waren, gemacht wurden. Man legte sie unter eine Luftpumpe, wo sie, ob sie gleich nur wenig Blut enthielten, außerordentlich anschwellen; eben solche Versuche sind an dem Arterienblute gemacht, welches in Venenkanäle hinüber geführt wird; auch an Stücken vom Darmkanal, an welchen die Luftpumpe eben die Phänomene

*) Wer kann dies wissen, und wer wird dies alles dem Verfasser zugeben? Z.

**) Also noch ein Geist auf diesen Dunst! Z.

G 4

des Schlagens gezeigt hat, als an den Schlagadern *).
Die schwingende oscillirende Bewegung kommt also nicht von
der reizbaren Haut der Schlagadern, sondern von der Materie, welche sie enthalten. Der Tod eines Thieres, dem
eine Arterie abgeschnitten ist, muß endlich augenblicklich und
sanft seyn, ohne daß vieles Blut dabei vergossen wird. Die
Reihe aller dieser Experimente kann man in dem Werke des
unsterblichen Ritters Rosa **) lesen. Er zeigt daselbst vermittelst des richtigsten und bündigsten Räsonnements, und
mit Hülfe einer außerordentlich großen Gelehrsamkeit, daß
diese Theorie vom Lebensdunste im Blute, die sehr alt,
aber zuverlässig ist, die wahre sei, wodurch wir einen
Begrif von dem bekommen, was beim Thiere das Leben ist,
und von allen Phänomenen, welche die Thierheit charakteri-
siren.

Jetzt muß ich eine tiefere Untersuchung über den männlichen Samen der Thiere anstellen. Er wird in den kalten
Behältern zubereitet, die man Hoden nennt. Das Materielle
kommt aus dem Blute. Das Blut bekommt durch die Läu-
terung in einem sehr kleinen, mit vielen Falten versehenen
Kanale eine neue Eigenschaft ***), wodurch das Blut nicht
mehr Blut, sondern männlicher Samen ist. Das Blut läuft
aus den Schlagadern zugleich mit dem sich ausdehnen-
den Dunste (vapore espansile), der sich entweder vom
Blute trennen, oder sich vielmehr verbinden muß. Dieses
müssen wir durch Thatsachen herauszubringen suchen.

Das ganze Alterthum sah es für bewiesen an, daß in
der zeugenden Feuchtigkeit das Principium und die zeugende

---

*) Man lese hiergegen die bedeutenden Einwürfe der Herrn Lan-
briani und Moscati in den oben angeführten Schriften.
Das Blut der Venen zeigte nämlich gleiche Phänomene. 3.

**) Lettere fisiologiche, Tom. I, II. in 8. Wiederaufgelegt, Nea-
pel 1787.

***) Es ist doch gut, daß der Verf. nicht auch sogar unternom-
men hat, die Art und Weise zeigen zu wollen, wie diese merkwürdige Veränderung zugeht. 3.

Kraft aus dem Spiritus und aus der Lebenskraft (vigore) des ganzen Körpers vereinigt sei; deswegen hielt man den Samen für Schaum des Bluts; daher wurden Venus und Liebestrieb unter dem Symbol des Schaumes des Meeres vorgestellt. Sie sagten, der Same sei weiß, weil er aus Schaum bestehe; bestehe aus Schaum, weil er voll Spiritus sei; sei voll Spiritus, weil er aus dem reinsten, kräftigsten Theile der vollkommensten Nahrung des ganzen Körpers bestehe. Dies wird von Hippokrates gelehrt in dem Buche de Genitura und de Nat. Pueri; von Galen in seinen Büchern de Semine; de foetuum format.; und von Aristoteles in den Büchern de generat. im 2. Buche, Kap. 2 und 3. Aristoteles sagt, daß das Vergnügen beim Koitus nicht eigentlich durch die Ausspritzung des Samens entstehe, „sondern durch einen Spiritus, der mit ihm ver„bunden zugleich herausfließe,‟ αλλα και ΠΝΕΥΜΑΤΟΣ, εξ ου συνιςαμενου, αποσπερματιζει *). Dieser Spiritus ist keine andere Kraft, als die im Schaume enthaltene, und seiner Natur nach analog: τω των αερων στοιχειω **), „dem Elemente der Sterne‟. Er schließt endlich, daß dieser mit dem Samen genau verbundene Spiritus den Anfang der Bewegung verursache, wodurch die Maschine belebt werde. Wir wollen nun den Text selbst hersetzen, daß jeder die Meinung des Verfassers aus seinen eigenen Worten abnehmen kann: το μεν ουν σπερμα τοιουτον, και εχει κινησιν και αρχην τοιαυτην, ωςε παυομενης της κινησεως γινεθαι εκαςον των μοριων και εμψυχον †). „Der Samen ist also von der Beschaffenheit, hat auch eine solche Bewegung und Anfang, daß, wenn die Bewegung aufhört, jedes der Theile auch belebt wird‟ ††).

*) De Generat. L. I. c. 20.

**) L. II. c. 3.

†) L. II. c. 1.

††) So große Achtung gewiß die Alten überhaupt, besonders aber Aristoteles, verdienen, so müssen ihre Zeugnisse bei sol

So wie wir.gesehen haben, daß bei den verschiedenen Gattungen der Thiere die Befruchtung entweder innerhalb oder außerhalb des Körpers vorgeht, eben so muß dieser Dunst, der mit dem Samen verbunden dem Embryo das Leben giebt, mehr oder weniger mit dem Samen verbunden seyn, am genauesten bei denen, deren Eier außerhalb des Körpers befruchtet werden. Ich will hier nichts mit der Engigkeit der Muttertrompete beim Menschen beweisen, bei der es doch schwer zu begreifen ist, wie die dicke Samenmaterie durch dieselbe in die Höhe steige; ich frage nur, wenn der dicke Theil des Samens die wirkende Ursache der Befruchtung ist, warum bei dem berüchtigten Experiment, eine Hündinn vermittelst der Einspritzung des männlichen Samens zu befruchten, dies ohne Verzug geschehen, und warum die Spritze, die den Samen aufnahm, die den Hunden eigenthümliche Wärme haben mußte? warum endlich bei dem aus den männlichen Fröschen noch vor der Fäulniß genommenen Samen, die Befruchtung doch nach und nach unvollkommen wird? Aus keiner andern Ursache, als weil eine andere, mit dem Samen verbundene Substanz die Erzeugung bewirkt. Diese Substanz bewegt sich durch die Wärme, die ihr in allem analog ist. Als Wirkung der mit dem Samen verbundenen Wärme ist es auch anzusehen, daß die Thiere zur Brunstzeit fast immer wüthend werden. Eben dies ist die Ursache, daß, wenn der Dunst sich nach und nach in dem Samen entwickelt, dieser der Fähigkeit zu befruchten beraubt wird. Diese Materie muß bei den Thieren, welche die Eier im Körper der Mutter befruchten, sehr leicht verfliegen können. Bei denen, welche sie auf Eier, die schon außerhalb des Körpers der Mutter sind, spritzen, als die Frösche und die hartgrätigen Fische, ist dies weniger der Fall; auch beim Salamander hat man gesehen, daß die Befruchtung nicht erfolgen könne, wenn der Samen nicht vorher in Wasser aufgelöst ist; dadurch wird

das Wasser ganz dunstig (!) d. i. mit dem zeugenden
Spiritus geschwängert; welches auch bei dem Samen
der Frösche der Fall ist.   Daher kommt es, daß so viele
Beobachter, die den Samen des Menschen und der vierfüßigen Thiere unter dem Mikroskope betrachteten, die hüpfende
Bewegung nicht gesehen, die zuerst B ü f f o n, und nachher ich an einem Tropfen Samen von Fischen beobachtet
haben.   Eine Bewegung, die sich nicht anders erklären läßt,
als daß dieser Dunst ins Wasser übergeht, welches hier, so zu
sagen, das Auflösungsmittel dieses Samens ist.   Und wer
kann begreifen, daß der dicke Samen im Organe des Herzens
beim Embryo durchsickern könne, wenn er nicht reizt? denn
das Herz ist dann noch nicht reizbar, weil das Gehirn noch
nicht entstanden ist;   noch viel weniger kann er ernähren,
weil Ernährung Leben voraussetzt.

Bei diesen Thatsachen und Schlüssen könnte man im
Gegentheil eine Reihe mannichfaltiger Experimente anführen,
die von dem berühmten Abt S p a l l a n z a n i über die Frösche
angestellt sind, um die Frage zu entscheiden, ob die Eier von
der dicken Materie des Samens, oder von dem Dunste, der
aus ihm hervorkommt, die Fähigkeit erhalten, fruchtbar zu
werden *).   Der Leser sieht schon, daß das Augenmerk des
großen Mannes auf die Auflösung einer Frage gerichtet ist, die
sich von der unsrigen ganz unterscheidet; wir behaupten nicht,
daß der Samen, in Dünste aufgelöst, welches jeder etwas
verdünnte Samen ist, die Befruchtung hervorbringen könne;
wir sagen, der Dunst sei mit dem Samen verbunden, aber
gänzlich von ihm verschieden, so wie der Dunst in den
Schlagadern vom Blute, womit es vermischt ist.   Als
der angeführte berühmte Physiker eine Menge aus den Sa-
menkanälen und den Hoden der Kröten genommenen Samen
ausdunsten, und darauf den Dunst die Eier dieser Thiere berühren ließ, so wurde doch keines befruchtet, ob dies gleich
geschieht, wenn sie von dem Samen berührt werden.   Das

---

*) Della Fecondazione artific. ec. cap. 5.

Experiment wurde noch weiter versucht; er sammelte den Dunst und badete gleichsam die Eier darin, aber sie blieben gleichfalls unfruchtbar. Er nahm auch den Samen, welcher ihm von dem übrig geblieben war, den er hatte ausdünsten lassen; und dieser war sehr geschickt zur Befruchtung. Aus diesen auf mancherlei Weise veränderten Experimenten, folgt der Schluß, daß die Samenfeuchtigkeit in Dünste aufgelöst zur Befruchtung ungeschickt ist; er zieht aber eine noch merk= würdigere Folgerung, die zu Gunsten des oben auseinander gesetzten Systems ausschlägt, nämlich: daß bei der Ausdun= stung sich etwas vom Samen trenne, was wesentlich zur Befruchtung sei; und daher komme es, daß dieser Dunst nicht. befruchte, wenn man auch eine Materie mache, wie sie zu= erst war, nämlich den Dunst und den ausgedunsteten Samen vereine.

Da die Vegetabilien und die Thiere nur zwei Klassen von einer und derselben Familie ausmachen, so will ich auf sie dieselben Ideen anwenden, die ich bei den Thieren vorgetra= gen habe; und ich habe hinreichende Gründe mich darauf stützen zu können. Zuerst ist zu bemerken, daß die Alten schon glaubten, daß in den Pflanzen ein Spiritus sei, wie die Seele der lebenden Thiere, welche den Saft durch das Mark an sich ziehe *). Die Ursache, daß der Saft in einer Pflanze in die Höhe steigt, ist keine andere, als die schwin= gende (vibrante) Wirkung eines sehr thätigen Dunstes, der darin cirkulirt. Wenn daher dieser ätherische Dunst nicht ge= halten wird, sondern aus der Pflanze herausgeht, so zieht er den Tod nach sich, welches der Fall ist, wenn ein Baum vom Blitz getroffen wird. Man weiß, daß, wenn die Mate= rie des Blitzes das Eisen magnetisirt, dem magnetischen Fluidum dadurch der Weg geöffnet ist; eben so öffnet sie den Ausgang für den Lebensdunst des Baums. Dieser Dunst wird von den Wurzeln und den Blättern zusammen mit dem Nahrungssafte eingesogen und erneuert. Ueberhaupt läßt.

---

*) Columella de Re Ruft. L. III. cap. 10. curante Gesnero.

sich an der Existenz dieses Fluidums, als Hauptprinzipium des Lebens, im vegetabilischen Reiche gar nicht zweifeln. Sein Hauptgeschäft ist die Befruchtung. Man weiß schon, daß die Keime, die auf dem Boden der Blumen sind, nicht reifen können, wenn der Staub der Staubfäden nicht auf die Stempel (pistillum) wirkt. Staubfäden sind Behälter bei den Blumen, die den männlichen Samen enthalten, und sich zur bestimmten Zeit zur Befruchtung öffnen. Sie enthalten aber den Samen nicht nackt, sondern er ist in unzählige häutige Bläschen eingeschlossen, die gewöhnlich von runder Gestalt sind. Wenn sie umherfliegen, müssen sie auf den Kopf des Stempels fallen, den man die Narbe (stigma) nennt und der kein Oberhäutchen (epidermis) hat, müssen daselbst platzen, und die Samenfeuchtigkeit herausfließen lassen. Dieses ist ein Faktum, womit doch nicht alle Botaniker übereinkommen. Man wirft nämlich die Frage auf, ob die Bläschen sich in einige Kanäle des Stempels senken, um auf den Keimen zu zerplatzen, oder ob sie auf der Oberfläche der Narbe platzen. Diejenigen, welche behaupten, daß der dicke Theil des Samens die Befruchtung hervorbringe, haben angemerkt, daß sich bei einigen Pflanzen, am meisten bei den lilienartigen, ein leerer Kanal in der Achse finde. Es hat andere gegeben, welche die Stempel zwischen Marienglas zusammengedrückt und gesehen zu haben glauben, wie die Samenbläschen in die Achse und in die Seitenhärchen eingedrungen wären. Diese Männer haben nicht bedacht, daß man auch bei ihrer Hypothese das Platzen der Blasen auf der Narbe annehmen kann, weil gezeigt ist, daß die Befruchtung der Eier der Frösche nicht anders erfolgt, als wenn sie wenigstens zum Theil von dem Leime bedeckt werden, der die Schnüre bildet, womit sie umgeben werden; indem wahrscheinlich in der Substanz dieses Leimes Kanäle sind, in welche sich der Samen, oder sein ätherischer Dunst einmündet, sodann gerade ans Herz des Embryo bringt, wie Halbmesser ans Centrum. Bei Gelegenheit einer andern Untersuchung beobachtete ich das Blühen folgender drei Arten von Winden (convolvolus): der Meer-

winde *), der eibischblätterichten Winde **) und einer
Strandwinde ***); nämlich um zu sehen, ob man je auf
den Gedanken kommen könnte, die letztre für eine Abart von
den beiden ersten zu halten. Da bei der Meerwinde die
Staubbeutel und der Kopf der Narbe ziemlich groß sind, so
sah ich mit bloßem Auge und mit der Untersuchungslinse,
daß diese runden ziemlich großen Bläschen sich an der bloßen
runzlichten Warze befestigt hatten, an der man gar keine Kanäle mit einem korrespondirenden Durchmesser bemerkte, um
die Kügelchen auf den Boden des Stempels zu bringen; ich
sah sie sogar oben platzen. Dieses Phänomen des Zerplatzens
erfolgte allemal, wenn man auf den Staub einen Tropfen
laulichtes Wasser auf das ebene Glas des Mikroskops fallen
ließ. Sobald das Wasser den Staub berührte, sah man
eine ölichte Materie hervorkommen, die mit dem Wasser nicht
sehr verwandt war und wie eine krumme Streife im Wasser
blieb. Ich wiederholte dies Experiment an dem Staube der
eibischblätterichten Winde. Wenn das Wasser ihn berührte,
veränderte er die Gestalt, und wurde, da er vorher rund gewesen war, oval; die darin verschlossene Materie bildete ein
Kreuz, wenn das Zerplatzen erfolgte und die dicke Materie
herausdrang. Das Zerplatzen dieser kleinen Sphären konnte
nur von einer darin verschlossenen elastischen Materie herkom-
men, die in Thätigkeit gesetzt wird, wenn die Haut der Bläschen durch die Nässe mürbe geworden ist, wenn der Dunst
von der äußern Wärme berührt wird und sich absondert.
Die dicke Materie aber, die im Wasser bleibt und einen Streif
bildet, ist nicht elastisch. Es muß sich also eine sehr aus-
dehnbare und leicht verfliegende Materie in den Bläschen finden, die durch die kleinsten offenen Kanäle auf die Narbe geht;

*) Convolvulus Soldanella Linn.

**) Convol. Althaeoides Linn.

***) Ob diese letzte die Strandwinde, Convolvulus littoralis Linn.
sei, zweifle ich, weil diese besonders in Amerika zu Hause ist.
Der Verf. nennt sie Convolvulo maritimo des Imperati. 3.

die Kanäle aber gehen zu den Keimen, als zum Centrum. Diese Kanäle können auch mit den Instrumenten nicht bemerkt werden, weil der Dunst auch unsichtbar ist, den sie führen. Auf die Weise kommt das Leben in die Embryonen; es ist auch nun bewiesen, daß die Pflanzen Leben haben, so lange diese thätige Materie mit dem ernährenden Fluidum darin cirkulirt. Als ich über dieß System für die Pflanzen nachdachte, hatte ich das Vergnügen, es von Herrn Adanson *) angenommen zu finden, doch ohne daß er Beweise anführt, die es bestätigen. Ich hoffe an einem andern Orte eine Reihe von Versuchen aufzuführen, welche die Wahrheit dieses Systems zur Evidenz bringen sollen.

*) Familles des Plantes, T. I. p. 121.

Ende des ersten Theils.

Erklärung der ersten Kupfertafel.

Fig. 1. Eingeweide des Drachenbarses in natürlicher Größe: a das Herz, b die Aorta, d der Magen, e, e, e Anhängsel des Magenmundes, f der After. Rechter Lappe der Leber von der Seite gesehen, mit welcher sie am Magen liegt, g, g zwei Venenstämme, die aus der Leber in den Venensack gehen. k die beiden in i vereinten Eierstöcke, in h die Gebärmütter. m, d ein Arterienstamm, der schlangenweise über den Magen läuft.

Fig. 2. sich entwickelnde Eier im Eierstocke des Seebarben. In a, b, c zeigen sich die Grade der Entwickelung vier und sechzigmal vergrößert.

Fig. 3. sich entwickelnde Eier im Eierstocke der Sardelle, eben so viel mal vergrößert.

Fig. 4. Eier des Regenbogenfisches, vier und sechzigmal vergrößert. a, a die unreifsten mit Blutgefäßen, b, b minder unreife, c noch minder unreife, d der Reife näher, m, m, m noch näher, n, n reife.

Fig. 5. die Eiermasse eines Fisches in natürlicher Größe.

Fig. 6. Einige dieser Eier vier und sechzigmal vergrößert.

Fig. 7. Eierstock des Aehrenfisches, in natürlicher Größe, seine Haut zerschnitten und zum Theil abgezogen in a, die Eiermasse b.

Fig. 8. 9. zwei dieser Eier sieben und siebzigmal vergrößert, worin der Dotter des sich darin entwickelnden Fischchens am Unterleibe befestigt ist.

Fig. 10. dasselbe Ei vier und sechzigmal vergrößert, im Augenblicke da das Fischchen herausgeht, b das Herz, c der zurückgetretene Dotter.

Fig. 11. A Milch des Regenbogenfisches, in natürlicher Größe, a, a Körper der Milch, b die Scham, c der After, d die Urinblase, e Blutstämme des Gekröses, f, f Venenstämme, die aus der Milch in den Venensack gehen.

Fig. 11. B Bau der samenleeren Milch, vier und sechzigmal vergrößert.

Fig. 12. ein Stück dieser Milch noch unreif mit Samen, vier und sechzigmal vergrößert.

Fig. 13. Ein Tropfen desselben Samens schon reif, vier und sechzigmal vergrößert.

Fig. 14. Eier des Pärsches vergrößert, a unreif, b reif.

Fig. 15. Tropfen des Samens des Pärsches vergrößert.

Fig. 16. eine schwangere Blutstrieme mit offenem Unterleibe. a, a Venenstämme, b, b Kopf der Milch, c After, d Scham.

Fig. 17. der Körper der Milch dieser Blutstrieme aus dem Eierstocke genommen.

Fig. 18. die Hälfte der Milch des Pärsches halb ausgeleert.

Zweiter Theil.

Erzeugung der Krebse.

Das andere Geschlecht von Thieren, welches, wie die hartgrätigen Fische, die Eier außerhalb des Körpers der Mutter
befruchtet, ist das Geschlecht der hartschaligen Thiere. Dieser Name begreift eigentlich unter sich: die Krebse, Krabben,
und Heuschreckenkrebse (locustae) *). Dies sind Thiere,
die mit einer sehr harten Haut bedeckt sind und im Wasser
leben; ob sie gleich sich einige Zeit auf dem Trocknen halten
können.

Aristoteles rechnete diese Thiere zu der Klasse der
blutlosen, das ist, eigentlich gesprochen, derer, die kein
rothes Blut haben. Er nannte sie ζωα μαλακοϛρακα,
d. i. Thiere, deren Fleisch von einer festen Haut bedeckt wird,

---

*) Ein vorzügliches Werk über diese Thiere ist Herbsts Versuch
einer Naturgeschichte der Krabben und Krebse, Zürich, 1790.
1 B. mit XXI Kupfern. Herr Herbst nimmt aber gegen die
Meinung unsers Verfassers eine Paarung, oder eine Befruchtung,
der Eier innerhalb des Leibes an. M. s. das angef. Werk, 1 Th.
S. 32. u. f. Z.

H

die aber einem Druck eher weicht oder nachgiebt als zerbricht. Er theilte ſie in folgende Arten: in Schalthiere, των καρα-βων, των καρκινων, των αϲακων, των καριδων, in Heu-ſchreckenkrebſe, Krebſe, Flußkrebſe und Krabben *).

Linné **) hat dieſe Thiere unter die Klaſſe der Inſek-ten gebracht, weil ſie die äußeren Charaktere derſelben haben, und weil übrigens die Oekonomie ihres Lebens ganz damit übereinkömmt. Er hat ein Geſchlecht, Cancer, wovon er zwei Unterabtheilungen macht: erſtlich, mit kurzen Schwän-zen, βραχουροι, d. i. deren Schwanz nicht viel Muskeln hat, und ſich dicht an die Höhlung des Unterleibes legen kann; zweitens, mit langen Schwänzen, μακρουροι, d. i. mit ſehr muskulöſen Schwänzen, die ſich bloß nach unten beugen können ***). Unter der erſten Abtheilung begreift er die Krebſe des Ariſtoteles, unter der zweiten die Heu-ſchreckenkrebſe, Flußkrebſe und Krabben. Herr Fabri-cius †) hat von dieſem Geſchlechte, ſo wie Ariſtoteles, fünf Unterabtheilungen gemacht; aber da die Gründe zu die-ſem Syſteme uns hier nicht intereſſiren, ſo will ich lieber die Linnéiſche Eintheilung in Klaſſen beibehalten; wo aber ſeine Eintheilung in Arten fehlerhaft iſt, da folge ich der des Herrn Fabricius.

Unſer Meerbuſen ††), ſo wie das ganze mittelländiſche Meer liefert viele Arten von Krebſen, wovon einige im hohen Meere, andre dicht am Ufer wohnen. Von dieſen halten ſich einige an ſandigen Ufern, andre zwiſchen den Klippen auf.

---

*) Hiſt. Animal. L. IV. cap. 3. p. m. 416. Athenaeus Deipno-ſoph. L. III. p. m. 104. Lugduni, 1657.

**) Syſtema Naturae.

***) Linné nahm eigentlich drei Abtheilungen an; nehmlich, er ſetzte zwiſchen die beiden hier angeführten noch die C. paraſiti-cos cauda aphylla, Schneckenkrebſe, mit nackten Schwänzen, die deshalb in Schneckenhäuſern oder Muſcheln leben. Z.

†) Syſtema Entomologiae, Lipſiae, 1775.

††) Cratere nennt man dort ſtets den Meerbuſen von Neapel. Z.

Einige haben faſt die Natur der Amphibien, weil ſie den größten Theil ihres Lebens außer dem Waſſer zubringen. Da mein Zweck nur iſt, die Erzeugung erklären zu können, und der Bau und die Lebensart dieſer Thiere beinahe durchgehends dieſelbe iſt, ſo will ich unter den vielen nur vier Arten auswählen. Dieſe ſind in unſerm Meerbuſen und beſonders in dem öſtlichen Buſen von Pauſilippo ſehr häufig, und ich habe ſie daher bequem zu meinen Beobachtungen gebrauchen können.

Den erſten von dieſen vier Krebſen nennt Fabricius Phalangium *); er iſt von Mathioli gut gezeichnet und Hummer (Grancevola) genannt **), und mit Recht vom Krebſe μαια unterſchieden. Dieſer, ſagt Ariſtoteles, iſt der größte des ganzen Geſchlechts; er iſt von Aldrovand gezeichnet ***). Bei den Neapolitaniſchen Fiſchern hat er den Namen Walkerkrebs (Granchio fullone), und wird um die Inſeln Ponza und Paudataria in Menge gefangen, zuweilen auch in der Mitte unſers Meerbuſens. Jener Krebs wohnt immer dicht am Ufer zwiſchen bewachſenen Klippen. Sein borſtiger Rücken iſt beſtändig mit einer Menge Meergras und Korallenmoos bedeckt; deswegen nennen ihn die Fiſcher Krautkrebs (Granchio d'erba). Obgleich dieſer Krebs nicht zu den kleinſten gehört, und ſeine Pfoten ſehr lang ſind, ſo iſt ſein Gang doch langſam; er hat wenig Muskelkraft in ſeinen Vorderfüßen (oder Armen). Die Männchen ſind größer und haben dickere Vorderfüße und die Finger der Scheeren zackig; da hingegen die Weibchen runde und dünne Finger haben. Er treibt entweder einzeln zwiſchen dem Kraute umher, oder viele liegen zuſammen in ihrer Höhle auf der Ebene einer Klippe. Man fängt ſie im Meere, oder holt ſie mit eiſernen Haken oder in Reuſen aus dem Waſſer. Die Neapolitaner eſſen ſie gekocht.

*) Syſtema Entomol. pag. 508.

**) Sopro Dioſcor. Tom. I. p. 333 von Valgriſid.

***) De Cruſtat. p. m. 182. 183. Bonon. 1606. Maja alius.

Der andre Krebs, der zwischen den Klippen am Ufer treibt, und sich besonders in Höhlen und unter aufgeworfener Erde an den Klippen aufhält, wird von Linné caput mortuum *) genannt. Es ist vielleicht derselbe, den Rumph unter dem Namen lanosus **) zeichnete. Dieser Krebs ist von ganz andrer Beschaffenheit, als der kurz vorher genannte; denn sein Körper nähert sich dem Runden, und ist nicht, wie jener, mit spitzen Stacheln besetzt. Die Stiele seiner Augen und seine Pfoten sind kurz, obgleich die Vorderfüße sehr dick sind. Der ganze Körper ist mit einem kurzen, dichten, kastanienfarbenen Haare bedeckt, nur sind die Finger der Scheeren glatt und röthlich weiß. Sehr sonderbar ist die Richtung des vorletzten Paars Füße an diesem Krebse; diese sind nicht zum Gehen gemacht, sondern, als wären sie ein Hinderniß, auf den Rücken gebogen und an der Spitze mit doppelten Krallen bewaffnet. Sie dienen dazu, ein Stück Schwamm, Meergras oder den Stamm einer Pflanze, den er von einer Klippe abgerissen, zu halten; er gebraucht dies auch zum Mantel, und es dient ihm dazu, den Verfolgungen des großen Kuttelwurms (Sepia octopodia) zu entgehen, dem er weder die Stärke seiner Scheeren, noch Geschwindigkeit im Laufe entgegenstellen kann. Da der Krebs (in dieser Stellung) in der Kindheit zu seyn und zu schlafen scheint, so wird er von den Fischern Schlafkrebs (granchio sonno) genannt. Sein Fleisch ist schleimig, und kaum ist er todt, so verdirbt es und fängt an übel zu riechen.

Der dritte Krebs sei der gemeine Taschenkrebs, der παγουρος des Aristoteles. Er ist von Mathioli unter dem Namen Granciporo ***) gezeichnet und von Skopoli †) und Forskal ††) vortrefflich beschrieben. Linné

---

*) Canc. tomentosus, obtectus pileo haemisphaerico suberoso. Linnaei Syst. Gmel. p. 2984.

**) Thesaurus Piscium, Tab. XI. n. 1.

***) Tom. I. p. 334.

†) Entom. Carn. n. 1195.

††) Description animal. p. 93. n. 49. Hafniae, 1775.

hat dieſe Art mit einer andern verwechſelt, die an den ſandi=
gen Ufern unſers Meerbuſens wohnt, und deswegen Sand=
krebs (granchio d'arena) genannt wird *). Die Charaktere,
die er ſeinem Pagurus beilegt, kommen der andern Art zu;
die Autoren aber, die er anführt, beziehen ſich alle auf den
Pagurus. Der Pagurus wohnt alſo an den Klippen am
Ufer, und vorzüglich an ſolchen Klippen, welche im Meere
lothrecht abgeſchnitten hervorſtehen, und beſonders da, wo
ſie in dieſer Richtung vom Meere beſpühlt werden. Der Krebs
lauert in ſeiner Höhle, mit Liſt ſeine Beute zu überraſchen.
Mehr des Nachts als bei Tage, geht er aus ſeiner Höhle, und
klettert auf die Klippe ins Trockene. Sein Gang iſt nicht
ſehr ſchnell, und wenn er ſeine Höhle oder ſein Lager verläßt,
wird er faſt immer von den Fiſchern gefangen. Sein Mus=
kelbau iſt dicht und ſtark. Seine größte Stärke hat er in
dem Kneipen ſeiner Scheeren. So lange er noch klein iſt,
nennen ihn unſre Fiſcher den haarigen Krebs (granchio pi-
loſo); wenn er groß iſt, und das Haar an den Vorderfüßen
verloren hat, den Löcherkrebs (granchio di pertugio). Nach
dem Walkerkrebſe hat dieſer das beſte Fleiſch.

Der vierte Krebs, den wir beobachten wollen, Taf. II.
iſt an Geſtalt und Wohnorte dem Pagurus ähnlich. Fig. 1. 2.
Er iſt von Linné übergangen, aber von Forſkål unter
dem Namen cancer meſſor **) und von Fabricius de-

---

*) Cancer arenarius. Brachyurus; laevis, thorace lateribus
novem - plicatis, manibus laevibus, obſolete quinque - ſtriatis.
Affinis Paguro. Thorax ad latera elongatus: marginibus an-
ticis utrinque plicis latiuſculis tuberculiformibus novem, po-
ſticis elevatis in curvam ſtrigam. Frons tuberculis tribus coa-
litis, quibus utrinque - duo accedunt ad orbitam oculorum,
oculorum pedicelli breviuſculi. Brachia laevia, nec ſetoſa,
praeter carinas cubitorum: carpi ſubventricoſi, externe plicis
quinque longitudinalibus, obſoletis; interjeétis venis anaſto-
moſantibus. Digiti atri, dentati. Pedes valde ſetoſi, plantis
profunde ſtriatis; unguibus acutis.
· Habitat in arenoſis plagis Neapolitani Crateris: retibus
capitur.
**) Deſcript. Anim. p. 88. n. 35.

Ⓗ 3

preſſus *) (platte Krabbe) ganz gut beſchrieben. Um dieſen Krebs hatte man ſich ſo wenig bekümmert, daß man ihn mit dem Pagurus für einerlei hielt. Ariſtoteles aber veſchreibt ihn als eine beſondre Art. Es giebt, ſagt er, in Phönizien eine Art Krebſe, die am Ufer wohnen, und von Naturkündigern ἱππεις (ſchnell wie Pferde) genannt werden. Sie entwiſchen dem, der ſie fangen will, leicht; inwendig ſind ſie faſt leer, weil ihnen die nöthige Nahrung fehlt **). Plinius führt in der Aufzählung der Krebſe auch die Hippeis auf, die Gronov fehlerhaft zur Maia gerechnet hat ***). Dieſer Krebs iſt an den Klippen unſers Meerbuſens ſehr häufig, und ſcheint lieber im Trocknen zu leben, beſonders wenn in der Hitze des Sommers das Waſſer am Ufer warm wird und fällt. Es nimmt ſich ſonderbar aus, wenn er auf den bewachſenen Felſen, wie auf der Erde, ſitzt, und mit Einer oder auch mit beiden Händen oder Scheeren die grünen Kräuter hält und zum Munde führt. Die Geſtalt ſeines Körpers iſt abgeſtumpft viereckig, ſeine Farbe dunkelgrün; ſeine Füße ſind weniger dick und ſtark als beim Pagurus. Er hat ſehr wenig Fleiſch, und dies iſt dabei ſchleimig. Das ſonderbarſte an ihm iſt die Geſchwindigkeit im Laufen; man muß ſehr geſchickt ſeyn, um ihn zu fangen, ſonſt flieht er entweder auf die Klippe, und ſtürzt ſich ins Meer, oder verſteckt ſich in der nächſten Höhle; deswegen nennen ihn die Fiſcher granchio ſpirito.

Um die Art und Weiſe der Erzeugung der Krebſe zu unterſuchen, müſſen wir nicht allein die Zeugungstheile, ſondern auch den Bau der Krebſe überhaupt kennen lernen; denn nach ſolchen Unterſuchungen werden wir leicht und beſſer als bei den hartgrätigen Fiſchen einſehen, daß die Befruchtung der Eier erſt außerhalb des Leibes der Mutter vorgehe. Der

---

*) Syſt. Entom. p. 406. Linn. Syſt. Gmelin. p. 2974. Herbſt Krebſe p. 86. Der Schnitter des Forſkål? Z.

**) Hiſtor. Anim. L. IV. c. 3. p. m. 418.

***) In Plin. lib. IX. p. 117. Lugd. Bat. 1778.

Körper des Krebſes iſt nun auf folgende Weiſe gebildet: alle
Eingeweide, die bei den vierfüßigen Thieren in drei Abtheilun=
gen liegen, liegen bei den Krebſen, eben wie bei den andern
Inſekten, durcheinander und in einem, aus zwei Stücken be=
ſtehenden ſchaligen Behältniſſe verſchloſſen, wovon das eine
das obere, das andre das untere iſt. Linné hat dies Be=
hältniß thorax (Bruſt) genannt; beſſer hieße es wohl: der
Leib des Krebſes. Vorn am Leibe ſind die Sinnesorgane,
an den Seiten die Vorder= und die andern Füße, an dem untern
Theile finden ſich die Zeugungsorgane geöffnet. Hinten am
Leibe iſt ein Fortſatz befeſtigt, den man den Schwanz nennt.
Er enthält den verlängerten Maſtdarm, und iſt oben mit
mehrern ſchaligen, durch Häute gegliederten Stücken bedeckt,
unten aber vermöge einer Haut völlig beſchützt. Bei dieſem
Baue krümmt ſich der Schwanz, und kann ſich in eine Höh=
lung im untern Theile des Leibes des Krebſes legen.

Im vordern Theile des Leibes, den man die Stirn nen=
nen könnte, liegen die beiden Augen, jedes in einer Höhlung.
Sie werden von einem Stiele, der in der Baſis Gelenke hat,
gehalten; wodurch ſich das Auge zur Seite drehen kann.
Neben den Augen ſtehen die Fühlhörner in Geſtalt einer Borſte.
Weiter unten ſtehen in zwei Höhlen die Freßſpitzen (palpi)
oder zwei dickere Fühlhörner, die drei Glieder haben, wovon
das Letzte zwei ſehr empfindliche Spitzen führt, die eine bor=
ſtenförmig, die andre krumm und inwendig gefiedert. Unter
den Freßſpitzen liegen zwei Scheiben oder kleine Cylinder, die
durch eine Membrane, welche ſie umgiebt, gelenkig werden, und
die man für die Organe des Gehörs gehalten hat. Der Mund
liegt in einem viereckigen Einſchnitte über der obern Schale,
die ſich nach unten biegt. Er iſt mit zwei gezähnelten Kinn=
laden bedeckt, woran zwei Anhängſel befeſtigt ſind; noch an=
dre ähnliche Anhängſel liegen unter den Kinnladen, imgleichen
vier ſehr lange Freßſpitzen. Alle ſind dazu beſtimmt, das Ge=
ſchäft der Lippen zu verrichten. Unter ihnen ſtehen zwei
ſtarke, glatte Zähne, die ihre Schneiden nach vorne zu haben,
da wo ſie einander gegenüber liegen.

H 4

Da wo der Mund an der obern Schale sitzt, verkürzt
sich diese nach und nach gegen die Seiten zu, so daß die un=
tere Schale den Körper nur an den Seiten und hinten bedeckt.
Unter dem Rande der obern und untern Schale stehen die
fünf Paar Füße; die Vorderfüße, die man auch wohl Arme
zu nennen pflegt, weil sie an der Spitze zwei Nägel oder Fin=
ger (Zangen) haben, wovon der obere gelenkig, mit inbegrif=
fen. Das Thier geht schief, weil die Gelenke an den Sei=
ten und nicht vorne sitzen; der einzige Todtenkopf kann die
letzten beiden Paare zum Gehen nicht gebrauchen, weil sie
nach obenhin aufs Kreuz gebogen sind, wie schon vorhin be=
merkt ist. Dies giebt dem Thiere ein häßliches Ansehn und
macht es dumm und träge. Die untere Schale hat, je nach
dem Geschlechte, eine größere oder kleinere Höhle; bei dem weib=
lichen Geschlechte ist sie größer. In dieser Höhle ist der
Schwanz befestigt. Sie wird von einigen Queerfurchen wie
in mehrere Täfelchen getheilt. In den beiden obern Täfel=
chen sieht man zwei aufgerichtete fleischige Auswüchse a, a,
Fig. 2. die in einer geringen Entfernung von der Linie stehen,
welche die Täfelchen der einen Seite von denen der andern
trennt. Man sieht diese Auswüchse bei Individuen, die eine
größere Höhlung offenbar durchlöchert haben. Diese Oeffnung
ist die Scham der Weibchen, aus welcher die Eier hervor=
kommen.

Der Schwanz, der diese Höhlung am weiblichen Ge=
schlechte bedecken soll, ist breiter und rundlich. Ueber jedem
der vier ersten Täfelchen, die den Schwanz ausmachen, lie=
gen an der innern Seite vier Paar schalige Borsten, wovon
jede aus zwei Stücken besteht, die in der Basis Gelenke ha=
ben. Das Aeußere dieser Stücke ist sichelförmig und am
Rande befiedert; das innere ist auch befiedert, ist aber faden=
förmig und hat in der Mitte ein Gelenk. An die Haare der
innern Stücke hängt sich eine große Masse der Eier c, c;
Fig. 2. die äußern sichelförmigen Wurzeln b, b dienen dazu,
sie zu vertheidigen und zu erwärmen.

Bei dem Männchen der Krebſe iſt die Höhlung des Un=
terleibes weit enger; der daran befeſtigte Schwanz iſt auch
länger. Man erkennt an dieſen Individuen den äußern
männlichen Theil, welches zwei kegelförmige weiße, weiche
Warzen a, a ſind, die an der Baſis jedes der beiden Fig. 1.
letzten Füße liegen, wo dieſe mit dem Leibe verbunden ſind.
Dies iſt der Fall bei den vier beſchriebenen Krebsarten, den
Todtenkopf ausgenommen, an welchem man, ſtatt der wei=
chen Warzen, zwei ſchalige Cylinder bemerkt, die an der
Baſis Gelenke haben und an der Spitze weich ſind. Unten
am Schwanze ſtehen vier Krallen auf einer eignen Baſis, die
ſich bei der Krümmung des Schwanzes mitkrümmen; an
Form ſind ſie bei den vier angeführten Arten verſchieden.
Beim Phalangium ſind die beiden erſten Krallen ſehr lang,
nach inwendig gebogen, und tragen an der Spitze gleichſam
eine halbe Lanze. Die beiden andern ſind klein, und ſchei=
nen den erſten zum in die Höhe Richten zu dienen. Am Tod=
tenkopfe ſind die beiden erſten Krallen grob, ſtumpf und mit
mehreren Gelenken verſehen; die andern endigen ſich in einem
Gelenke (oder Gliede), wie in einer langen, ſehr ſpitzen, har=
ten Borſte. Die beiden erſten Krallen des Pagurus, ſind
dick, krumm und ſpitz, die andern haben die Geſtalt einer
krummen, ſehr ſpitzen Borſte. Die beiden erſten b, b der
platten Krabbe (c. depreſſus) ſind dick und ſtumpf, und ha=
ben an der Spitze einige Haare; die übrigen c, c ſind ſehr
kurz und zuſammengedrückt, und ſchließen ſich an die erſten.
Dieſe Krallen haben einige Schriftſteller in der Naturge=
ſchichte *) für die Zeugungsglieder der Krebſe gehalten, weil
ſie die Anatomie und eine genaue Beobachtung nicht zu ihren
Führern genommen haben. Durch genaue Beobachtung
fand ich, daß die oben beſchriebenen Warzen, die an der
Baſis des letzten Paares der Füße liegen, die Zeugungstheile

---

*) Baſter Opuſc. ſubſeciva Tom. II. p. 43. Tab. II. Fig. VII. B.
Minaſi Diſſert. ſu li timpanetti dell'udito del granchio pagu=
ro, pag. 45. 135. Nap. 1775.

ſind; nachher las ich zu meinem nicht geringen Vergnügen, daß ſie von ſchätzbaren Männern *) auch dafür an-
erkannt worden, deren Werke alſo wohl nicht in den Händen
ſolcher Schriftſteller geweſen ſeyn müſſen.

Die obere Schale, die, wie ich geſagt habe, vorn die
Sinnesorgane und den Mund enthält, iſt zwar da, wo die
Füße am Leibe liegen, aber doch nicht mit der untern ver-
bunden, und man kann ſie, wenn ſie zerbrochen wird, ohne
Mühe davon trennen; dann erſcheint die innere Geſtalt der
Schale von unten. Dieſe Schale zieht ſich nicht, wie die
obere, zuſammen, um eine Decke zu bilden, ſondern verlängert
ſich inwendig in zwei Rippen, die ſich in ſchräger Richtung
ſo weit heben, bis ſie an die Beugung der obern Schale kommen; inwendig an dieſen Rippen artikuliren ſich die Füße.
Wo die Rippen ſich heben, liegen ſieben pyramidenförmige
Körper, und wo ſie aufhören, und der Beugung der obern
Schale gegenüber ſtehen, liegt in der Mitte das Herz. Dieſe
Rippen ſchicken Fortſätze nach inwendig zu, und alle Höhlen,
die ſie bilden, ſind mit einer muskelartigen Subſtanz angefüllt, die zur Bewegung der Füße beiträgt. Wenn die Rippen ſich ſenken, ſo laſſen ſie in der Mitte eine weite Höhle,
worin, wie ſchon geſagt iſt, das Herz die oberſte Stelle ein-
nimmt; darunter laufen der große Darm, die Hoden, die
Gebärmütter und ein Theil der Leber; am Boden liegt das
Gehirn.

Das Herz iſt ein weißer, halbdurchſichtiger Sack, von
ebener, viereckiger Geſtalt, und hängt in der Mitte der erhobenen Rippen. Seine Bewegung durch Verengern und
Erweitern (Syſtole und Diaſtole cordis) dauert immer fort,
und zieht ſich ganz in ſich ſelbſt zuſammen. Es hat ganz
und gar kein Ohr. Die Subſtanz des Herzens iſt ſchleimig und
muskelartig; das Inwendige iſt eine hohle Blaſe, die von
Säulen von derſelben Subſtanz durchkreuzt iſt. Das
darin enthaltene Blut iſt, in Vergleich der Thiere mit

---

*) Lorenzini, Swammerdam, Porzio, Röſel.

warmen Blute, mehr eine Lymphe. Fünf Kanäle gehören zum Herzen; drei gehen vorn und zwei hinten. Die drei vordern sind ziemlich groß und größer als die hintern. Sie gehen vereint aus dem Herzen, (ich beschreibe sie unten weit= läuftiger bei einem Phalangium) der mittlere läuft gerade; die beiden andern gehen jeder dicht an einer Seite des Magens weg, und vereinigen sich bei dem Knochen, der an den Zäh= nen befestigt ist; jeder theilt sich nun in drei Zweige, wovon der eine gerade nach der Mitte der Stirn geht, die beiden an= dern aber nach der Seite zu. Hinten trennen sich zwei andere Kanäle vom Herzen; der größere senkt sich perpendikulär auf die Brücke, die an der untern Schale ist, und wendet sich vorwärts, und nachdem er unter dem Gehirne weggegangen ist, theilt er sich in zwei Zweige und geht weiter vorwärts; der andere kleinere Kanal geht gerade an der Seite des Darms vorbei zum Schwanze.

Weil man wegen der gänzlichen Durchsichtigkeit des cirkulirenden Fluidums, und der Kanäle, worin es cirkulirt, die Bewegung mit bloßem Auge nicht wahrnehmen kann, so kann ich über den Nutzen dieser Kanäle nichts Gewisses sa= gen; obgleich Willis, der dies Eingeweide an einem Krab= ben beobachtete, die vordern Kanäle für die Aorta, die hin= tern für die Hohlader hielt.

Die sieben pyramidenförmigen Körper, die an jeder Seite des Leibes des Krebses liegen, werden von den Schrift= stellern für Kiefern *) gehalten. Sie liegen in zwei Höhlen, in einer zur rechten, in der andern zur linken Seite des Leibes. Die beiden Höhlen werden von außen von der obern Schale gebildet, inwendig vorn von der weichen Haut, welche die Eingeweide einschließt, hinten von den beschriebenen Rippen. Für jede Höhle ist am Munde unter jeder Kinnlade eine ovale Oeffnung. Am Eingange dieser Oeffnung liegt eine häutige= Klappe oder Valvel, die sich beständig bewegt und den Ein=

*) Swammerdam Bibl. Nat. Tom. I. p. 204. Willis de Anima Brut. c. III. p. 42.

und Ausfluß des Wassers mäßigt, obgleich der Ausfluß zum
Theil durch die Verbindung der obern Schale mit der untern
bei den Rippen geschieht. Krebse, die aus dem Meere ver-
jagt sind, speien durch diese Oeffnungen einen Schaum, welches auch Aristoteles angemerkt hat. Die sieben Kiefern
a, a erheben sich also aus der Basis der Rippen; sie sind von
häutiger Substanz, haben eine pyramidenförmige Gestalt, und
ruhen, wenn sie herabtreten, auf der Höhe der Rippen.
Zwei häutige und befiederte Borsten (Barben), wovon die
Fig. 3. 4. eine mit der Basis der Kinnladen artikulirt ist, und
sich bis unter die Kiefern erstreckt, die andre neben den Kinnladen gelenkig ist und über den Kiefern liegt, sind für jede
Kieferhöhlung in einer beständigen Bewegung von oben nach
unten, weil durch das Steigen und Fallen der Feuchtigkeit in
den Kanälen, die Kiefern leicht gerieben werden. Die Kie-
fern entstehen an der Basis der Rippen, und erheben sich in
Gestalt einer vier- oder sechseckigen Pyramide. Da, wo sie
die Rippen berühren, haben sie einen weiten, kegelförmigen
Kanal, und einen andern an der äußern, entgegengesetzten
Seite. Diese beiden Kanäle gehen in die Basis. Die Sei-
tenflächen der Pyramiden bestehen aus einer unzählbaren
Reihe Blättchen, die immer kleiner werden, und, wie die
Blätter in einem Buche, das eine über dem andern liegen.
Die Substanz der Kiefern besteht aus einer harten, sehr feinen Haut. Ihre Bildung läßt sich so annehmen: man denke
sich, daß sich aus der Basis der Kiefern eine einzige große,
kegelförmige Röhre erhebe, und stelle sich vor, daß die Seiten des Triangels, der den Kegel erzeugt, sich zusammenziehen und in die Achse selbst fallen, so werden durch die Berührung der einen Oberfläche von der andern in der Achse zwei Kegel entstehen; gerade so ist die Bildung dieser Kiefern. Wie
oft habe ich nicht eine dieser Röhren mit Quecksilber angefüllt;
das Quecksilber ist aber niemals durch die Spitze oder die
Rinde der Seitentäfelchen in die entgegengesetzte Röhre gegangen, sondern hat sich immer einen Weg geöffnet durch die
Trennung der einen Oberfläche in der Achse von der andern,

bald an dieſem, bald an jenem Orte der Fläche, die ſich trennte.
Jeder Kieferkanal, der die Rippen berührt, hat einen kor=
reſpondirenden Buſen (ſinus) unter der Rippe, der durch
einen hohen Streifen bezeichnet wird, und ein Drittheil der
Breite der Rippe einnimmt.   Jeder dieſer Buſen öffnet ſich
unter der Spitze der Rippen unter dem Herzen.   Alle äußern
Kanäle der Kiefern ſind mit einander durch einen großen Bu=
ſen verbunden, der unterhalb ihrer Baſis inwendig in den
Rippen fortgeht.   Dieſer Buſen iſt der größte unter allen
vorher beſchriebenen, und öffnet ſich im Unterleibe.   Folgende
Verſuche habe ich über dieſes Organ gemacht.   Das Queckſil=
ber ließ mich entweder wegen ſeiner Schwere, oder wegen der
Enge der Kanäle keine Verbindung zwiſchen dem äußern und
innern Kanale der Kiefer ſehen, wenn die Theilungsfläche der
Kanäle, wie ſchon geſagt iſt, ſich nicht erweiterte. Aus einem
andern Grunde glaubte ich, daß die Seitenblättchen zu die=
ſem Dienſte beſtimmt wären ; ich fing daher Einſpritzungen
mit der Inſuſion der Staubfäden von Saffran an.   Ich
machte einen Einſchnitt in den äußern Kanal, und ſenkte eine
kleine Spritze (Blasröhre) hinein, in welche ich etwas von
dieſer Inſuſion eingeſogen hatte, ſtieß ſie gegen die Spitze
der Kiefer und trieb es hierauf durch Aufblaſen fort. Die
Feuchtigkeit ging nun unmittelbar bis an die Spitze des Ka=
nals, und zu gleicher Zeit färbten ſich alle queergehende Blätt=
chen gelb, und durch dieſe wurde die Feuchtigkeit in den in=
nern und entgegengeſetzten Kanal gebracht.   Aus dieſem (ich
fuhr fort zu blaſen) ſenkte es ſich darauf, ſtieg wieder unter
der Rippe in den korreſpondirenden Buſen, und ging ſprudelnd
aus dem Theile unter dem Herzen unter die Spitze der Rippe.
Dies kam mir ſonderbar vor, da ich auf den Gebrauch der
Kiefern ſowohl bei den Fiſchen, als auch bei den Würmern *)

---

*) Wenige Arten von Würmer haben dieſes Organ, nämlich das
Herz mit den Kiefern; unter andern der Dintenwurm (Sepia),
deſſen Organ des Herzens, auch ſeitdem es von Swammer=
dam beobachtet iſt, noch beſſer beobachtet und beſchrieben zu
werden verdient.   Legt man einen lebendigen Dintenwurm im

Rückficht nahm; ich war daher auf meiner Hut gegen die Täuschungen, die vielleicht durch den Bruch der Kanäle, die

Waffer auf den Rücken, so öffnet sich der Sack, der die Scheide des Körpers bildet: sogleich werden sich die von einer Haut verschlossenen und in der Mitte liegenden Eingeweide zeigen, und an den Seiten auf der Fläche des Sacks die beiden Lungenkiefern. Man sieht nicht allein beim Leben des Thieres, sondern auch wenige Augenblicke vor seinem Tode, alle Eingeweide durch die Kiefern in einer Konvulsion; überdieß noch eine zusammenziehende und fortstoßende Bewegung in dem Hauptstamme über der eigentlichen Achse. Man zerschneide geschickt die Haut, welche die Eingeweide bedeckt; hierauf trenne man die Blase, welche die Dinte enthält, von der zellichten Verbindung, und binde die Oeffnung für die Excremente zu; man wird nun aus der Linie der Länge der Hälfte des Körpers ein muskelartiges Säckchen queerüber sehen, welches von gränzlicher Farbe ist, und aus beiden Enden und beiden Erhöhungen geht ein durchsichtiger Kanal. In das Ende, welches dem Winkel zuliegt, den die beiden Lappen der Leber über der Linie der halben Länge machen, kommt ein Stamm, der unter der Leber durchdringt, und unter dem Knochen der Hirnschale wieder hervorkommt, die in f der 1. Fig. Taf. II. der Bibl. Nat. von Swammerdam abgebildet ist. Unter diesem Ende erhebt sich ein Auswuchs, wovon sich ein andrer Kanal trennt, welcher eine Schlagader ist und zur linken Kiefer geht. Aus dem entgegengesetzten Ende kommt eine ähnliche Schlagader, die zur rechten Kiefer geht. Diese beiden arteriösen Adern dehnen sich erst, um eine Kugel zu bilden; nachher laufen sie weiter, und bilden den Hauptstamm der Kiefer. Sie sind in b, b der angeführten Figur gezeichnet. Unter der zweiten arteriösen Ader senkt sich ein anderer Kanal, der aus den Eingeweiden des Bauches kommt, in die andere Hervorragung des Herzens. Diese Kiefern sind durch ein Band an der innern Seite der Bedeckung bis beinahe an das Ende mit dem Kanale verbunden. Von diesem Stamme sondern sich an der entgegengesetzten Seite die kleinern Stämme ab, die aber nicht frei sind, sondern jeder wird von einem sichelförmigen Bande noch außer dem vornehmsten Bande gehalten. Aus den kleinern Kanälen muß das weiße Blut durch die kleinsten Kanäle in andere ähnliche Stämmchen gehen, die nachher in einem großen Kanale zusammenkommen, um sich zum Herzen zu wenden. Wenn an dem

mit dem Herzen in Verbindung sind, geschehen konnten.
Ich kann den Leser versichern, daß ich mit aller möglichen

großen Kiefernstamm ein Einschnitt gemacht und durch die ein-
gesenkte Spritze eine Einspritzung mit Quecksilber veranstaltet
wird, so wird dieses nicht nur bis an die Spitze des angezeigten
Kanals, sondern auch durch alle kleinere Seitenzweige getrieben. Wenn man aber, um den weitern Gang des Quecksilbers
aus diesen Zweigen zu sehen, die Einspritzung zu stark macht,
oder dem Quecksilber Gewalt anthut, so müssen die kleinern
Kanälchen, die von jenen abhangen, und mit den genannten
zweiten Gefäßen zusammenhängen, zerreißen. Als ich, statt der
Einspritzung, mich der Infusion des Saffrans bediente, zeigten
sich mir die zweiten oder Nebenkanälchen; die dritten Kanälchen, in welche die eingespritzten sich einmündeten, konnte ich
durch das Mikroskop erkennen. Ich bemerkte auch, daß sie sich an
dem obern Stamme, innerhalb der Substanz des Baudes, in
einen andern dem ersten ähnlichen Stamm einmünden, der
ähnliche Lage hat, in eben der Richtung zurückgeht, und
die zubereitete Feuchtigkeit in die Kiefern bringt. Nachdem
dieser Kanal aus der Kiefer gegangen, trifft er an ihrer Basis
einen runden, flachen Körper, mit einem Anhängsel an der
Spitze: dies sind zwei Körper und wahre Herzen, in welche sich
der Kanal einsenkt. Swammerdam hat diese Körper unter
dem Namen glandeliger, zu den Samengefäßen gehöriger Körper beschrieben, und sie in Figur 8. b, b gezeichnet, wo man
diese Stämme auf ihrer Rückkehr aus den Kiefern in a, a zerschnitten sieht. Jeder dieser Körper ist ein Herz. Sie sind kegel-
förmig und muskelartig, wie bei allen Thieren mit warmen
Blute, die ein Herz haben, an dessen Spitze das in der angeführten Figur von Swammerdam abgezeichnete Anhängsel ist.
An der Basis sind zwei Erhöhungen; in eine von ihnen senkt
sich die Lungenblutader, aus der andern kommt die große
Schlagader. Daß dies wirklich Herzen sind, davon habe ich
mich durch das Zusammenziehen und Erweitern überzeugt, das
selbst noch nach dem Tode des Thieres fortdauert. Diese Bewegung geschieht nicht bloß dadurch, daß sie sich zusammenziehen, sondern auch daß die Spitze, woran das Anhängsel sitzt,
erhoben wird. Ist das Thier todt, so verursachen sie noch einige
Augenblicke ein Zucken. Aus dem einen Auswuchse ihrer Basis,
wie ich auch schon bemerkt habe, erhalten sie die Kieferblutader;
aus dem andern kommt die große Schlagader, die sich abwen-

Vorsicht zu Werke gegangen bin, und diese Busen in den Rippen sich beständig unter ihren Spitzen in der Höhle öffnen gesehen habe, wo, wie schon gesagt ist, die Eingeweide liegen.　Durch diese Oeffnungen der Busen habe ich an der entgegengesetzten Seite ähnliche Einspritzungen versucht, und die in den Busen gehende Feuchtigkeit stieg in den innern Kanal der korrespondirenden Kiefer, und ging aus dieser, durch die Blättchen, in den äußern Kanal; also haben diese Blättchen im Rande einen ziemlich weiten Kanal, wodurch leicht eine Verbindung zwischen den beiden großen Kieferkanälen entsteht.　Darauf öffnet sich der andre Busen, der sich an der Basis der Kiefern unter den Rippen bildet, und in welchen alle äußern Kieferkanäle kommuniciren, im Unterleibe, jeder

in

det und in die Substanz des Körpers bringt.　Das oben beschriebene Säckchen, welches queerüber unter den Eingeweiden liegt, ist ein Arteriengefäß, welches das Blut aus dem Körper sammelt und es zu den Kiefern führt.　Von da kehrt es zurück und geht in die beiden beschriebenen Herzen, um sich in den Körper zu vertheilen.　Als ich den Sack der Länge nach öffnete, fand ich, daß er von muskelartiger Substanz und inwendig rein war. Ich zerschnitt die Herzen, und sah, daß sie eine Höhle oder Ventrikel hatten; und der ganze Körper des Herzens an der Seite, welche diese Höhle bildet, ist ganz muskulös stark.　An dem innern Theile jedes Herzens hängt ein Körper von blasenartiger Substanz, die in eine Menge Zacken zertheilt und auch von Swammerdam in c, c abgezeichnet ist.　Diese Substanz ist gleichsam in mehrere Körper getheilt, hängt aber zusammen, und vertieft sich mitten in der Leber unter dem Magen.　Unter dem Mikroskop beobachtet, erscheint sie als eine blasige Substanz, wie die Substanz der Lungen.　Man wird auch ein sonderbares Phänomen an diesem blasigen Körper bemerken, nehmlich eine unzählige Menge aalförmiger Infusionsthierchen mit zitterndem Maule und Barte, die sich hin und her schwingen und in mehrere Theile zertheilen.　Diese Thierchen nisten sich nur in die blasige Substanz nebst einer andern Art kleiner runder Infusionsthierchen, die ich schon angeführt habe.　Von diesem blasigen Körper trennt sich noch ein anderer Blutstamm, welcher oben in den genannten Sack dringt.

in einer Oeffnung, die über dem Orte ist, wo die Kinnladen
und Freßspitzen des Krebses liegen. Spritzt man die Feuch=
tigkeit in diesen Busen (sinus), so füllt er sich doch nicht
leicht; stößt man sie durchs Blasen fort, so wird man die
Haut (im Fall die Haut des Unterleibes, die am vordern
Theile der Kieferhöhle ausgespannt ist, unverletzt geblieben)
durch die in dem Bauch getriebene Luft aufschwellen sehen.
Diese Kiefern gehören also nicht zum Herzen, und bilden auch
kein System mit ihm; sondern sie sind als eine Verlängerung
der Bauchhöhle anzusehen, wodurch die im Bauche enthaltene
thauartige Feuchtigkeit Bewegung erhält, und beinahe zur
unmittelbaren Berührung des äußern Wassers kommt, wel=
ches in den Kieferhöhlen durch die dicht an den Kinnladen
liegenden Löcher in Menge aus = und einfließt. Diese Kör=
per sind, ihrer Verrichtung nach, den Nebenadern der Luftröh=
ren analog, die in Zweige vertheilt sich bei den Insekten in der
Substanz des Körpers vertiefen, wie bei den Thieren mit ro=
them Blute, und bloß durch die Lunge laufen.

Am Boden des Kanals, den, wie wir schon bemerkt
haben, die Rippen in ihrer Mitte lassen, liegt das Gehirn;
in dieser Lage hängt es mit dem Anfange der äußern Bauch=
höhle im ersten Täfelchen zusammen. Das Gehirn ist mit
seiner Haut gefüttert, und besteht gleichsam aus mehrern Lap=
pen, die von Figur eine Art von Präzel bilden. Sechs Paar
Nerven gehen aus dem Gehirne: fünf für die Seiten, die
sich auch in den Rippen und dem Schwanze vertheilen, und
ein Paar geht vorwärts, um zu den Sinnesorganen zu kom=
men. Dieses Paar, welches gerade nach der Stirn läuft,
der eine an dieser, der andre an jener Seite, läßt in der Mitte
den Schlund, vereinigt sich wieder in der Stirn, und bildet
mitten zwischen den Augen einen Knoten, oder ein zweites
Gehirn, einen aus mehreren Lappen gebildeten Körper, der
in eben der Haut liegt, welche diese Nerven füttert. Aus
diesem zweiten Gehirn gehen drei Paar gar nicht kleiner Ner=
ven, wovon das eine sich unmittelbar in die Röhre senkt,
welche das Auge stützt, und den Dienst des Sehnervens ver=

J

richtet; das zweite Paar, welches unter dieſem liegt, geht mehr ſeitwärts nach jeder Seite, und zertheilt ſich; das dritte Paar geht gerade zu den Gehörpauken.　Dieſen Bau des Gehirns und der Nerven konnte ich ſehr gut an unſern vier Arten beobachten, unter andern an den großen Phalangien. Schneidet man dieſen den Magen weg, ſo läßt ſich der Lauf der Nerven leicht beobachten, wenn man ſie von den Häuten, worin ſie gehüllt ſind, zu unterſcheiden weiß, ſie mit Nadelſpitzen in die Höhe hebt, und in Waſſer, welches man tropfenweiſe darüber gießt, ſchwimmen läßt.

An beiden Seiten der Stirn liegen die Augen, jedes von einem Stiele gehalten, welcher eine ſchalige Röhre iſt, wie die Schale des Krebſes; er iſt aber doch in der Baſis gelenkig, und kann ſich ſchräg zur Seite beugen, um ſich ſo in einer gegenüberſtehenden Höhle, die in der obern Schale iſt, gelegentlich zu verbergen.　Dieſe Röhre ſtützt die durchſichtige Hornhaut, die ſchräg an der Spitze liegt.　Die Hornhaut erſcheint immer mit einer dunkeln oder grünlichen Farbe, wegen der ſchwarzen adrigen Haut (choroidea), die ihr gegenüber liegt.　Man muß alſo zuerſt die Hornhaut mit einem ſcharfen Meſſer zerſchneiden und von der Röhre trennen.　Iſt die Haut weggenommen, womit ſie inwendig gefüttert iſt, ſo iſt ſie ſehr durchſichtig; unter dem Mikroſkope ſcheint ſie aus Maſchen ſchön gearbeitet zuſammengeſetzt, und bildet eine hohle Halbkugel.　Die Maſchen ſind bei dem Phalangium, dem Pagurus und der platten Krabbe ſechseckig, bei dem Todtenkopfe aber rechtwinklichte Vierecke.　Um die Theile, die dies Organ ausmachen, deſto beſſer zu erkennen, tauchte ich es in kochendes Waſſer, und zerſchnitt darauf die Augen in ihrer Baſis, wo ſie gelenkig ſind; zuerſt eine Seite der Schale der Länge nach, um die feſten Theile, und die Feuchtigkeiten zu ſehen, die im Auge ſind.　Das ganze Auge kann in die Röhre getheilt werden, die den Nerven und die Muskeln enthält, und in den Apfel, welcher hohl, und durch die Konkameration der Hornhaut gebildet iſt, und die Feuchtigkeiten enthält. Nimmt man in der Röhre die gemeinſchaftliche äußere Haut weg, ſo wird man

ein Bündel Muskeln bemerken, welches sich da erhebt, wo
sich das Auge beugen muß; dicht an dem Bündel erhebt sich
an der andern Seite der Nerve, welcher da, wo das Bündel
Muskeln aufhört, so dick wird, daß er die ganze Höhe der
Röhre einnimmt, zieht sich darauf zusammen, dehnt sich
endlich wieder aus, und läuft in einem Büschel oder Quast aus.
Ueber diesen Knoten (ganglium) breitet sich die Choroidea
oder braune Haut aus.   Diese ist an der Basis roth gefärbt
und wird nachmals in ihrer ganzen Dicke schwarz.   Sie
füttert den ganzen Augapfel, und macht auf diese Weise die
durchsichtige Hornhaut dunkel.   Der Augapfel enthält gar
keine Feuchtigkeit; denn dies zeigt sich im kochenden Wasser.
Bei diesem Baue des Auges ist es schwer zu bestimmen, wie
das Thier sehen kann; der große Swammerdam *)
konnte es sich nicht erklären.   Man nehme ein Auge, das so
zubereitet ist, wie ich kurz vorher gesagt habe, und trenne mit
einem scharfen Messer die verschiedenen Blättchen, welche die
Hornhaut ausmachen, bis man an das letzte kommt, das
weich und nachgebend ist; auch dies werde weggenommen:
nun wird man sehen, daß in dem Augapfel des Auges eine
schwarze, weiche Substanz ist.   Diese Substanz, die eine
dicke, weiche Haut ist, nehme man ganz aus dem Auge weg,
und lege sie auf ein ebnes Glas, so, daß sie dem Beobachter
die innere rothe Seite zeigt; man wird nun auf derselben einen
Büschel von weißen zerrissenen Fäden sehen, die von dem
Knoten des Sehnerven, woran sie befestigt war, getrennt ist.
Wenn man auf die innere Seite der braunen Haut einen Wassertropfen fallen läßt, und ihn mit Nadelspitzen bearbeitet, so
werden sich diese weißen sehr dünnen Fäden, welche die Substanz der braunen Haut durchdringen, erheben und sich auf
der obern Seite in einen Büschel endigen.   Die obere Seite
führt über einen sehr dichten Haufen durchsichtiger, kegelförmiger Stiele, oder die, noch besser gesagt, von der Gestalt eines
kleinen Kürbisses (Zucchetina) sind, die mit ihrer Basis auf die

_____
*) Biblia Naturae, Tom. I, p. 207.

braune Haut kommen und sich mit der Spitze in die Maschen
der durchsichtigen Hornhaut senken. Diese Reihe Stiele kann
man mit geringer Mühe mit Nadeln von der Seite der braunen Haut trennen; besieht man sie nun mit einer nicht zu
scharfen Linse, so wird man sie ganz mit weißen Pünktchen
geziert finden, jedes Pünktchen an der Basis jedes Stiels.
Ein solches Pünktchen ist die besondre Netzhaut des Auges,
wovon jeder Stiel die besondere krystallene Feuchtigkeit, und
die Hornhaut die besondre Seite (Façette) der ganzen Hornhaut ist.

Man trifft bei einem andern Meerinselte ein Faktum
an, welches den Bau dieses Organs und seine Natur sehr
aufklärt. Dies Thier $\ast$ Linnés Oniscus oceanicus, wohnt
auf den Klippen im Schatten, und fängt die geraden Stralen
der Sonne auf. Es findet sich in großer Menge in unserm
Meerbusen auf den Klippen, Pallisaden und Mauern, wo es
haufenweise in den Löchern liegt. Fischer mit dem Angel
locken die Fische damit, und nennen sie Klippenflöhe (Pulci
di scoglio). Der Kopf dieses Insekts wird von dem letzten
Einschnitte des Körpers gebildet; an jeder Seite liegen die
Augen als zwei schwarze Flecken, die, mit der ausforschenden
Linse betrachtet, wie Maschen oder Ringe erscheinen. Um
seinen Bau kennen zu lernen, ging ich so zu Werke: ich
schnitt aus der Stirn des noch lebenden Thieres den Theil der
Stirn, der zwischen den Augen liegt, und entdeckte die Höhlen der beiden Augen, worin man keine Flüssigkeiten sieht,
sondern bloß die Hornhaut, die von der schwarzen Choroidea
gefüttert ist. Man lege die Hornhaut unter das Mikroskop,
den innern Theil nach oben; wenn man fortfährt mit Nadeln
auf derselben und zwischen der schwarzen Choroidea zu scha-
ben, so wird sich von der innern Fläche der Hornhaut eine
unzählige Menge fester krystallener Kügelchen absondern, wovon jedes an einer Masche der Hornhaut saß und an die
schwarze Choroidea stieß. Dies ist die krystallene Feuchtigkeit eines jeden Auges, bei diesem Thiere in sphärischer Gestalt,
bei dem Krebse in kegelförmiger. Aus der Hornhaut gehen die

Lichtstralen durch jede Fläche queer durch das kristallene Kügelchen, und zeichnen am Boden der Netzhäute eine so große
Menge Bilder, als Flächen oder Façetten da sind.

Man hat geglaubt, die Krebse hätten noch ein anderes
Organ, nämlich Ohren um zu hören. Herr F a b r i c i u s
hat sie in den Schriften der Kopenhagner Akademie, an
einer Krabbe und an der Sandkrabbe (Cancer Maenas Linnaei) beschrieben. Der Pater M i n a s i sagt, er habe eben
das am Pagurus gesehen; wenn es also eine Eigenschaft des
ganzen Geschlechts ist, so ist es auch die Eigenschaft der Art.
Von den Entdeckungen des Herrn F a b r i c i u s habe ich nur
die Zeichnung des Gehirns des Krebses, wo man in dem innern Theile die Höhlen für diese Organe gestochen sieht *).
Bei dem Pater M i n a s i lese ich nichts als einige Fakta, die da
zeigen, daß der Pagurus beim Schalle der Glocke oder Schel-
len, die er deswegen auf seiner Stube klingen ließ, Gefühl
bewies **). Ich will nun den Bau dieses Organs zu erforschen suchen.

Unter den angeführten vier Arten von Krabben liegen
diese Theile bei dem Phalangium hierzu am deutlichsten; denn
unter den Freßspitzen und über der zurückgezogenen Schale
der Stirn erheben sich zwei Auswüchse, über welchen man
eine Scheibe findet, die mehr nach der inneren Seite zu liegt.
Wenn man sie hier mit der Spitze eines scharfen Messers in
die Höhe zu heben sucht, so wird der spitze Theil der Scheibe
sich heben, der stumpfe aber faßt als eine Artikulation in den
Rand des Auswuchses; die ganze Erhebung mag etwa eine
halbe Linie betragen; der Raum, den sie zwischen dem erhobenen Rande und dem Rande zeigt, wovon sie sich trennt,

*) Ich verdanke die Zeichnung der Güte eines berühmten Natur-
kündigers, des Herrn J. E. S m i t h, Mitgliedes der Königl.
Gesellschaft zu London, der mir in einem Briefe vom 21 Julius
1788. die Zeichnungen mit der Angabe der Theile überschickt
hat.

**) Citat. Dissert. su i timpanetti del Paguro, p. 21.

J 3

iſt mit einer feinen Haut bedeckt, die an den Rändern befeſtigt
iſt, und von einem gebogenen kleinen Knochen, der aus der
Spitze der Scheibe kommt, und ſich niederſenkt, angeſchwol=
len und erhoben erſcheint.　　Dieſe Häute, wovon ſich die eine
an dieſer, die andere an jener Seite zwiſchen den Rändern
ausbreiten, ſind ſehr fein, und laſſen ſich mit geringer Mühe
zerreißen.　　Wenn ſie zerreißen, fließt aus der Höhle, die ſie
mit der untern Scheibe bilden, etwas weniges Waſſer.　　Zer=
ſchneide ich die Hirnſchale nahe an dem Orte, wo ſich die
Pauke hineinſenkt, um den innern Bau zu ſehen, ſo finde ich,
daß dieſe Häute mit ihrer Höhle von zwei kleinen Knochen ein=
gefaßt ſind, die aus den Enden der Scheibe kommen, und
ſich in der Spitze vermittelſt einer Artikulation verengen,
und o mit der Scheibe, als mit der Baſis vereint, bilden ſie
einen Steigbügel.　　Aber in dem Augenblicke, da man dies
Stück der Hirnſchale von dem Körper des lebendigen Krebſes
abſondert, zeigt ſich ein merkwürdiges Phänomen; nämlich,
dieſer Steigbügel iſt in einer konvulſiviſchen Bewegung, die
einige Zeit fortdauert.　　Dies beweiſt, daß viele Nerven zu
dieſem Muskelgewebe gehen, die es ſo reizbar machen.　　Die
Pauke hat zwei Muskeln: der eine macht den Ausgang der
kleinen Trompete, kommt aus der Spitze des Steigbügels,
und hängt ſich an der Seite, wo die Erhebung geſchehen muß,
an die hohle Seite des Knochens; der andre kommt aus
derſelben Spitze des Steigbügels, und hängt ſich an die Beu=
gung der Hirnſchale; er dient dazu, dies Organ nach inwen=
dig zuſammenzuziehen.　　Um den Nerven kennen zu lernen,
der nach erhaltenem Eindrucke dieſen in den Sinneswerkzeu=
gen des Krebſes fortſetzt, verfahre ich auf folgende Art.　Ich
öffne einen Krebs, nehme den Magen heraus, ohne die Hirn=
ſchale zu verletzen, und beobachte den Knoten (ganglion),
der ſich, wie ſchon geſagt iſt, von zwei Nerven, die an der
Seite des Schlundes gehen, bildet.　　Aus dieſem Knoten der
mitten in der Stirn liegt, kommt zuerſt ein Nerve, der zum
Hinterhaupte geht, um ſich da in einen Büſchel zu vertheilen;
ferner kommt das erſte Paar dicker kurzer Nerven, wovon

jeber ſich in die Röhre des Auges ſenkt. Hierauf entſpringt
weiter aus jedem Seitenlappen des Nervenknoten ein andrer
Nerve, von jeder Seite einer, der an der Seite fortgeht, bis
er auf den Knochen der Hirnſchale ſtößt, wo er ſich dann in
mehrere Zweige zertheilt. Zuletzt kommt noch aus dem un-
terſten Lappen des Knoten, wo ſich die beiden Nerven, die
ihn bilden, hineinſenken, ein anderes Paar ſehr dünner Nerven, an jeder Seite einer, die gerade in das Käſtchen gehen,
das die Gehörpauke bildet.

Unter den Kinnladen und zwiſchen den ſieben ſtarken
Zähnen iſt beim Krebſe der Mund, der oben einen fleiſchigen
Auswuchs hat, welcher die Dienſte der Zunge verrichtet.
Aus dem Munde kommt man durch den ſehr kurzen Schlund
zum Magen. Dies iſt ein Sack, der durch eine feine durchſichtige Haut, wie eine Blaſe gebildet iſt, die ſich vorn am
Knochen der Hirnſchale vermittelſt eines doppelten Muskels
befeſtigt, der ſich bis zur Mitte des Magens über dem Rande
der beiden kleinen Knochen erſtreckt, die jetzt beſchrieben werden ſollen. An den Seiten hat er zwei halbcirkelförmige,
knorplige Lappen, und oben, wo er dick iſt, ſind drei horizontale Knochen, einer in der Mitte, zwei an den Seiten, die
an der Baſis breit und eingekerbt oder gezähnelt ſind; als eine
Bedeckung ſtehen ſie ſtets da, wo ſich der Magen endigt und
der Grimmdarm anfängt. Dieſe drei Knochen, die von dem
Ende des Magens divergirend bis in die Mitte deſſelben gehen, ſind an ihren vordern Enden durch zwei andre kleine
horizontale Knochen verbunden. Von der Verbindung dieſer
fünf Knochen kommt es alſo, daß der Magen die Geſtalt
eines Zeltes oder Pavillons (m) annimmt *). Unter Fig. 4.

---

*) Es iſt zu bedauern, daß der Verf keine beſondere Zeichnung
von dieſen Zähnen des Magens geliefert hat, da man in der
angezeigten Figur nur den Magen überhaupt ſieht, nicht aber
die Lage der Zähne beſonders. Röſel hat eine ſchöne Zeichnung der Magenzähne unſeres Krebſes (Cancer Aſtacus L.) gegeben; allein dieſer hat nur drei Zähne, ohne jene beiden andern Knochen des hier erwähnten Krebſes. M. ſ. Röſels Inſ.
Bel. II. Tab. 58. Fig. 12 und 13. 3.

der Basis der Zähne stehen vier zackige Körper, die vielleicht
dazu bestimmt sind, die Speisen aufzuhalten, während die
Zähne in Bewegung sind.   Der Magenmund hat erstlich
einen Körper von mittelmäßiger Härte, wie ein abgestumpf=
ter Kegel, der in der Queere liegt; darauf einen Kamm der
Länge nach, der in der Mitte von zwei glanzelichten Körpern
liegt; hierauf zwei knorplige Lappen, die zusammen gleichsam
eine Muschel bilden.   Etwas weiter von dieser Muschel fängt
der Darm an.   Dies ist eine Röhre mit einer feinen Haut, die
gerade bis an das Ende des Schwanzes n fortläuft.   Beim
Anfange des Darms, unter der beschriebenen Muschel, ist
eine Oeffnung, die von zwei kleinen Klappen beschützt wird,
aus welcher die Galle in Menge herausträpfelt, die sich in
der Gallenblase sammelt.   Letztere senkt sich mit ihrem Stam=
me in die Substanz der Leber, die um und unter dem Grimm=
darme liegt, theilt sich nachher in zwei Aeste, und zerstreuet
sich endlich in der Leber *).   Die Galle ist pechfarbig, Ari=
stoteles nannte sie beim Krebse χυμον ωχρον; sie hat einen
bitterlichen Geschmack.   Der Unrath des Thiers ist immer
von der Galle gefärbt.   Der Magenmund hat zwei faden=
förmige Anhängsel über sich, die einen weißen Schlamm ent=
halten, der dazu dient, die Speisen im Darme zu animali=
siren.   Diese Anhängsel wenden sich bei dem Phalangium
über dem Magen nach den Seiten hin, und verlängern sich im
Geflechte, welches für jede Seite eine weiße Masse bildet.
Beim Pagurus und der platten Krabbe dehnen sie sich über
die Leber aus, und bei der platten Krabbe enthalten sie oft
einen Bandwurm, der weiterhin beschrieben werden soll.
Außer diesen beiden Anhängseln giebt es noch ein drittes im
Darme, welches bei verschiedenen Arten auch eine verschiedene
Lage hat.   Beim Phalangium ist es am Anfange der Höhle
der Rippen, beim Pagurus aber über der Brücke, welche die un=
tere Schale an ihrem Ende bildet.   Es ist ganz krumm und
stößt an den Darm.   Bei der platten Krabbe entsteht es in

*) Auch dies alles verdiente gezeichnet zu seyn.   3.

o, kurz vor dem Ende des Darmkanals, legt sich oben an
denselben und endigt unter ihm. Dieses Anhängsel enthält
denselben weißen Schleim. Merkwürdig an diesen beiden
Krebsen ist, daß unter der Lage, wo sich dies Anhängsel in
den Mastdarm mündet, ein valvulöser Ring ist, der vielleicht
dazu bestimmt seyn mag, die Speisen anzuhalten, um von
dieser Feuchtigkeit benetzt zu werden. Ein solches Anhängsel wurde auch von Swammerdam am Bernhardskrebse
(Cancer Bernhardus L.) beobachtet, und Blinddarm *) genannt. Diese Feuchtigkeiten ersetzen wahrscheinlich den Mangel des Magensaftes, den der Magen, wegen seiner ganz
häutigen Substanz, den Speisen nicht mittheilen kann, um sie
besser zu verdauen und Nahrungssäfte zu bereiten.

Die Leber hat den größten Umfang unter den Eingeweiden im Körper des Krebses. Sie hat die Gestalt eines in
unendliche cylindrische Fransen zertheilten Körpers. Sie
nimmt die ganze Höhle ein, die an den Seiten des Magens
ist, dehnt sich aus und befestigt sich durch ein Zellgewebe unter und an der Seite des Darmkanals; sie dringt allmählig
in den Boden der untern Schale, und erstreckt sich bis an
den Anfang des Schwanzes. Ihre Substanz hat das Ansehen einer Masse kleiner gelber Körper, die vermittelst einer
andern Substanz mit einander verbunden sind; das Ganze
ist von einer feinen Haut eingeschlossen, welche diesem Eingeweide eigenthümlich ist. Dies wurde von Aristoteles sowohl beim Krebse als auch bei den Purpurschnecken μηκων genannt, als wäre es Unrath, so wie die Griechischen Aerzte den
Unrath des menschlichen Fötus μηκωνιον nannten. Wenn
man von dieser Masse etwas sagen will, so kann man nur
etwa behaupten, daß sie eine glandelichte Substanz sei, die
in jedem Punkte durch einen geheimen Mechanismus die Galle
zubereite, die ihre Natur nicht allein durch den bittern Geschmack zu erkennen giebt, sondern auch dadurch, daß sie, mit
Wasser vermischt, seifenartig ist.

*) Biblia Nat. Tab. XI. fig. 3.

J 5

Da wir alle Theile des Körpers des Krebſes durchge=
gangen ſind, die wegen ihrer Sonderbarkeit auf unſre Auf=
merkſamkeit Anſpruch machen konnten, ſo iſt es Zeit, die in=
neren, zur Zeugung dienenden Theile zu unterſuchen. Die
äußern ſind ſchon oben angegeben; wir wollen daher von den
weiblichen anfangen. Der Eierſtock oder die Gebärmutter
(ovario oſſia matrice) *) muß beim Weibchen zuerſt unter=
ſucht werden. Ihre Geſtalt und Lage iſt dieſe: der Eierſtock
iſt im Anfange wie ein Cylinder; zuerſt iſt er durchſichtig und
klein, nachher wird er größer, färbt ſich roth oder ſchwarz,
und hat zwei Aeſte, wovon jeder durch jede Seite der Stirn
über der Leber geht. Dieſe beiden Cylinder gehen nach in=
wendig, und vereinigen und verbinden ſich am Anfange des
Darmkanals; bald nachher trennen ſie ſich von neuem, und
jeder derſelben ſteigt bis zur Hälfte der Höhle hinab, welche die
Rippen bilden. Hier vertieft er ſich ſo ſehr, daß er die Fläche
der untern Schale dicht an dem Punkt berührt, wo wir die
Fig. 2. beiden fleiſchigen Auswüchſe a, a bezeichnet haben, die
von uns als die Scham angegeben iſt. Der Zweig, der ſich
Fig. 1. geſenkt hat, b m, hebt ſich wieder, oder der geſenkte
Stamm ſchickt einen Zweig c d, der ſich neben dem Darm=
kanal bis an den Anfang des Schwanzes erſtreckt. Wo dieſe
beiden Eierſtöcke vereint durch c m herabſinken, hängen ſie
ſich an einen großen ovalen Körper n, welches eine mit einer
gewiſſen weißen gummiartigen Subſtanz angefüllte Blaſe iſt,
die in eben dem Punkte mit dem beſchriebenen Stamme des
Eierſtocks ſich unter der Oeffnung einer jeden Scham (di cia-
ſcuna vulva) endigt. Im Todtenkopfe fehlt dieſe Blaſe;
bei dieſem muß der Zweig des Eierſtocks in das Muskelgewebe
der Füße dringen, um zur Scham zu kommen, welches eine
runde Oeffnung an der Baſis des dritten Paars der Füße iſt.

Wenn die Eier ſchon ziemlich entwickelt ſind, nimmt
der Eierſtock beim Phalangium und Todtenkopfe eine

---

*) Auch hier iſt es, wie ſchon oben erinnert worden, wohl der
    Ort, wo ſich die Eier bilden, um die Matrix des Bei. ſcis
    vom Uterus zu unterſcheiden. Z.

Purpurfarbe an, eine braungelbliche beim Taschenkrebse,
und eine schwärzliche bei der platten Krabbe. Vor dieser Zeit ist er bei allen eine fast durchsichtige Schnur; in diesem Zustande wollen wir ihn jetzt betrachten. Ich machte
mit der Spitze eines Messers einen Einschnitt, und blies mit
einem Röhrchen hinein; dann schwoll die Schnur an, und
ich bemerkte, daß sie ein hohler Cylinder ist. Ich öffnete den
Cylinder geschickt, breitete ihn auf einem kleinen ebenen Glase
aus, ließ einen Wassertropfen darauf fallen, und betrachtete
ihn unter dem Mikroskope. Ich sah die ganze innere Fläche
dieses Kanals mit Fransen versehen, die als Massen sehr
durchsichtiger Bläschen erscheinen, welches die Eier sind,
und von eben der Gestalt, wie ich sie in den unreifen Gebärmüttern vieler hartgrätigen Fische gesehen habe. Die Eier
entwickeln sich, und die Eierstöcke haben beim Phalangium
und dem Todtenkopfe eine herrliche Purpurfarbe, oder sind
schwarz bei der platten Krabbe. Sie haben noch dieselbe Lage, die wir oben angegeben haben, sind aber mehr
ausgedehnt. In den vier angeführten Arten sind die Eier
an Gestalt wenig von einander verschieden; z. B. beim Phalangium endigt sich der Eierstock zuerst hinten vereint, und
hernach in ein Anhängsel verlängert. Wenn er bei der plat-
ten Krabbe in b, b anhängt an den Seiten des Ma-		Fig. 4.
gens, so vereinigt er sich in d in einem Körper, und endigt
sich darauf in zwei Anhängseln in c. Diese Bärmütter
(matrici) enthalten dann schon ziemlich entwickelte Eier, d. i.
sie sind mit einer dunkeln Substanz, wie mit Bläschen angefüllt, mit einem Ringe umher, welcher die Haut oder Schale
anzeigt. Die Eier sind dann beim Phalangium oval,
bei der platten Krabbe rund, wie sie die Figur		Fig. 5.
mit der zwischen ihnen zerrissenen Haut des Eierstockes darstellt.

Nur bis zu einem gewissen Grade der Entwickelung
können die Eier in den Gebärmüttern bleiben, weil sie ihre
völlige Entwicklung erst außerhalb des Körpers der Mutter
erhalten, wo zuerst die Schalen verhärten, und nachher die

ganze Subſtanz des Eies ſich zum kleinen Krebſe umbilden
muß. Der Kanal, durch welchen die Eier aus dem Körper
des Krebſes gehen, beſteht aus zwei Zweigen des Eierſtocks,
die ſich ſenken, um die fleiſchigen Auswüchſe in der Bauch=
höhle, die wir Scham genannt haben, zu berühren. Dieſe
weiblichen äußern Geburtsglieder ſind entweder mit einer
Klappe bedeckt, oder von einer Haut verſchloſſen. Jene muß
zur Zeit der Geburt ſich in die Höhe heben, dieſe aber zerrei=
ßen; da die Eier dann noch eine weiche Schale haben, ſo
können ſie leicht heraustreten, obgleich die Oeffnung ſehr enge
iſt. Im Phalangium ſind, an dem innern Theile der zwei=
ten Bauchtäſchchen, zwei Auswüchſe mit einer ovalen Oeff=
nung an der Spitze, die von einer kleinen Klappe verſchloſſen
iſt, welche ſich an dem untern ſpitzen Theile öffnet. Dieſe
Oeffnung ſetzt ſich nach inwendig in einem halbröhrenförmi=
gen Anhängſel fort, welches an der Baſis den Kanal des
Eierſtocks und die daran gehängte Gummiblaſe einſchließt.
Im Todtenkopfe beſteht die Scham aus zwei runden Oeffnun=
gen, wovon eine jede über dem erſten Gelenke des dritten
Paars Füße ſteht, und von einer feinen Haut verſchloſſen
wird. Im Taſchenkrebſe und der platten Krabbe,
liegt ſie, wie beim Phalangium. Beim Taſchenkrebſe iſt
dieſe von einer Haut verſchloſſene Oeffnung unter dem Aus=
wuchſe; bei der platten Krabbe wird ſie von einem ſchaligen
kleinen Deckel, der mit einer Haut umgeben iſt, verſchloſſen.
Wenn die Krebſe Eier haben und gebären wollen, ſo ſind ſie
noch nicht vom Männchen befruchtet, deswegen ſind die
Jungfernhäutchen noch ganz; wenn ſie ſich aber der Eier=
maſſe entladen, ſo müſſen ſie zerreißen, heilen aber nachher
wieder zuſammen. Haben die Eier die Gebärmutter verlaſ=
ſen, ſo hängen ſie ſich an die Bartfaſern des Schwanzes.
Als Ariſtoteles dies bemerkte, glaubte er, daß der Aus=
gang der Eier bei den Krebſen neben dem Ausgange des Un=
raths wäre. Wenn die Eier aus dem Leibe der Mutter her=
vortreten, ſind ſie in eine Art von Leim eingewickelt, den ſie
aus den Gebärmüttern mitbringen. Dieſer Leim wird viel=

leicht von dem Gummi verlängert, der sich in den angeführt-
ten Bläschen befindet.   Der Gummi löst sich wohl in Waffer auf, aber nicht in Weingeist.   Der Leim zieht sich im
Waffer in Fäden, wobei er sich um die Haare der innern
Zweige der Schwanzborsten wickelt; und so bilden die Eier
eine Maffe, wovon jedes Theilchen eine Traube vorstellt:
m bedeutet das Haar der Vorste, n die Franse des Fig. 6.
Leims, welche die Eier mit einander verbindet.

Die ganze Eiermaffe, die so an den innern Borsten befestigt ist, wird von dem Schwanze selbst und von den Sei-
tenborsten beschützt.   Wenn die Eier aus der Scham kommen, sind sie eben so weich, wie in den Gebärmüttern, und
hängen sich an diese Vorsten; nach und nach erhärtet nicht
allein der Leim, der sie umgiebt, sondern ihre Schale verhär-
tet sich gleichfalls, bleibt aber doch durchsichtig.   Die Eier
nehmen zwar an Größe zu, jedoch nicht sehr beträchtlich,
und das gänzliche Wachsthum entsteht eher durch die Ver-
härtung der Schale.   In dem ersten Zustande der Eier außerhalb der Mutter, wenn die Schale noch weich ist, füllt eine
unförmliche blasichte Maffe ihre ganze Höhle.   Zerbricht
man sodann die Eier im Waffer, so zertheilt sich ihre inwendige Materie darin.   Im zweiten Zustande, wenn die Schale
die Härte einer nachgiebigen Haut erhalten hat, läuft Fig. 6.
das Ei an, und die Materie des Dotters erscheint an einer
Seite, wo die Entwickelung des Fötus anfängt, deffen Körper in der ersten Zeit durchsichtig ist.   Jetzt nehme ich an,
daß die Eier schon fähig sind, ihre Entwickelung zu vollenden;
wie und wann sie vom Männchen befruchtet werden, werde
ich bald nachher zeigen. Wenn die Eiermaffe an Ausdehnung
zugenommen hat, und den Schwanz nöthigt, sich weiter vom
Bauche zu halten, so verändern die Eier ihre Farbe.   Beim
Phalangium verwandelt sich das Purpurroth in Blaßroth,
und man sieht sogar mit bloßem Auge zwei schwarze Punkte,
welches die Augen sind; auf dem Dotter und dem entwickelten Theile sind viele schwarze Flecken zerstreut; zuletzt, wenn
sie bald ausbrechen wollen, nehmen sie eine Azurfarbe an.

Beim Taſchenkrebſe und der platten Krabbe wächſt der Um=
fang der Eier noch weiter an, und man bemerkt die beiden
ſchwarzen Punkte auf ihrer braunen Farbe. In dieſem Zu=
ſtande unterſuchte ich die Eier dieſer beiden Krebſe unter dem
Mikroſkope. Der Stiel a zertheilt ſich ganz um das Ei,
um hineinzudringen; das Ei liegt ſo, daß es die Seite des
Fig. 7. Fötus zeigt, die ſich entwickelt; ſo bemerke ich in b
ein Auge, in c den ſchon entwickelten Theil des Körpers über
dem Dotter n, in m das Herz, das ſich ſchon durch eine
durchſichtige Blaſe unterſcheidet, die eben ſo ſchlägt, wie bei
einem ausgewachſenen Thiere. Der entwickelte Theil c zeigt
den erſten Anfang der Füße bis an den Schwanz in m, wo
das Herz liegt, welches beinahe am Ende des Körpers iſt,
weil der Schwanz ſich zurückbeugt, um den Kopf zu berüh=
ren, wie die 9te Figur der Zeichnung es angiebt. Der ganze
Dotter n iſt über dem Rücken oder Körper des Thieres, und
muß ſich in den überbleibenden Eingeweiden des Fötus bil=
den. Sehe ich das mehr entwickelte Ei von der Seite an,
die den Rücken des Thieres zeigt, ſo erkenne ich in a Fig. 8.
den vordern Theil, oder die durchſichtige Stirn der Thieres,
in b, b die ſchwarzen Augen, von a bis c iſt der Körper mit
zwei dunkeln Schnüren gezeichnet. In c erſcheint das Herz
hell wie eine Blaſe, die regelmäßig ſchlägt; in m, m bemerkt
man den Dotter, wie in zwei Lappen zertheilt; über dem
Dotter oder in ſeiner Subſtanz wird das übrige des Fötus
entwickelt. Die Phänomene des Fötus in dieſem Zuſtande
ſind, daß ſich der vordere Theil von a in c zuſammenzieht
und wieder verlängert. Dieſes gegenſeitige Zuſammenziehen
und Verlängern entſpricht dem Zuſtande der Fötus der Fiſche
in den Eiern, die ſich dann hin und her werfen. Sobald
die Entwickelung des Eies vollſtändig iſt, und man die Schale
mit Nadeln zerbricht, tritt ein vollkommner Fötus hervor.
Fig. 9. Dieſer hat ſehr große Augen, der Körper iſt rund
und der Schwanz verhältnißmäßig ſehr lang. Der Körper
hat oben noch die Farbe des Dotters.

Die ganze Folge der Entwickelung wird man sehr gut an dem andern Meerinsekte wahrnehmen können, das ich schon oben genannt habe, an der Meerassel (Oniscus oceanicus), weil bei ihr die Eier in keinen Schleim gewickelt und größer sind als bei irgend einem der vier Krebsarten, und ihre Schale sehr durchsichtig ist. Das Weibchen unterscheidet sich dadurch vom Männchen, daß es keine zwei Krallen im Anfange der Luftröhrenblättchen hat, die unter dem Ende des Bauches liegen.

Wenn die Weibchen die Füße ausstrecken, so ist ihr ganzer Unterleib mit einer doppelten Reihe breiter und durchsichtiger Blätter bedeckt, unter welchen dann die Eier beschützt werden, die den Eierstock verlassen haben. Die Anzahl der Eier ist nicht beträchtlich, ihre Größe aber ansehnlich; und wenn die Eier an dieser Stelle sind, so bemerkt man, daß das Weibchen vom Männchen befruchtet wird. Die Farbe der Eier ist goldgelb. Im ersten Zustande sind sie rund, und ihre Höhle ist ganz voll von einer Materie, die von eben der Farbe ist und aus Tröpfchen besteht, wie wir bei den Krebsen gesehen haben. Im zweiten Zustande verlängert sich die Schale; man sieht dann, wie sich an die eine Seite des Dotters ein hornförmiges Anhängsel anlegt, welches der Schwanz des künftigen Thieres ist. Ueber den Schwanz hinaus bemerkt man über dem Dotter einen weißen Theil, welches die ganze Reihe Füße ist mit der Brust bis an den Kopf. Zuletzt werden die Eier unter der Brust der Mutter schwarzgelb; alsdann haben sie sich sehr verlängert, und laufen am Ende in eine krumme Spitze zu, da wo der gabelförmige Schwanz liegt. Weil die Eier durchsichtig sind, sieht man das Thier entwickelt liegen, mit vollkommnen Augen, Fühlhörnern und auf den Rücken gebogenen Füßen. Unter der Basis des Schwanzes sieht man die Blätter der Luftröhre schlagen. Ueber dem Rücken des Thieres bemerkt man noch immer die Farbe des Dotters, weil hier die Entwickelung zuletzt geschieht. Zerbricht man die Schale geschickt mit einer Nadel, so tritt die kleine Assel entwickelt und frei heraus, ohne daß etwas in der Schale übrig bliebe, was nicht in Fötus verwandelt wäre.

Aus dieſer Thatſache folgere ich, daß dies Geſchlecht der Krebſe eben ſo, wie dieſe Inſekten, zu Swammerdams erſter Klaſſe der natürlichen Verwandlung gehöre: d. i. die Eier ſolcher Thiere enthalten ein vollkommnes Junges, das keine weitere Verwandlung nöthig hat. Es ſind Eier, die von Anfang an das völlige Thier enthalten, das aber wegen der Menge überflüſſiger Feuchtigkeit nicht geſehen werden kann, die da ausdunſten muß, und weil die zarten Glieder dieſer kleinen lebenden Maſchinen noch keine Konſiſtenz erhalten haben. Deswegen ſind ſolche Eier nicht Eier, ſondern vielmehr eiförmige Puppen zu nennen *). Es iſt mir genug, dieſe Wahrheit jetzt befeſtigt zu haben; von den Folgen, die daraus zu ziehen ſind, will ich bald nachher handeln.

Da wir jetzt die Fortſchritte der Entwickelung des Fötus beim Krebſe von da an durchgegangen ſind, wo im Eierſtocke eine durchſichtige Blaſe erſcheint, bis daß der Fötus frei ins Waſſer tritt, ſo iſt es Zeit zu erfahren, durch welche fremde Hülfe die Entwickelung vor ſich geht, nämlich wie er durch den Zufluß des männlichen Samens dieſe Hülfe bekommt. Ich bemerke, wie ich auch oben ſchon angegeben habe, daß das Männchen bei den Krebſen ſich durch die engere Geſtalt ſeines Schwanzes, der nicht mit Porſten oder Barben, ſondern mit Krallen verſehen iſt, vom Weibchen unterſcheidet; und beſonders auch dadurch, daß die Männchen im erſten Gelenke des letzten Paars Füße zwei weiche, oder auch ſchalige, fleiſchige Auswüchſe haben, welches die äußern Zeugungsglieder ſind, wodurch das Herauslaſſen des Samens geſchieht. Die innern Zeugungstheile des Krebſes ſind auf Fig. 10.11. folgende Art gebildet: an der Baſis des Magens fangen zwei weiße freie Schnüre an, die am Ende in ſich zurücktretende Krümmungen a machen; ſie gehen hierauf einfacher,

*) Biblia Naturae, Tom. I. p. 40 und 194.

facher, aber in einer Schlangenlinie (wellenförmig) weiter *),
erheben sich über die Leber, und laufen unter dem Herzen
weg, jede längs einer Rippe.   Sobald sie am Ende der
Rippen sind, heben sie viele Anhängsel aus, die hier einen
Knaul b bilden.   Hierauf senkt sich der Stamm in das Muskelgewebe des letzten Fußes, der mit der Spitze b der Rippe
korrespondirt; und jede Schnur endigt sich in einem von den
genannten fleischigen Auswüchsen, die über dem ersten Gelenke des letzten Paars Füße stehen.   Diese Schnüre sind
durch ihre verschiedenen Krümmungen bei den angeführten
vier Arten Krebse von einander verschieden.   Bei dem Taschenkrebse und der platten Krabbe sind sie einfacher; beim
Phalangium und Todtenkopfe bestehen sie aus mehreren Windungen.   Der vordere Theil der Schnüre hat eine weiße
Milchfarbe; der hintere, nehmlich der nahe am Eingange in
die Rippe ist, pflegt durchsichtig wie Eis zu seyn.   Die fleischigen Auswüchse sind am Ende verstopft, und lassen sich
nicht öffnen, wenn man nicht mit einer Röhre, die in den
innern Theil des Fußes gesenkt ist, durch den Kanal der Sa-
menschnur bläst.   Diese Schnur geht in eine Oeffnung, die
mit dem Gliede des letzten Paares Füße korrespondirt, (so
habe ich's am Todtenkopfe gefunden) und läuft an dem Täfelchen, das diese Höhle und den andern Fuß theilt, hinweg,
krümmt sich und senkt sich darauf in den schaligen cylinder-
förmigen Auswuchs, welcher das äußere Zeugungsglied ist.
In dem oberen weißen Theile dieser Schnüre findet man die
Samenmaterie, wie in kleinen Fläschen; unten ist sie gleichsam wie gefroren: daher muß sie sich erst auflösen, ehe sie
ausgespritzt wird.

Die Samenmaterie wird in diesen Schnüren zubereitet.
Zerschnitt ich eine Schnur in ihrem Ursprunge, wo sie dun-
kelweiß war, legte sie auf ein kleines ebenes Glas, und ließ
einen Wassertropfen darauf fallen; so tröpfelte bald darauf

*) Man sehe die schöne Figur der Zeugungstheile unseres Fluß-
krebses bei Rösel. Ins. Belust. III. T. 60.   3.

K

aus der Oeffnung eine weiße Materie, und zwar anhaltend, weil eine Kraft ſie fortſtieß, die in der häutigen Subſtanz der Schnur ſelbſt war. Betrachtete ich ſie hierauf unter dem Mikroſkope, ſo zeigte es ſich, daß die ganze Materie aus einer Menge Bläschen beſtand, die eine kernige Materie ent= hielten, wie die Samenmaterie der Thiere. Dieſe Bläschen ſind beim Phalangium vollkommner, als beim Todtenkopfe Fig. 12. und der platten Krabbe, deren Bläschen in Figur A vorgeſtellt werden. Ich nahm hierauf eine andre Porzion von dieſer Schnur, die nahe am Eingange in die Rippen war, und die, wie ich geſagt habe, durchſichtig iſt, und ging auf eben die Art zu Werke: nun bemerkte ich ſtatt der be= ſchriebenen Bläschen eine in Kerne B aufgelöſte Materie, die in Waſſer zerfloß, ſo wie dies von den Samen der hartgräti= gen Fiſche angezeigt iſt. Der Kanal, der die Samenmaterie einſchließt, beſteht aus einer ſehr dünnen durchſichtigen Haut. Selbſt wenn auch der Kanal offen iſt, kann man dennoch in dem innern Theile der Haut mit einer ſcharfen Linſe das Geflechte der Gefäße, in welchen der Same zubereitet wird, nicht ſehen; ſo äußerſt zart iſt dies feine Gewebe.

Ehe ich weiter gehe, muß ich etwas von der kleinen Meerheuſchrecke ſagen, die im Meerbuſen von Pauſilippo ſehr häufig iſt, wo ſie in Reuſen gefangen und Cicalella genannt wird; es iſt diejenige, welche Rondelezius ſo ſchön gezeichnet hat *), und die beim Linné Cancer Arctus heißt. Da dieſer Krebs von dem Geſchlechte der langge= ſchwänzten Krebſe iſt, ſo iſt er der Locuſta, beim Linné Cancer Homarus, καραβος bei den Alten, analog. Von ihrer Erzeugung ſchrieb Ariſtoteles ſehr viel. Das unter= ſcheidende äußere Zeichen des Geſchlechts dieſes Krebſes iſt die Kralle am letzten Paar Füße, die beim Weibchen doppelt iſt, und dann die Borſten oder Bartfaſern des Schwanzes, welche bei den Weibchen mit inneren, gelenkigen, haarigen Anhängſeln verſehen ſind. Nimmt man dieſem Krebſe die

---

*) De Piſcibus, T. I. p. 546. Squilla coelata, ſive Cicada Aeliani.

Schale sowohl vom Leibe als vom Schwanze hinweg, und hebt dabei die weiche Haut auf, welche die Eingeweide bedeckt, so zeigt sich das schlagende Herz: es liegt an eben dem Orte, wo es bei den Krebsen gefunden wird. Aus dem Herzen gehen nach vorne drei Kanäle, die sich winden und aus einander laufen. Hinten ist ein weiter Kanal, der zwischen den dicken Muskeln des Schwanzes und über den Darmkanal weggeht, allenthalben Zweige abgiebt und sich im Schwanze endigt. Diesen Lauf habe ich durch Hülfe der Einsprißung mit Quecksilber sehr gut beobachten können. In demselben Punkte des Herzens, aus welchem dieser Kanal geht, entsteht ein andrer, der lothrecht herabsteigt, wie wir es bei den Krebsen gesehen haben. Diesen Kanal sahen weder Willis noch Rösel *) beim Anatomiren des Flußkrebses (Cancer Astacus Linnaei), der unserm Krebse ähnlich ist. Unter dem Herzen des Weibchens liegen die Eierstöcke, von eben der Gestalt und in eben der Lage, wie beim Phalangium, und auch purpurfarbig. Jeder Eierstock verlängert sich an den Rippen in einem Kanale, der sich an eine runde Oeffnung über dem ersten Gelenke des dritten Paares Füße, die ersten Füße nicht mit gezählt, anhängt und mit einer Haut verschlossen ist. Unter dem Darmkanal befindet sich die Leber, eine Masse von Fasern, die schon bei den vorigen Krebsen beschrieben ward. Diese Masse ist nirgends befestigt, nicht einmal durch ein Zellgewebe, außer unter dem Anfange des Darmkanals, wo er sich an dem Stamme, der von den beiden Gallengängen gebildet wird, bei seinem Eröffnen befestigt. Nimmt man den Magen, die Leber und alle Muskeln des Schwanzes hinweg, so sieht man am Boden des Unterleibes über den Rippen (alsdann kommt nehmlich die untere Schale von inwendig zu Gesichte) das Gehirn, welches eher Rückenmark genannt werden könnte; denn ob es gleich hier an den vier Rippen dick wird und Nerven für die Seite abgiebt, so verlängert es sich doch nach der Stirn zu, um den schon beschriebenen

---

*) S. Tafel LVIII. fig. 13. 14. in seinem Werke von den Insekten.

Nervenknoten zu bilden, wie auch nach dem Schwanze hin, und giebt an der Seite immer dünnere Nerven ab. Dieser Gang des Rückenmarks ist von Röfel in der angeführten Figur 12. der Tafel LVIII. gezeichnet. Da er unmittelbar über den häutigen Täfelchen des Schwanzes liegt, so korrespondirt er mit dem konkaven Theile deffelben. Dieser Theil des Marks hat etwas durchsichtiges, welches man für einen mit Feuchtigkeit angefüllten Kanal halten könnte. Als Aristoteles den Heuschreckenkrebs anatomirte, beschrieb er dies Rückenmark, und glaubte, daß dieser Theil zur Erzeugung bestimmt sei. Da er es eben sowohl bei dem Männchen, als bei dem Weibchen fand, (die Unterscheidungszeichen des Geschlechts nahm er vielleicht von den Eiern, die an den Zotten des Schwanzes hingen,) so sagte er, daß es beim Weibchen den Dienst der Gebärmutter verrichte, und beim Männchen den der Hoden. Ob er nun gleich nachher in ebenderfelben Auseinandersetzung von wahren Hoden des Männchens spricht, die er für eigenthümliche Theile des männlichen Geschlechts anerkennt, so sieht er sie doch nicht für die Unterscheidungszeichen des Geschlechts an *). Die Hoden unsers Bärenkrebses **) sind zwei breite Schnüre, wovon jeder in dem hintern Winkel des Magens seinen Anfang nimmt, die sodann weiter gehen und sich über dem Darmkanal vereinigen. Von da an werden sie bei weitem feiner, und machen eine Schneckenlinie, vergrößern sich über die Maße, dringen in die letzte Höhle der Rippen, und befestigen sich an dem Orte, wo an der Basis des letzten Paares Füße außerhalb eine etwas erhobene Warze sitzt, die sich mit einer Spitze senkt und eine Vertiefung bildet. Aristoteles redet auf folgende Art von dem Heuschreckenkrebse: „Es giebt in den „Männchen zwei weiße, neben einander liegende Körper, die „an Farbe den Rüsseln des Kuttelwurms gleichen; sie sind „auch in Kreise gebogen, wie das Meconium oder die Leber

---

*) Hift. Animal. l. IV. cap. 3. p. m. 429.

**) Cancer arctus, Linn. hier Cicala.

„in den Purpurschnecken. Der Anfang dieser Körper ist in „den Höhlungen (cotiledrum) unter den letzten Füßen" *). Aristoteles vergleicht diese Theile des Heuschreckenkrebses sehr schön mit den Rüsseln des Kuttelwurms (sepia), die sich auch in Kreise beugen, und sich in zwei Höhlen, die das Thier am Munde hat, verbergen. Am Ende sind die Rüssel fast wie Keulen, wegen einer großen Anzahl (hervorragender) Vertiefungen. Eben so sind diese Schnüre im Anfange dicker, weil sie sich noch einmal bis zu ihrem Anfange zurückbeugen. Der Schlangengang der Schnüre wird mit der schneckenför= migen Lage des Theils des Körpers der Purpurschnecke ver= glichen, der sich an der Spitze der Muschel befindet, wo die Schneckenlinie (die Windungen) sich verkürzt und zusammen= zieht. Dieser Theil des Thieres wird von Aristoteles μυτις und μηκων genannt; mit diesem Namen hat er den Theil belegt, den man mit Recht für die Leber solcher Thiere als des Kuttelwurms (sepia), und der Purpurschnecke hielt. Diese Schnüre, sagt Aristoteles, nehmen ihren Anfang, oder endigen sich vielmehr in den Vertiefungen der letzten Füße, oder in äußern Zeugungstheilen des Thieres, die den oben beschriebenen Warzen der Krebse entsprechen. Aber bei diesen Heuschreckenkrebsen und Bärenkrebsen sind sie sehr kurz, und fast wie eine Haut, welche die Oeffnung verschließt. Nach= dem Aristoteles diese Theile am Männchen des Heu= schreckenkrebses so gut beschrieben hatte, und sie für eigen= thümlich am männlichen Geschlechte hielt, so legte er ihnen doch nicht den Charakter der Zeugungstheile bei.

Zwei Italiener, die am Ende des vorigen Jahrhunderts blühten, Stephanus Lorenzini, ein Florentiner, und Lucantonio Porzio, ein Neapolitanischer Arzt, geboren 1639 in Paietano, einem ansehnlichen Gebiet bei Amalfi, studirten die männlichen Zeugungsorgane an dem Heuschrecken= krebse und an dem Bärenkrebse, eben wie an den Krebsen des süßen Wassers. „Sie sahen, daß die Samengefäße dieser

---

*) Hist. Animal. p. m. 430.

„Thiere zwei inwendig von gewiffen Häuten verschloffene
„Kanäle find, die mit einer unglaublichen Feinheit ihren An=
„fang nehmen, sehr viele kleine Windungen machen, fich
„nach und nach vergrößern, große Kreise bilden, und endlich
„vermittelst zweier Oeffnungen aus dem Körper hinauslaufen,
„die fich an den letzten Füßen finden. Dort draußen zeigen
„fich zwei Warzen, die am Ende durchbohrt find, und ein
„fehr feines Gefühl befitzen. Aus diesen Warzen ergießt
„fich der Samen, und wird von den Thieren willführlich
„ausgepritzt." Dies fagt Lorenzini *). Porzio
beobachtete auch den weiblichen Theil. Er fand, daß an
dem dritten Paare Füße des Flußkrebses (Cancer Aftacus),
zwei Fenfterchen oder Oeffnungen wären, von nicht völlig
runder Gestalt, an jedem Fuße eine, in welchen fich zwei
häutige Kanäle endigten, die fich bis zum Eierftocke erstreck=
ten **). Swammerdam bemerkte diefelben Samenge=
fäße am Berrardskrebfe.†). Röfel hat endlich alle diese
Theile des Flußkrebfes, die schon Porzio beobachtet hat,
und noch vieles andere, was zur Anatomie diefer Thiere ge=
hört, gezeichnet ††).

Nachdem wir bei dem Krebfe die Zeugungstheile beider
Geschlechter befchrieben haben, fo müffen wir nun fehen, wie
und was fie beim Gefchäfte der Befruchtung wirken. Ari=
ftoteles fagt hierüber Folgendes: οἱ δε καρκινοι, κατα τα
προσθια αλληλων συνδυαζονται. τα επικαλυμματα τα
πτυχωδη προς αλληλα συμβαλλοντες. πρωτον δε ὁ καρ=
κινος καιβαινει ὁ ελαττων εκ των οπισθεν, ὁταν δε αναβη
ὁυτος, ὁ μειζων πλαγιως επιστρεφει . . . . . μοριον δε
ουδεν προιεται θατερον εις θατερον. „Die Krebfe begatten
fich mit einander von vorn, indem fie die mit Borften verfe=

---

*) Offervazioni intorno alle Torpedini, pag. 85.

**) Mifcellanea curiofa, five Ephemerides medico-phyficae An.
6. Dec. 11. Obf. 19. De cancri fluviatilis partibus genitalibus.

†) Biblia Naturae, T. I. p. 203. Tab. XI. fig. 6.

††) Inf. Beluft. III. Tafel LX.

henen Schwänze an einander legen. Zuerst steigt der klei‐
nere, d. i. das Männchen, von hinten hinauf; wenn dies ge‐
schehen ist, legt sich der größere auf die Seite .... aber kei‐
ner senkt irgend einen Theil in den andern *). " Plinius
erklärt sich über diese Stelle des Aristoteles auf folgende
Art: Sed polypi in terram verso capite coeunt. Reliqua
mollium tergis, ut canes. Item locustae, et squillae:
cancri, ore **); d. i. mit dem vordern Theile, wie es
Harduin sehr gut erklärt; nicht mit dem Munde, wie ein
neuer Autor in der Naturgeschichte sich einbildet. Da sich
also die Krebse von vorn begatten, und kein äußeres Glied
haben, das sie in den Körper des andern senken könnten, so
sind die Warzen, die an der Basis des letzten Paares Füße
stehen, kaum im Stande dazu zu dienen, den Samen aus‐
zuspritzen; man muß vielmehr sagen, daß, wenn die Eier
den Leib der Mutter verlassen haben, und an den Vorsten
des Schwanzes des Weibchens hängen, sodann ihre weiche,
sehr zarte Schale von dem Samen des Männchens aus die‐
sen Warzen benetzt werde. Auf diese Meinung war schon
damals Porzio bei der Untersuchung der Zeugungstheile
des Flußkrebses gekommen, als er einsah, daß sie zur Be‐
fruchtung, so wie diese bei den bekannten Thieren geschieht,
unfähig wären. In der angeführten Stelle sagt er: Organa
autem propagationis et generationis sic instructa sunt in
cancris, ut facilem non inveniam rationem, qua maris
semen in feminae corpus ejaculari, infundi, vel intrudi
possit. Sed neque ex ipsa constructione haec eadem ratio
infundendi semen in corpus feminae videtur impossibilis.
An vero edita jam ova super insperso foecundantur semine?
O semper & in quibuscunque maxime admirabilis Dei sa‐
pientia! ***) Seit den Zeiten des Porzio also, wenn
man nicht gar sagen will, seit Aristoteles, waren die‐

*) Hist. Animal. L. V. cap. 7. p. m. 535.
**) Hist. Nat. L. IX. cap. 51.
***) C. cit. p. 62.

K 4

jenigen Thierarten schon bekannt, deren Befruchtung außer=
halb des Körpers vorgeht; eine Wahrheit, die bei den Am=
phibien den Neuern dazu gedient hat, Licht über die Erzeu=
gung zu verbreiten, welches besonders der große Swam=
merdam hinlänglich gethan hat.

Jetzt will ich nun anzeigen, was ich selbst über die Be=
gattung der Krebse bemerkt habe. An der östlichen Küste
von Pausilipo, wo sich das Phalangium häufig findet,
sieht man sehr oft bei vollkommner Meeresstille in den Bu=
sen, welche ganz mit Meergras bedeckt sind, im Frühling
und im Sommer diese Thiere umher treiben, sich aufrich=
ten und die Arme ausbreiten *). Man kann sie leicht
mit einem Haken aus dem Meere ziehen, wenn sie von
vorn (Brust gegen Brust) an einander festhangen. Beob=
achtet man sie alsdann, so bemerkt man auch nicht irgend
ein Glied des Männchens sich in das Weibchen senken, auch
nicht die Krallen **), die an der Basis des Schwanzes sitzen;
man sieht nur, daß die zarten rothen Eier an den Borsten
des Schwanzes kleben. Ich habe oft solche Paare Phalan=
gien mit der Hand gefangen, oder mit einem Haken aus dem
Meere gezogen; ich sah aber nie, daß die Krallen in die
Scham des Weibchens gesenkt waren. Den 6. Julius sah
ich aber zwei Taschenkrebse sich begatten, und bemerkte, daß
das Männchen das Weibchen mit den beiden biegsamen und
spitzen Krallen, die in die fleischigen Auswüchse der Scham
gesenkt waren, fest hielt. Doch hatte das Weibchen noch
keine Eier unter dem Schwanze. Ich schließe hieraus, daß
bei denen Arten, die spitze und biegsame Krallen am Schwanze
haben, diese dazu dienen, das Weibchen zu fassen und zu hal=
ten. Bei andern aber, bei denen sie dick und stumpf sind,

---

*) „Cancer Phalangium. Habitat paſſim in ſinubus profundis;
verno tempore litora propius accedit gignendi gratia. Con=
ſpicitur tunc temporis mas manibus ſuis foeminam prehendens
ſub obambulando, feſtive ſatus." Otho Fabricius: Fauna Groen=
landica, pag. 236. Hafniae et Lipliae 1780.

**) Soll wohl heißen, die Theile der Krallen. Z.

dienen ſie bloß dazu, im Augenblicke der Ausſpritzung des Samens den Schwanz zu heben. Sollte man noch zuweilen Männchen ſehen, die mit Weibchen verbunden ſind, die noch keine Eier haben, ſo muß man glauben, daß die Männchen bloß ihre Wolluſt zu befriedigen ſuchen, und deswegen ſich auch oft ſolcher Weibchen bedienen, deren Fötus noch nicht in der Lage ſind, befruchtet werden zu können; wie wir dies auch an vielen andern Thieren bemerken.

Von den Heuſchreckenkrebſen und Krabben bemerkt A r i ſ t o t e l e s nachmals, daß ſie ſich auf eben die Art begatten, wie die vierfüßigen Thiere, die ihr Waſſer von hinten laſſen, d. i. das Weibchen hebt den Schwanz in die Höhe, und das Männchen beugt ihn nieder *). Daher ſagt P l i n i u s : Reliqua mollium (coeunt) tergis, ut canes: Item locuſtae et ſquillae **). Dieſe Meinung des A r i ſ t o t e l e s hatte gewiß keinen Grund in eigener Beobachtung, ſondern er nahm dies nur deswegen an, weil er glaubte, daß der Zeugungskanal der beiden Geſchlechter in dem konkaven Theile des Körpers liege, und ſich nahe bei der Oeffnung des Unraths öffne: ὁμοιως εχοντα ταυτα, ὡσπερ τοις τετραποσι †), gerade wie bei den vierfüßigen Thieren. Da ich nun bewieſen habe, daß die Zeugungstheile bei den langgeſchwänzten Krebſen an einem andern Orte liegen, nehmlich eben da, wo ſie ſich bei den kurzgeſchwänzten befinden, ſo begatten ſich unſtreitig beide Arten auf eine und ebendieſelbe Weiſe.

Nach dieſer Auseinanderſetzung der Begattung der Krebſe, wollen wir jetzt die Meeraſſel ††) oder den ſo genannten Klippenfloh und deſſen Begattung beobachten, weil er den langgeſchwänzten Krebſen ſehr analog iſt. Ich habe ſchon geſagt, daß man dieſe Inſekten haufenweiſe im Schatten auf den Klippen im Trocknen herumgehen ſieht. Bei dieſer Gelegenheit bemerkt man oft, daß das Weibchen vom Männ-

*) Hiſt. Anim. p. m. 554.
**) Loco citat.
†) Ibidem. p. 429 und 430.
††) Baſter Opuſc. ſubc. Tom. II. p. 145.

chen umarmt wird, doch so, daß kein Glied hervortritt, und
sich in den Leib des Weibchens senkt. Beobachtet man ein
solches Paar anhaltend, oder hält es gewisse Zeit in gläser=
nen Gefäßen, so bemerkt man nie etwas ähnliches; sondern
das Männchen hält das Weibchen mit allen seinen Füßen,
springt bald von der einen, bald von der andern Seite ab,
steigt aber immer von neuem hinauf. Merkwürdig ist es, daß
die Weibchen, die von Männchen umarmt werden, beständig
Eier unter der Brust zwischen den angegebenen Blättchen ha=
ben, unter welchen sie, wie in einem Sacke, beschützt werden.
Sobald ich dies bemerkte, suchte ich gleich die Zeugungsorgane
an beiden Geschlechtern auf. Ich fing bei den äußern Kenn=
zeichen des Geschlechts an, und fand, daß das Männchen,
zum Unterschiede von dem Weibchen, im Anfange der Luft=
röhrenblättchen zwei Krallen hat, beinahe so, wie die Krebse.
Unter den Krallen war in der Mitte ein kürzerer Stachel,
der mir unter dem Mikroskope zwei Klappen zu haben schien,
die in der Mitte einen Kanal einschließen. Zerschnitt ich ge=
schickt die obere Schale des Männchens, so zeigten sich mir
alle Eingeweide: der Darmkanal in der Mitte erstreckt sich
vom Kopfe bis zum Schwanze; an den Seiten liegen der
Länge nach zwei Körper von gelber Farbe, die ich für die Le=
ber halte. Nimmt man die Leber und den Darmkanal hinweg,
so zeigt sich an jeder Seite eine weiße Schnur, die vom Kopfe
anfängt, und bis dahin geht, wo der oben beschriebene Sta=
chel unter dem Körper liegt. Jede dieser Schnüre nimmt ihren
Ursprung aus drei Körpern, welche die Gestalt einer Lilien=
zwiebel haben und dicht neben einander liegen. Ihre Spi=
tzen liegen im Fleische des Rückens; von den übrigen Theilen
kann man die Schnur mit ihren Zwiebeln leicht trennen, da
sie der Länge nach mit einem Zellgewebe befestigt ist. Diese
Schnüre, die längs den Seiten der Meeraffel fortlaufen,
wenden sich, wenn sie in die Gegend gekommen sind, wo der
Stachel unter dem Körper hervortritt, werden dann enger,
und senken sich in den Punkt, wo der Stachel hervorragt.
Es ist wohl nicht zu zweifeln, daß dies die Hoden des

Thieres sind, und der Stachel das äußere Zeugungs=
glied.

Um den Bau der Hoden kennen zu lernen, nahm ich,
als das Thier kaum todt war, eine von diesen Schnüren,
und legte sie in einem Wassertropfen, auf einem ebenen Glase
unter das Mikroskop. Ich erkannte alsdann den schon oben
beschriebenen Bau; nehmlich eine Schnur mit spitzem Ende,
an welchem in drei verschiedenen Punkten drei Körper von
derselben Substanz befestigt sind, die die Gestalt einer Zwie=
bel haben, deren Ende sehr spitz ist; und daß sich die Schnur
in einem Kanal endigte, der sich in den beschriebenen Stachel
senkt. Der Körper dieser Schnur zeigte inwendig eine Reihe
Fibern der Länge nach. Zerriß ich die Schnur mit der Spitze
einer Nadel, so erblickte ich bald im Wasser eine unzählige Reihe
Futterale oder Scheiden von kegelförmiger Gestalt, welche ihrer
Länge hinab zwei= bis dreimal eingebogen (eingeknickt) Fig. 19.
waren *). Diese Scheiden sind kaum aus der Schnur, wel=
che sie in mehrern Reihen enthielt, hervorgetreten, so entla=
den sie sich im Wasser, worin sie sind, durch die offene Basis
oder Mündung eines Fluidums, das eine Streife im Wasser
gerade so bildet, wie der Samen, der aus den Bläschen
oder Hoden der Thiere kommt, oder bei den Pflanzen aus
dem zerplatzten Staube der Staubfäden. Es ist sonderbar,
daß man alle diese Scheiden plötzlich leer und durchsichtig
sieht, und den Wassertropfen, in welchem sie liegen, ganz von
dieser leimigen Materie überschwemmt, womit die Scheiden
angefüllt waren. Nicht allein die ganze Schnur, sondern
auch die Zwiebeln sind voll von solchen Scheiden, nur daß sie
hier gebogen und eng sind, da sie in der Schnur alle in gra=
der Linie stehen. Einstmals legte ich eine Schnur auf das
ebene Glas, wo es trocken wurde; ich ließ nur einen Wasser=
tropfen darauf fallen, und sie öffnete sich. Ebendieselben

*) Ich gestehe, daß die Figur die Sache nicht sehr deutlich vor=
stellt; es wäre besser gewesen, sie als sich von b nach a (fig. 19.)
etwas verdünnende, ein paarmal eingeknickte Cylinder oder
darmähnliche Körper anzugeben.　　　Z.

Scheiden kamen heraus, aber das Fluidum floß nur sehr
langsam, und nur nachdem es erst von Wasser angefeuchtet
war. Diese immer bemerkten Thatsachen lassen uns nicht
zweifeln, daß diese beiden Körper der Assel Hoden sind, und
die Materie, die aus den Scheiden kommt, der Samen.
Das Weibchen hat zwei Eierstöcke, oder vielmehr zwei Zweige
davon, an jeder Seite einen, und grade da, wo beim Männ=
chen die Hoden liegen; auch nehmen sie eben so viel Raum
ein. Wenn die Eier die Eierstöcke verlassen, so werden sie
unter den Blättchen der Brust beschützt, und dann wird, wie
wir gesehen haben, das Weibchen vom Männchen umarmt.
Das Männchen wird nun den Samen über die Eier spritzen,
ob sie gleich eingeschlossen sind. Aber wie wird der Samen
dahin kommen? Ich behaupte, daß es dadurch geschieht, daß
das Männchen die mit Samen angefüllten Scheiden fort=
schießen läßt, die, wenn sie zur Masse der Eier gekommen sind,
sich vermittelst eines elastischen Dunstes, der mit dem Sa=
men verbunden ist, mit aller Macht ausleeren. Sie werden
auch, da sie wie Pfeile fortschießen, bis zu den Eiern gelan=
gen, ob diese gleich von den genannten Blättchen beschützt
werden. Man kann wahrlich nicht behaupten, daß die
Scheiden einen Theil der Hoden ausmachen; denn wie wäre
es je möglich, daß sie sich aus der Bildung eines einzigen
Körpers und eines Systems, so leicht in so viele Theile zer=
theilen, wovon jeder wirken kann? Wie ist es möglich, daß
bei diesen Scheiden, die in mehreren Reihen stehen, der Sa=
men aus den obern in die untern, gleichsam wie durch einen
Draht, herabstiege, da diese den obern einen spitzen undurch=
dringlichen Theil entgegensetzen? Was hindert denn, daß
diese Thiere den Samen nicht nackt, sondern bekleidet von
sich geben, so wie es die Pflanzen thun; denn da der weib=
liche Samen, der befruchtet werden muß, oft in einer andern
Blume von eben derselben Pflanze, oder gar in einem ganz
andern Stamme ist, so wird der Samen nicht nackt in den
Staubfäden zubereitet, sondern ist mit einer Haut, oft von
sphärischer, oft von ovaler Gestalt, bekleidet. Diese Haut muß

zerplaßen, wenn die Zeugungsfeuchtigkeit heraustreten ſoll;
eben ſo müſſen die Scheiden an unſern Inſekten zu den Eiern
kommen, und zwiſchen den Blättchen, die ſie beſchützen,
durchdringen. Wendet man dieſe Thatſachen auf die langgeſchwänzten Krebſe an, dem zu Folge, was Ariſtoteles
davon ſagt, ſo ergiebt ſich folgendes. So wie durch die Be-
ſteigung des Weibchens der Aſſel der Samen unter die Blättchen der Bruſt, wovon ſie beſchützt werden, gelangen kann;
eben ſo iſt es möglich, daß die Krebſe, wenn ſie ihre Weibchen, wie die vierfüßigen Thiere, von hintenzu beſteigen, dadurch, daß ſie ſich bald an die eine, bald an die andre Seite
legen, mit der Zeugungsfeuchtigkeit die Eier, welche nackt
an den Borſten ihrer Schwänze hangen, beſpritzen. Man
glaube nicht, daß dies bloß eine einzelne Beobachtung von
mir ſei. Es giebt noch andre Thatſachen bei andern Thieren, die dieſen in allen analog ſind, und auch daneben durch
das Anſehen tüchtiger Männer, welche mir hierin vorgegan-
gen ſind, beſtätigt werden. Ein ſolches Faktum liefert das
Geſchlecht des Kuttelwurms (ſepia). Ariſtoteles ſagt,
daß die Kuttelwürmer ſich begatten, indem ſie ihre Beine in
einander verſchlingen, und Mund an Mund ſtehen, der mit
einem Schnabel (μυκτηρ) verſehen iſt, und ſo verbunden
mit einander fortſchwimmen. Sie laſſen hierauf ihre Eier
durch den Trichter gehen, der unter dem Kopfe iſt, und daher
glaubte man, daß hier eine wahre Begattung Statt fände;
εκτικτει δε κατα τον φυσητηρα καλουμενον, καθ᾽ ον ενιοι
και οχευεϑαι φασιν αυτας *). Gegen Ende des Win-
ters und im Frühling eilen die Kuttelwürmer nach den Ufern,
um ſich zu begatten, weil ihre Jungen in dem weit wärmern
Waſſer eher ausgebrütet werden. Unſere Fiſcher ſuchen ſie
nun auf, und der Fang geſchieht, wenn es dunkel wird,
oder am frühen Morgen; ſie binden ein Weibchen an einen
hinten am Kahne befeſtigten Faden, und ziehen es vermittelſt
dieſes dann langſam rudernden Kahnes durchs Meer. Ich
habe oft aus Neugierde dieſem Fange zugeſehen, und geforſcht,

*) Hiſt. Anim. L. V. cap. 6. p. m. 533.

warum die Männchen das Weibchen so anfallen. Zuweilen
sah ich, daß sie nur um das Weibchen herumschwammen;
dann sagten die Fischer, das Wasser sei noch zu kalt. Doch
nachher greifen sie es an und hängen sich gegenseitig mit den
Füßen ineinander fest, daß es oft Mühe kostet, sie zu tren=
nen; weiter sieht man aber nichts. Ich nahete mich nun,
den Bau ihrer Zeugungsorgane zu untersuchen, und ich fand
sie so, wie sie Swammerdam beschrieben hat, nehmlich
den Eierstock und den Hoden, der zwischen den Eingeweiden
in dem Sacke oder der Scheide liegt *). Ich dachte nun
über die Entfernung nach, in welcher die Spitze des Hoden
mit der Spitze des Eierstocks immer seyn muß, und glaubte,
daß diese Eingeweide nicht von solchem Bau wären, wie die
muskulösen Theile der Würmer, die sich ausdehnen und zu=
sammenziehen können, sondern vielmehr von häutiger Sub=
stanz; und zuletzt sah ich, daß die Eier innerhalb des Eier=
stocks, und nicht außerhalb befruchtet werden müßten, weil
die Männchen nicht ausschließlich diejenigen Weibchen allein
angreifen, die sich ihrer Eier entledigen. Ich schritt nun zur
Untersuchung der Hoden fort. Dies Eingeweide hat wäh=
rend des Frühlings, wenn die Kuttelwürmer sich begatten,
an der linken Seite eine große Masse weißer, schief liegender
Fäden. Zerschneidet man die äußere Haut des Hoden und
drückt ihn etwas zusammen, so sieht man diese weißen Fäden
aus dem Einschnitte oder der Oeffnung des Hoden hervor=
kommen. Im Trocknen scheinen sie sich zu bewegen und zu
krümmen, und sich nachher eines Theils der Materie, die sie
enthalten, zu entledigen **). Beobachtete ich diesen Hoden
im Herbste, da er klein und mager ist, so konnte ich ihn los=
wickeln, und bemerken, daß er nichts anders als eine hohle
Schnur sei, die durch häufige Kreise nach oben das Einge=
weide bildet, welches wir Hoden genannt haben. Man sieht
in diesem Zustande sehr gut, daß die Schnur durch das, was

---

*) Biblia Nat. Tab. LI. fig. 1. Tab. LII. fig. 5. 10

**) S. die angeführten Figuren 5. 6. 7. der Tafel LII. beim
    Swammerdam.

Swammerdam Epididymis (Nebenhoden) nennt, fortgesetzt wird. Als ich hierauf die Schnur noch Stück für Stück
unter dem Mikroskope beobachtete, sah ich freilich an einigen
Stellen einen zellenförmigen Bau, aber nirgends Fäsen oder
Scheiden von der Bildung, die wir an den Hoden des Kuttelwurms bemerkten, als er sich begattete. Der Hoden
schwillt dann unter seiner Oeffnung sehr an, wegen dieser Fäden, die in den engen Kreisen des Hoden entstehen und sich
hier häufen. Wer wird nun nicht sagen, daß diese dann
von Samen angeschwollene Scheiden fortgeschossen werden,
und durch die Mündung bis an den Boden des Eierstocks
dringen, und vorher den ganzen Weg vom Kopfe des Hoden
des Männchens, bis zum Eierstocke des Weibchens laufen
müssen? Die Verbindung des Männchens mit dem Weibchen
ist so, daß die Oeffnungen beider Trichter auf einander passen.
Aus diesem Trichter kommt der Unrath, das Schwarze
(die Dinte, weßhalb er Dintenwurm heißt), und die Eier.
Alles dies wurde vormals bezweifelt, aber Swammerdam hat es bestätigt*); und ich schmeichle mir, es im künftigen Frühlinge für alle Arten der Sepia des Linné zu beweisen.

Jetzt muß ich die bisher erzählten Thatsachen mit einander verbinden, um sie auf das erste Ziel, das ich mir bei
dieser Abhandlung gesteckt hatte, zurückzuführen. Ich wollte
nehmlich beweisen, daß die Keime der Embryonen vorher im
Weibchen existirten, und daß das Männchen diesen Keimen
mit seinem Samen nur das Lebensprincipium mittheile. Bei
den Krebsen und andern analogen Insekten haben wir gesehen,
daß sich die Eier in den Eierstöcken so bilden, wie sie nachher
hervorkommen, und dann vom Männchen befruchtet werden.
Wir haben ferner gesehen, daß die ganze Substanz, die das
Ei ausmacht, noch vorher, ehe es befruchtet wurde, sich verwandelt oder gänzlich in den Fötus auflöset, ohne daß etwas
übrig bleibt, was nicht dazu gehörte, die Schale ausgenommen. Bei den Krebsen haben wir den männlichen Samen

*) Bibl. Nat. Tom. II. pag. 897.

gefehen, haben aber die wurmförmige Bewegung nicht wahr=
genommen, die wir im Samen der hartgrätigen Fifche fan=
den, und die wir dem Lebensdunfte zueigneten, der aus ihm
hervorkommt und in das Herz des fchon vorher exiftirenden
Embryo gehen muß, um ihn zu beleben. Wir wollen aber
deswegen nicht behaupten, daß es keine folche elaftifche Luft
in dem Samen der Krebfe gebe, ob wir fie gleich mit bewaff=
netem Auge nicht fehen konnten, und Umftände bei den Beob=
achtungen uns keinen günftigen Zeitpunkt treffen ließen.
Was ift die Urfache von dem fchnellen und heftigen Ausfluffe
des Samens in den Samengängen oder Schnüren des Kreb=
fes, fobald man fie aus dem Thiere nimmt, da doch ihre
Haut fehr weich, folglich nicht elaftifch ift? Was ift die Ur=
fache von der gefchwinden und gleichfam augenblicklichen Ent=
ladung des Samens aus den Scheiden, in dem Hoden der
Meeraffel, da man doch die Häute diefer Scheiden unbeweg=
lich fieht? Bei dem Kuttelwurme fieht man die Eier wie Ha=
gel im Eierftocke, und fie werden von dem Männchen vor
der Entladung von den mit männlichem Samen gefchwänger=
ten Scheiden befruchtet; wir fahen ferner, daß die äußere
Haut des Eies mit dem Schlunde und dem Darmkanal, auf
eine dem Fötus des Huhnes analoge Weife zufammenhängt.
Die Amphibien, und namentlich die Frösche, haben diefe Wahr=
heit eben fo fehr, und vielleicht noch mehr aufgeklärt, als
unfre Infekten; denn ihre Eier find der eingehüllte Fötus
felbft, welches man bei den vollkommnen Fötus noch deut=
licher fieht. Ich fage, daß die Amphibien auf eine gleiche
Weife diefe Wahrheit lehren, wie unfre Infekten; denn an
den Eiern der Frösche fieht man keinen fremden Körper befe=
ftigt, wie der Dotter oder der Mutterkuchen bei den Vögeln,
bei den hartgrätigen und knorpligen Fifchen, und bei einigen
Würmern, als dem Kuttelwurm; denn ich habe wahrge=
nommen, daß das, was von dem Schlunde des Kaulquappen
(gyrinus) herabhängt, nicht die Nabelfchnur ift, fondern ein
Faden Leim, an dem der Mund hing, um die Nahrung ein=
zufchlürfen. Die Nahrung der Eier kommt wahrfcheinlich

aus

aus den Schweißlöchern des Körpers, wie bei den Pflanzen. Diese Thatsachen wurden auch von dem großen Swammerdam *) gesehen, und nachher von dem berühmten Spallanzani **) aufgeklärt.

Bis dahin haben wir die Fortschritte der Erzeugung der Krebse untersucht; jetzt wollen wir von einigen andern Thieren reden, deren Fötus der Krebs, ohne sie doch gezeugt zu haben, in oder außerhalb seines Schoßes ernährt. Der Darmkanal des Taschenkrebses und der platten Krabbe geht durch die innere Fläche des Schwanzes, und wird von einer einfachen Haut beschützt; beim Phalangium und beim Todtenkopfe aber ist er fast ganz mit einem schaligen Getäfel bedeckt. Ein fremdes Thier legt deswegen seine in einer Haut verschlossene Brut in den Darmkanal der beiden ersten; die Brut frißt sich ein, und zieht aus dem Körper des lebenden Thieres seine Nahrung, bis zur gänzlichen Entwickelung. Dies Faktum erwähnen weder die Alten noch die Neuern; ich habe es auch jetzt an keiner andern Art Krebse beobachtet, als an diesen beiden, dem Taschenkrebse, der platten Krabbe, und an dem Haarschild, das Fabricius ***) sehr gut beschrieben hat, und das sich in den sandigen Oertern unsers Meerbusens findet. Als ich das Faktum sah, wußte ich nicht, was ich davon denken sollte; und meine erste Meinung war, (ich fand nachher, daß dies die gemeine Sage der Fischer ist) daß dieser Sack die Eier des Krebses enthielte, der wegen der Enge des Kanals heraustrate, und da hangen bliebe. Ueber dem Darmkanal jedes der genannten Krebse erhebt sich in der Lage der obern Täfelchen des Schwanzes, bald weiter oben oder unten, ein von außen befestigter kleiner Sack, wie eine Linse, zuweilen auch zwei in zwei Punkten des Darmkanals. Dieser Sack vergrößert sich, und erreicht beim Taschen- Fig. 14.

*) Bibl. Nat. T. II. pag. 815. 816.

**) Della generazione di alcuni animali amfibi &c.

***) Systema Entomol. pag. 408. Cancer Puber. Herbst Krebse 2ter Abschn. S. 234.

Krebſe, deſſen Körper größer iſt, als der der platten Krabbe,
die Größe einer Nuß, mit einem dicken fleiſchigen Auswuchſe,
der an der Spitze durchbohrt iſt.   Bei der platten Krabbe
Fig. 1. 13. nimmt er die Figur der Kapſel der Pflanze an, die
beim Linné Thlaspi burſa paſtoris heißt.   Die Farbe des
Sackes iſt gelblich; wenn er reif iſt, bekommt er die Farbe
des Weins.   Die Oeffnung an der Spitze des Sacks hat vier
Warzen, welche dazu dienen, die Oeffnung zu verſchließen.
Als der Sack reif war, öffnete ich ihn, indem ich ſeine ſchalige Haut in der Oeffnung in vier Theile zerſchnitt.   Man
findet den Sack mit einer gelblichen Materie angefüllt, die
dem Auge kleienähnlich vorkommt; der Sack iſt ganz voll
Narben auf der Haut des Darmkanals.   Ich nahm ein
Stück der kleienähnlichen Maſſe und betrachtete es unter dem
Mikroſkope.   Legt man einen Theil dieſer Maſſe in einen Tropfen Waſſer, ſo ſieht man ihn ſich in Aeſtchen zerſtreuen.
Fig. 15. Dieſe Maſſen ſind ſo von den Eiern gebildet, die unter
einander vermittelſt eines Leims verbunden ſind.   Die Eier
erſcheinen elliptiſch, und enthalten eine blaſichte Materie, wie
die Eier aller Inſekten.   Nimmt man etwas von der Maſſe
der Eier weg, ſo entdeckt man einen neuen, mit dem erſten
koncentriſchen, Sack, der eine ähnliche Maſſe Eier einſchließt,
aber lange nicht ſo reif, als die äußern, die ſie umgeben.
Wenn die äußern Eier reif ſind und die äußere Haut wegge-
fallen iſt, ſo reift der innere Sack.   Wenn daher dieſer Sack,
der wie ein Bruch (Hernia) am Schwanze des Krebſes hängt,
anfängt zu reifen, ſo bewegt der Krebs den Schwanz, und
läßt durch die Muskeln, die zum Schwanze gehen, die Oeffnung die an der Spitze des Sacks iſt, öffnen und ſchließen.
Hiedurch läßt er die ſchon reifen Eier herausgehen, die entweder
ſchon geborſten ſind, oder unmittelbar im Waſſer berſten wol-
Fig. 16. 2. len.   Die Eier, die ſich der Reiſe nähern, haben
vorn einen ſchwarzen Punkt, welcher das eine Auge des
Thieres iſt.   Wenn man ſie aus dem Sacke in einen Waſſertropfen fallen läßt, und dieſen unter dem Mikroſkope beob-
Fig. 16. b. c. achtet, ſo wird man bemerken, wie die Jungen die

Schale durchbrechen und im Waſſer ſchwimmen. Dieſe Inſekten haben nur Ein Auge auf der Stirn, und gleichſam zwei Oehrchen an der Seite, welches der Anfang der Fühlhörner iſt, und drei Paar Füße, die mit mehreren langen Krallen verſehen ſind, und einen gabelförmigen Schwanz. Treten dieſe Thierchen, wovon die Anzahl derer, die aus einem Sacke gehn, unzählig iſt, ins Waſſer, ſo zittern ſie mit den Füßen, und nach und nach gehen ſie im Waſſer fort. Ihre Ausbreitung geſchieht ſtufenweiſe; d. i.: während daß ein Theil der Eier ausgebrütet wird, iſt der größere Theil der andern noch unreif und in Maſſen verbunden. Wenn die Ausbrütung der Jungen ſehr nah iſt, ſo ſieht man ſie im Eie, bei der vollkommnen Durchſichtigkeit ſeiner Schale, zittern; iſt die Schale zerbrochen, ſo geht das Junge heraus, ohne etwas zurückzulaſſen, was ſich nicht in den Fötus verwandelt hätte. Außer, daß ſich die eben gebornen Jungen hin und her bewegen, legen ſie ſich auch auf den Rücken, und dann ſah ich unter dem Schwanze einen hervorſtehenden Körper, welches die Maſſen der Luftröhrenblättchen ſind. Indeß daß die junge Brut nun äußerlich reift, iſt der innere Sack noch ſo unreif, daß er ſchwefelfarbig iſt, und die Eier, die er enthält, ſind noch in einer ſo weichen Maſſe zuſammen, daß, wenn ſie in einen Waſſertropfen gelegt werden, nur wenige von ihnen ganz bleiben, wie in Fig. 15. Solche Säcke am Körper des Krebſes habe ich vom Frühlinge bis zum Herbſt angetroffen.

Dieſe Thierchen, die aus den Säcken unſerer Krebſe kommen, zeigen zwar ihre Natur, und was ſie Auszeichnendes haben; aber man kann doch noch nicht ſagen, daß ſie bereits ihren vollkommnen Zuſtand erreicht hätten. In dieſem letzten wünſchte ich ſie zu ſehen. Es iſt aber nicht leicht ſie darinn zu treffen; denn ſo bald ſie ihre Vollkommenheit erreicht haben, gehen ſie heraus. Ich dachte daher auf folgendes Mittel. Ich nahm mehrere Krebſe, deren Sack beinahe reif war, und bedeckte ſie mit einer durchſtochenen Leinewand, welche unten an den Sack trat. Die ſo bedeckten Krebſe ſetzte ich in

Reuſen, und gab ihnen die gehörige Speiſen von kleinen
Muſcheln *) und von Meerpflanzen, und legte ſie ins Meer.
Als ich nach fünf Tagen wieder nachſah, fand ich einen Theil
der Krebſe todt; der Sack des andern Theils, der in die Leinewand gehüllt war, war verdorben und ſtinkend, weil ihm
der freie Zufluß des Waſſers gefehlt hatte. Ich öffnete die
todten Krebſe, und fand, daß zwei Arten Inſekten an ſeinem
Fleiſche fraßen, eine Art des ſehr kleinen Oniſcus ſquilliför-
mis, und ein anderes Inſekt, das ich für den Kugelfloh,
(Monoculus Telemus des Linné) halte, wovon ich die
Zeichnung und Beſchreibung habe; in ſeiner Geſtalt iſt er
dem Cancer paludoſus ähnlich, ſo wie er von Müller gezeichnet iſt **). Ich kannte das Inſekt hinlänglich, um es
klaſſifiziren zu können; es gehört (ein und dieſelbe Art iſt in
den Säcken der drei angeführten Krebſe) zu dem Geſchlechte,
deſſen der erwähnte Herr Müller neulich unter dem Namen
Cyclops erwähnt hat. Ein Unterſcheidungszeichen dieſes
Geſchlechts iſt, daß Foemina ova matura vel in duobus glo-
meribus pendulis, vel in unico extra corpus geſtet; wie
man aus den Figuren ſehen kann, die der Däniſche Naturkündiger in den Tafeln XVII. XVIII. XIX. †) liefert; und ſchon
lange vor ihm an einer Art, die Leeuwenhoek ††) bekannt
machte. Die übrigen Inſekten des Meeres tragen den Sack
der Eier an ihrem eignen Körper; der Cyklop aber heftet ihn
gern an den Körper der Krebſe, und läßt Fremde ſeine Brut
ernähren. Doch giebt es noch eine andere Art Cyklopen, welche
die Eier an ihrem eignen Körper befeſtigen. Ich habe auch
noch eine andre kleine Art entdeckt, die einen gabelförmigen

*) Die Art, die von Rondelezio abgezeichnet iſt (T. II. p. 46).
Mit dieſen und mit den Meereicheln locken unſre Fiſcher die
Fiſche, die an Klippen wohnen, an der ganzen Küſte von Poſi-
lippo in ihre Reuſen.

**) Zoologiae Danicae Icones: Faſc. II. Tab. XLVIII. Havniae.
1777.

†) Entomoſtraca ſeu Inſecta Teſtacea. Lipſ. et Havniae, 1785.

††) Continuat. Arcan. natur. pag. 148.

Schwanz und einen ovalen Körper hat, und an der Seite des Schwanzes die beiden Säckchen mit Eiern trägt.

Außer dem beschriebenen Cyklopen giebt es noch ein anderes Insekt im Meere, das seine Brut dem Körper unserer Krebse anvertraut, aber auf eine noch weit unbequemere Art; es legt sie nehmlich in den Körper und zwischen die Eingeweide. Bis jetzt habe ich dies bloß am Körper der platten Krabbe gefunden. Man sieht dann an der Seite des Magens, wo die Leber liegt, einen fremden, größern oder klei= Fig. 17. nern Körper, der nach seiner Reife entweder gelb oder bleifarbig ist, und die Lage einnimmt, die der Zweig des Eier= stocks des Krebses hat, und weiter vorn in die Höhlen der Rippen geht. Dieser Körper läßt sich leicht von den Einge= weiden des Krebses trennen, an die er vermittelst eines Zell= gewebes befestigt ist. Der vordere Theil dieses Eierstocks, der zwischen den Eingeweiden liegt, reift früher, und ist daher ausgedehnter (a), indeß der andre (b), der zwischen den Rippen liegt, weil er noch weit unreifer ist, den Eindruck derselben annimmt. Dieser Eierstock ist ein Sack von einem durchsich= tigen Gewebe, der die Stufenfolge der Entwickelung der Eier in diesem Zustande enthält: die reiffsten sind in a. Mit blo= ßem Auge sieht man nur eine kleienförmige Substanz; in der Figur sind sie etwas groß gezeichnet, um nicht zu verwirren; die unreiffsten sind in b. Besieht man sie unter dem Mikro= skope, so sind die unreifsten rund, c, die weniger un= Fig. 18. reifen, wie in m, und die der Reife am nächsten kommen, haben die Gestalt eingekerbter Nieren, wie in n. Endlich fin= det man schon welche, die von den andern abgesondert, und deren Jungen schon ausgekommen sind r, und in einem Was= sertropfen unter dem Mikroskop umherlaufen. Der Körper dieser Insekten hat viele Einschnitte: über dem ersten Ein= schnitte stehen die beiden Augen; der Schwanz ist gabelför= mig, und das letzte Glied der vier ersten Füße keulenförmig. Dies Insekt gehört zu der Art des Oniscus squilliformis, der von Herr Pallas sehr schön gezeichnet ist. Auf gewisse Weise ist er der Art analog, die der angeführte Naturkündiger unter

dem Namen Oniſcus Locuſta *) beſchreibt, und der ſich auf
den Auswürfen des Meeres, welche bald von dem Waſſer be=
ſpült werden, bald trocken bleiben, ſehr häufig findet. Des=
wegen heißt er bei unſern Fiſchern Sandfloh (pulce d'arena).
Unſer Inſekt aber, das ſich in dem Leibe des Krebſes ernährt,
iſt noch weit kleiner, als dieſer Floh. Ich habe zwar das
Inſekt nur in dem Augenblicke geſehen, da es aus dem Eie
kam; die Größe der Eier aber, die ich an der Bruſt des
Sandflohes befeſtigt fand, lehrte mich, daß ſeine Fötus auch
größer ſeyn mußten, als die beſchriebenen und gezeichneten,
die in dem Körper des Krebſes in Eierſtöcken verſchloſſen ſind.

Auf welche Art bringt aber die Mutter die Brut in den
Körper des Krebſes, da dieſer ganz mit einer harten, ſchali=
gen Haut beſchützt wird? Ich muß hier eine Vermuthung
wagen; denn wie hätte ich dies Faktum ſehen können? Ich
habe ſchon oben die beiden Höhlen beſchrieben, wovon jede
an der einen Seite des Körpers des Krebſes liegt, worin die
Nebenadern der Luftröhre ſchlagen. Das Waſſer fließt hin=
ein und heraus, vermittelſt zweier Oeffnungen, die von Klap=
pen an den Seiten des Mundes bedeckt werden. Außer der
Seitenverbindung der obern Schale mit der untern, wird die
vordere Seite der Höhlen von der weichen Haut gebildet,
welche die Eingeweide des Krebſes ausfüttert. Nichts iſt
leichter, als daß die Mutter des Inſekts in eine Höhle bringt,
dieſe weiche Haut durchbohrt, und ihre Brut auf die Weiſe in
den Leib des Krebſes bringt. Dies Inſekt kommt eben ſo
dort hinein, wie ſo viele Eier der Wurmröhren und Auſtern
hineinkommen, die ich ſehr oft an den Rippen, die ſich zwi=
ſchen den angegebenen Höhlen der Luftröhrenadern finden,
entdeckt habe.

Wir haben alſo zwei Fälle, wie ein Thier ſeine Brut
am Krebſe befeſtigt. Die Brut dieſer beiden Inſekten, die
zu ihrer Entwickelung reichliche Nahrung eines im thieriſchen
Körper bereiteten Saftes nöthig hatte, konnte von der Mut=
ter nicht damit verſorgt werden; die Natur gab ihr daher eine

---

*) Spicilegia Zoologica Faſcic. IX. pag. 50. 55. Berolini, 1767.

fette und ruhige Amme, nehmlich den Leib unfrer Krebfe.
Die Mutter macht eine kleine Wunde in die Haut, die fich
über dem Darmkanal befindet; oder fie macht eine Oeffnung
in die Haut des Unterleibes, und hängt ihre in eine Hülle
oder Nachgeburt verfchloffene Brut, an den Darmkanal, und
bringt fie, dadurch in den Körper.   Wenn nun diefe Eier be=
lebt find, und fich ihrer Entwickelung nähern, fo faugen die
Kanäle des Eierftocks die Feuchtigkeit ein, die in den Gefä=
ßen des lebendigen Krebfes enthalten ift.   Indem fie fich nun
mit ihnen anaftomifiren, fo bildet fich ein Zufammenhang
mit dem lebenden (ernährenden) Körper, und dem andern
Körper, der gleichfalls lebt, welches zur Vervollkommung feines
Zuftandes beiträgt.   Ueberhaupt wird die fremde Brut dem
Thiere eigen, und entwickelt fich, fo wie bei den vierfüßigen
Thieren die Geburten des Unterleibes fich auf eben die Art
entwickeln, wie in der Gebärmutter, welches ihr eigentlicher
Ort ift.   So wie bei den Pflanzen, wenn man einen Ein=
fchnitt macht und einen vegetirenden Zweig einer andern
Pflanze hineinfenkt, das Pfropfreis fich durch die Einmün=
dung und den Zufammenhang der Kanäle bildet, fo gefchieht
es grade eben fo bei den Thieren.   Ich weiß nicht, ob man
bis jetzt eingepfropfte Thiere gekannt hat; es fcheint mir fo=
gar, als hätte man das Gegentheil gefehen, nehmlich daß
die in dem thierifchen Körper gelegten Eier Beulen hervor=
bringen, und wenn fie auskommen, wahre Wunden.   Wir
haben den Fall bei der Art Fliegen (Bremfe), die ihre Brut
unter der Haut eines Thieres befeftigen, oder auch in den Na=
fenlöchern oder in den Eingeweiden, dafelbft eine Beule ver=
urfachen, darauf eine Fontanelle, von deren Eiter die Larven
fich ernähren *).   Bei den Krebfen find es wenigftens eher
eingepfropfte Thiere, als Gallinfekten.   Diefe finden wir nur
an den Vegetabilien; fie entftehen durch die Arbeit der Thiere

---

*) Oeftri larvae latent intra pecorum corpus, ubi per totam hie=
mem nutriuntur; fonticuli vices gerunt. Linné. S. auch die
Werke des Vallifnieri und Reaumur.   Oeftrus bovis;
Oeftr. haemorrhoidalis, L. u. a.

selbst. Wir sehen daran, wie das von dem Insekt auf einen Theil der Pflanze gelegte Ei ihren Saft einsaugt, und wächst; aber man kann nicht im strengen Verstande sagen, daß die Kanäle des Eies sich in die der Pflanze eingemündet haben, und mit ihnen zusammenhangen *).

Indeß ist doch ein Fall bekannt, in welchem die Eier der Krebse einen wahren Gallapfel an einer Meerpflanze hervorbringen. Dies ist eine Art langgeschwänzter Meerasseln, oder Oniscus squilliformis, den ich schon oben genannt habe. Diese Assel legt ihre Eier auf die Ulva lactuca, eine Pflanze, die sehr häufig auf den Klippen am Ufer wächst. Ich beobachtete diese Pflanze im Monat August in einer andern Absicht, und sah, daß die Substanz an einigen Orten sehr dick wurde, und zwar gegen die Basis der Pflanze zu. Ueber dem dickgewordenen Theile bemerkte man eine Platte von gelblicher Farbe, mit einem erhobenen Stern. Man konnte Fig. 20. a. diese Platte mit den Stralen des Sterns leicht von der Fläche des Blattes trennen. Untersuchte man dann die erhabnen Stralen, so sah man, daß sie da, wo sie am dicksten waren, kleine Höhlungen hatten, worin ein Ei lag. Fig. 20. b. Zieht man sodann diese Eier heraus, und beobachtet c. m. n. sie unter dem Mikroskope, so findet man beinahe ebendieselbe Entwickelung, die bei den Eiern des Krebses bemerkt ist, und die ich abgebildet habe. Das Thierchen endlich, das ich aus den vollkommensten Eiern herauszog, hatte einen langen Schwanz, und einen verlängerten Mund; der Kopf war etwas breit, so, daß man wohl sehen konnte, es gehöre zu dem Geschlecht der obengenannten Wasserassel. Niemand darf vermuthen, daß ich diese Eier, die in den Galläpfeln dieser Pflanze existiren, mit dem Samen der Pflanze verwechselt habe; denn letztern fand ich an der Pflanze, wenn Fig. 21. sie im Herbste verwelkt, und ihr lebhaftes Grün verliert. Betrachtet man sie dann unter dem Mikroskope, so

---

*) Etwas Aehnliches ließe sich viel eher von mehrern Eingeweidewürmern behaupten, worüber man das vortrefliche Gözische Werk nachzusehen hat.   J.

sieht man, wie der Samen sich zwischen der netzförmigen Substanz der Pflanze bildet. Dieser Same, den ich mit Nadelspitzen herauszog, machte kein zusammenhangendes Ganze
mit dem Blatte selbst. Der Samen ist von fast runder Gestalt, mit einem dunkeln Kerne von Goldfarbe, und einem
Büschel Haare, wahrscheinlich um sich an den Klippen festzuhängen, wo diese Pflanzen vegetiren müssen.

Als ich oben den Magen des Krebses beschrieb, sagte
ich, daß sich am Ende des Magenmundes zwei fadenför-
mige Anhängsel befinden, die sich auf den Magen zurückbeugen und halb durchsichtig sind. Diese Anhängsel enthalten
eine halb flüssige, weißliche Materie, und in dieser habe ich
bei der platten Krabbe oft einen Bandwurm gefunden;
in diesem Falle werden die Anhängsel weiß und etwas steif.
Der Bandwurm selbst besteht aus zwei Gliedern, die cylinderförmig und dunkel sind, ausgenommen am Kopfe (zu Anfang) derselben. Gewöhnlich trift man einen solchen Wurm
in beiden Anhängseln des Krebses zugleich. Er läßt sich leicht
mit bloßem Auge durch die weiße Farbe erkennen, die dann
das Anhängsel annimmt. Zerschneidet man ein solches Anhängsel, und legt es im Wasser unter das Mikroskop, Fig. 11.
so zeigen sich an einigen Orten dieses, von einem weißen
Schleime angeschwollenen kleinen Darms, Haufen dieser
Würmer, die da anfangen sich zu bewegen, und einer nach
dem andern d, aus dem Munde des Darms hervorkommen
und im Wasser fort gehen. Diese Bewegung geschieht in gera-
der Linie, wie bei vielen Würmern, die den Eingeweiden an
Gestalt ähnlich sind. Oft wird das vordere Glied dicker,
wie in c; zuweilen dreht sich das andre Glied, und bildet
nach inwendig eine unzählige Menge Falten. Alle diese aus
zwei Gliedern bestehenden Würmer haben über jedem Gliede
eine Oeffnung b, c, wie man auch bei andern Arten bemerkt
hat, die in den Eingeweiden anderer Thiere gefunden sind.
Man hält diese für die Oeffnung des Mundes und der Eier.
Sind diese Würmer einige Minuten im Wasser umher gelaufen, so werden sie ruhig, und sterben. Diese neue Art Wür-

L 5

mer verdient denen beigezählt zu werden, die der berühmte Herr Bloch vor kurzem beschrieben hat *).

Sehr vieles ließe sich hier noch von den Krebsen beibringen, aber ich unterlasse es, weil hierüber schon andere geschrieben haben, und weil man es hier vielleicht nicht am rechten Orte fände. Dazu würde ich etwa die Untersuchung von dem Verändern oder Ablegen der Schale bei den Krebsen rechnen, welches dem Abstreifen der Haut bei den Schlangen ähnlich ist, und wovon Aristoteles bereits geschrieben hat **). Diese mit einer harten Haut bekleideten Thiere könnten nicht wachsen, wenn sie sich nicht davon befreiten. Daher werden die Landschlangen und die Krebse gegen die Zeit krank, da sie ihre Schale ablegen, weil die untere Haut indessen hart wird, und die äußere sich ablöst. Beim Krebse öffnet sich die obere Schale an den Rändern, da, wo sie sich nach unten beugt. Ist die obere Schale hinweg, so hebt sich der Krebs, und zieht die Füße aus ihren Schalen, und den Schwanz aus seinen Täfelchen, wie wir die Beine aus den Stiefeln ziehen. Er legt die Bedeckung der Augen, sogar die Hornhaut ab; auch die hintern Rippen befreien sich von ihren Schalen, sogar die Zeugungstheile, die sie in den Körper senken. Die Haut des Krebses ist dann ganz wie zerzaust; sie ebnet sich aber wieder, und er kommt sonst gar nicht zum Vorschein, als bloß das Bedürfniß der Nahrung zu befriedigen. Unsere Fischer nennen ihn dann Mondkrebs (granchio della luna). Zu dieser Zeit sind die Krebse inwendig fast ganz leer ***). Dies Hautabwerfen geschieht bei den Schlangen auf eben die Art; auch die Augen verlieren ihre Haut oder die Schale der Hornhaut. Dies geschieht zweimal im Sommer. Ich beobachtete dies an der Aeskulap-

---

*) De la generation des vers des intestins. Strasbourg, 1788. Es ist zu bedauern, daß bis jetzt die Ausländer das herrliche Originalwerk unsers Göze so wenig kennen.   3.

**) Hist. Anim. l. VIII. cap. 25. pag. 944.

***) Mémoir. de l'Acad. Roy. an. 1712. pag. 236. 4. Baster Opusc. subsec. T. II. pag. 14.

ſchlange (Coluber Aeſculapii Linn.) *), die ich ſeſt mehrern
Jahren bei mir hatte. Wahrſcheinlich geſchieht daſſelbe bei
den Krebſen im Sommer und im Herbſte.

Eine andre ſonderbare Eigenſchaft an den Krebſen iſt
das Wiederwachſen der verſtümmelten Füße, und ich füge
noch hinzu, eines Theils des Schwanzes. Dieſe Thatſachen
hat Reaumur ſehr gut beobachtet, auf den ich meine Leſer
verweiſe **). Ich bemerke nur, daß, wenn man das letzte
Gelenk am Arme der platten Krabbe oder des Taſchen-
krebſes abbrechen will, ſich der Arm durch die Kraft der Muß-
keln unmittelbar in dem Gelenke, das dem Körper am nächſten iſt, abſondert. Von den vier beſchriebenen Krebſen iſt der
Taſchenkrebs der einzige, der die verſtümmelten Glieder wieder ergänzt; beim Phalangium und der platten
Krabbe geſchieht weiter nichts, als daß der Ort, wo das
Glied abgebrochen iſt, mit einer ſtarken Haut verſtopft und
verſchloſſen wird. Am Todtenkopfe habe ich noch keine
Verletzung zu bemerken Gelegenheit gehabt, daher auch keine
Ergänzung.

Ariſtoteles redet in einem Kapitel von der Nahrung
dieſer Schalthiere ***), und nennt ſie παμφαγα, Thiere,
die alles freſſen. Die platte Krabbe nährt ſich von der
Converva, die auf den Klippen wächſt; oft fängt ſie auch die
Meeraſſel. Das Phalangium benaget das Meergras und
die Korallinen, auf dem Grunde; oft greift es die Aehrenfiſche
an, wenn es dieſelben in den Netzen der Fiſcher verwickelt findet,
da es oft ſelbſt die Beute der Netze wird. Der Taſchenkrebs fängt die beiden Napfſchnecken, die auf unſern Klippen ſind, beſonders die patella nimboſa. Er macht ſich auch
oft an todte Körper, die er auf der Klippe findet, und ſchleppt
ſie bis vor ſeine Höhle. Die Krebſe, und beſonders das Phalangium, werden immer eine Beute des Polypen (Sepia
Octopod.), deſſen Höhle oder Lager unſre Fiſcher vermittelſt

*) In Neapel, Cervone.
**) Mém. de Reaum. l. c. 1712. p. 223.
***) Hiſt. Anim. L. VIII. c. 4. p. 868.

der Stücke von den Schalen des Krebses und der Muscheln, besonders des knotigen Meerohrs (Haliotis tuberculata), bei uns Patella reale, entdecken. Dies hat man seit Aristoteles bemerkt. Der Polyp wüthet auch gegen sein eignes Geschlecht. Dies ist ein Faktum; denn ich habe einen Polypen aus dem Meere gezogen, der einen kleineren fraß. Aristoteles sagt zwar in derselben Stelle, daß alles weiche Gewürm Fleisch fresse; aber sie fressen auch Pflanzen. Der eßbare Seeigel (echinus esculentus, ital. ricco) benagt auf den Klippen das Meergras und die Korallinen; ich habe ihn aber auch bei todten Körpern angetroffen. Dies Thier scheint von den Nachstellungen anderer frei zu seyn; indeß greift der Seestern (Asterias aranciaca) die Seeigel auf folgende Art an: er schließt seinen Mund an die Haut, welche die Oeffnung bedeckt, wo sich der Mund des Meerigels befindet, und arbeitet mit dem Munde, der wie ein Trichter gebildet ist, wie mit einem Bohrer, und saugt die Laterne *), welche den Mund bildet, und alle übrige Eingeweide des Meerigels. Im Herbst fangen manche Fischer vermittelst kleiner Stücke Fleisch, an der Küste von Posilipo, Purpurschnecken (murex trunculus), die sich haufenweise in dem sandigen Busen um todte Körper versammeln. Der Kuttelwurm fängt die kleinen Krabben, welche vielen Fischen, auch dem Geschlechte der Nadelfische, zur Speise dienen.

Endlich hat auch der Mensch gewußt, sich der Schalthiere und Würmer zu bedienen, seinen Hunger damit zu befriedigen und seinen Geschmack zu reizen. Unter den Krebsen werden der Heuschreckenkrebs, καραβος, die Krabben, καριδες, sowohl cancer gammarus, als squilla **) des Linné, für die delikatesten gehalten. Bei den Römern wurden zur Zeit des Verfalls des Reichs, als man fast bloß dem Magen diente, mit den seltensten, ausländischen Fischen auch diese

*) Der aus mehreren kleinen Knochen rundlich gebauete Körper in der Mitte des Seeigels. Aristoteles kannte ihn schon, und beim Baster ist er gut abgezeichnet und beschrieben. Z.

**) Athenaeus Deipnosoph. L. III. p. 104.

Arten Schalthiere und Gewürme gegeſſen. Juvenal be=
ſchreibt uns das Gepränge, womit der Heuſchreckenkrebs auf
die Tafel gebracht wurde *). Unter den Krabben ſtanden
diejenigen in Werth, die man bei Minturnä fing **), wie ſie
denn noch jetzt darin ſtehen. Eben ſo die, welche man heut zu
Tage am Vorgebirge der Minerva und den ſirennſiſchen In=
ſeln †) mit Reuſen im Kothe fängt, indem man ſie mit ge=
ſalzenen Alſen ankbdert ††). Die Konchilien und Meerigel
dienten mehr dazu, den Gaumen zu reizen, als zur Speiſe,
wie Seneka ſagt. Die Meerigel vom Vorgebirge Mi=
ſenum, die Konchilien aus dem Lukriner See, vom Berge Cir=
cello (dem Hafen von Circeji) und dem Tarentiniſchen Meer=
buſen waren berühmt. Alle dieſe Speiſen, die bloß zum
Kitzel des Gaumens dienten, wurden um ſo mehr geſchätzt,
je weiter das Land lag, aus dem ſie kamen, und mit je grö=
ßerer Mühe man ſie herbeiſchaffen mußte, wie die Satiren=
ſchreiber der damaligen Zeit es bezeugen.

*) Juvenal. Sat. V. v. 80.

**) Minturnä, eine Stadt an dem Ausfluß des Liris. Dieſer er=
goß ſich in den jetzigen Meerbuſen von Gaeta, in Terra di La-
voro. 3.

†) Inſulae Sirenuſae waren drei ſehr kleine Inſeln unter dem
Vorgebirge der Minerva (Promont. Minervae), alſo wohl die
heut zu Tage ſogenannten li Gatti; hinter (nehmlich öſtlicher)
dem heutigen Promont. Canutario, womit ſich der Golfo di Napoli ſüdlich ſchließt. 3.

††) Und mit der geſalzenen Meerelſe oder Maifiſche, Clupea
Aloſa Linn. Man ißt noch jetzt in Neapel die Seeigel, und
mehrere ähnliche Thiere. 3.

Ende des zweiten Theils.

Erklärung der zweiten Kupfertafel.

Fig. 1. Die platte Krabbe (Cancer Depreſſus), ein Männchen von natürlicher Größe. a, a die beiden äußern Zeugungswarzen, b, b die beiden größern Krallen, c, c die kleinern, o der Mund des Thieres mit den Kinnladen bedeckt, m, m die Augen, n ein Sack, der die Brut eines Cyklopen (monoculus Cyclops) enthält, die an dem Darmkanal befestigt iſt.

Fig. 2. Das Weibchen der platten Krabbe. a, a die beiden äußern weiblichen Zeugungsglieder, b, b, b, b äußere Borſten oder Faſern des Schwanzes, c, c Maſſe von Eiern an den innern Faſern befeſtigt, d der After.

Fig. 3. Die Hälfte dieſer weiblichen Krabbe. a Luftröhren-Körper (corpi branchiali), b c d unreifer Eierſtock, n Gummiblaſe, m Scham.

Fig. 4. Der Leib dieſes Weibchens oben bis an den Schwanz entblößt. a, a Luftröhren-Körper, b, b die beiden reifen Stämme des Eierſtocks, d Lage, in welcher ſie ſich in einen Körper vereinigen, c ihr Ende, m Magen, n Ende des Darmkanals, o Punkt, wo ſich ein fadenförmiges Anhängſel in den Darm ſenkt.

Fig. 5. Eier dieſes Eierſtocks, vier und ſechzigmal vergrößert.

Fig. 6. An den Schwanz gehängte und ſchon befruchtete Eier. m Faden der Wurzel, n Faden des Leims der Eier, eben ſo vielmal vergrößert.

Fig. 7. Ei, das da eben auskommen will, eben ſo vielmal vergrößert. a Faden des Leims, b Auge, c entwickelter Theil, m Herz, n Theil des Dotters noch nicht deutlich.

Fig. 8. Daſſelbe Ei von oben her geſehen. a Stirn des Fötus, b, b Augen, c Herz, m, m Dotter noch nicht deutlich.

Fig. 9. Vollkommner Fötus aus dem Eie genommen und vergrößert.

Fig. 10. Die Hälfte des Körpers eines männlichen Krebſes. a Anfang des Hoden, b Franzen des Hoden, wo er ſich in die Rippen ſenkt, c äußere Zeugungswarze.

Fig. 11. Derſelbe Hoden. a der Anfang (Kopf), b das Ende, m, m die Franzen.

Fig. 12. Samen aus dem Hoden vier und ſechzigmal vergrößert. A unreife Portion, B reife.

Fig. 13. Weibchen der platten Krabbe, an deren Schwanze zwei Säcke des Cyklopen befestigt sind.

Fig. 14. Sack des Cyklopen am Schwanze des Taschenkrebses befestigt.

Fig. 15. Masse unreifer Eier in diesen Säcken enthalten, vier und sechzigmal vergrößert.

Fig. 16. a dieselben Eier der Reife nahe, vier und sechzigmal vergrößert. b Schale dieser Eier, woraus der Fötus c gekommen, vier und sechzigmal vergrößert.

Fig. 17. Eierstock des Oniscus squilliformis aus dem Körper des Krebses genommen, in natürlicher Größe. b ein minder, a ein mehr reifer Theil; in a sind die Eier größer abgebildet, als sie eigentlich sind, um deutlicher zu seyn.

Fig. 18. c diese Eier des Oniscus. m dieselben weiter entwickelt, n noch weiter; r, r die Jungen, die aus den Eiern kommen, alle vier und sechzigmal vergrößert.

Fig. 19. Scheiden in dem Hoden der Seeassel (Oniscus Oceanicus), die den Samen ausleeren, b, b vier und sechzigmal vergrößert.

Fig. 20. a Plättchen von einem Blatte der Lactuca marina losgemacht, in natürlicher Größe. b, c, m, n Ei in den kleinen Gallgewächsen dieser Platte enthalten, in den verschiedenen Graden ihrer Entwickelung vier und sechzigmal vergrößert.

Fig. 21. Samen der Lactuca, ein hundert und achtzigmal vergrößert.

Fig. 22. Anhängsel des Magenmundes der platten Krabbe, der einen Bandwurm enthält. a Punkt, wo sich die beiden Gelenke verbinden, b, c Einmündung eines jeden, d kleiner Bandwurm, der aus dem Anhängsel mit der Feuchtigkeit kommt, alles vier und sechzigmal vergrößert.

Anhang

zu der Abhandlung

über

die Erzeugung der hartgrätigen Fische.

Als ich im erſten Theile dieſer Abhandlung von der Erzeugung der hartgrätigen Fiſche redete, betrachtete ich als den Hauptgegenſtand meiner Unterſuchungen, den Fötus von ſeiner erſten Erſcheinung im Eie, und alle ſeine Fortſchritte zu der völligen Entwickelung. Dieſe Unterſuchung ſtellte ich vorzüglich über drei Arten vom Geſchlechte der Nadelfiſche (Syngnathus des Linné) an, nehmlich über die Meernadel *), das Seepferdchen **) und die Seenatter ***). Dies geſchah beſonders deswegen, weil die erſten beiden die Eier in einen Beutel, der ſich unter dem Bauche bildet, fallen laſſen, und der dritte ſie unter der Bruſt befeſtigt, woſelbſt die Eier dann auch ausgebrütet werden. Erhielt ich alſo während des Frühlings und zu Anfange des Sommers ſolche Fiſche, ſo konnte ich ihre Brut in den verſchiedenen Graden

der

*) Syngnathus Acus. Ariſtotelis βελονη.
**) Syngnathus Hippocampus.
***) Syngnathus Ophidion.

der Entwickelung wahrnehmen, und nicht nur jedesmal die Art
unterscheiden, der diese Eier zugehörten, sondern auch die
Mutter. Von den Eiern der hartgrätigen Fische, die den
Wellen, oder Körpern im Meere anvertrauet werden, kann
man, da es überdieß sehr schwer ist, die Brut zu erhalten,
nur aus Vermuthung wissen, welcher Art sie zugehören. Ich
will nun diesen Stoff noch einmal vornehmen, und ihn mit
genaueren Beschreibungen und mit Zeichnungen der Gegen-
stände selbst, die aus so vielen wiederholten Beobachtungen
entstanden sind, so gut, als es mir möglich ist, erläutern.

Ehe ich mich in diese Untersuchung aufs neue einlasse,
will ich vorher eine Schwierigkeit aus dem Wege räumen,
die uns aufstoßen könnte. Im Linnéischen Systeme wird
der Syngnathus zu einer andern Klasse gerechnet, nehmlich
zu den Amphibien; es könnte also scheinen, als hätte ich die
Art und Weise der Erzeugung der hartgrätigen Fische an diesem Geschlechte nicht hinlänglich bewiesen. Ich will mich
jetzt in keine Auseinandersetzung einlassen, ob solche Thiere
mit Recht von Linné in seinem Systeme der Natur in die
Klasse der Amphibien gesetzt sind, da hingegen das Alterthum
sie für wahre Fische hielt, mit der Fähigkeit lebendige Junge
zur Welt zu bringen; und da die folgenden Schriftsteller in der
Naturgeschichte sie wegen ihrer Knochen von knorpliger Substanz auch dafür gehalten haben. Ob ferner der Charakter,
den Linné diesen Wasserthieren beilegt, nehmlich, daß ihre
Lungen und Kiefern willführlich wirken, richtig sei *), da der
unsterbliche Aristoteles mit Thatsachen und mit Gründen
bewiesen hatte, daß dies eine physische Ungereimtheit sei **);
da ich mit Swammerdam an den jungen Fröschen, während der Zeit, daß sie als Fischchen im Wasser wohnen, die
Kiefern gesehen habe, und wie diese durch die Bewegung des
Wassers, das durch den Mund hinein und durch die beiden

---

*) Amphibia: Nantes. Branchiae et Pulmones simul, arbitra-
rie respirantes.

**) De respiratione, Tom. I. cap. 10. p. m. 725. Lut. Paris, 1629.

M

Löcher hinten an den Seitenauswüchsen wieder herausfließt,
wirken; und wie nachher mit der Verwandlung aus Fischen
in Frösche, die in der Luft leben können, die Kiefern auf=
hören, und die Lungen sich entwickeln; da ich an der Kiefern=
pricke *) gezeigt habe, daß die angebliche Lungenröhre das
einzige Nasenloch ist, welches sie an der Stirne hat; daß die
angeblichen Lungen zwei Blätter mit Blutgefäßen sind, die
am Eingange des Mundes stehen, und durch beständiges
Schlagen den Einfluß des Wassers mäßigen, das, nachdem
es das System der Kiefern benetzt, durch die vierzehn Kiefern=
löcher abfließen muß; und daß an den Blättern, die von der
Natur zu Kieferndeckeln der hartgrätigen Fische bestimmt sind,
an jedem ein Zweig dieser Kiefern befestigt ist, so wie man
an den hartgrätigen Fischen vorn an den Deckeln den letzten
ziemlich kleinen Kiefernbogen befestigt sieht **).   Als gewiß
kann man annehmen, daß diese Thiere, was das Athemholen
betrifft, den hartgrätigen Fischen in allem analog sind; da
ihre Kiefern nur eine wenig verschiedene Bildung haben.   In
Hinsicht der Erzeugung sind sie den Amphibien, oder vielmehr
den Vögeln gleich.   Andre sind den hartgrätigen Fischen in
allem gleich, und in Rücksicht der ganzen Beschaffenheit des
Körpers, sind die ersten den Amphibien selbst gleich, die an=
dern den hartgrätigen Fischen.   Die Natur geht stufenweise,
und daher kommt es, daß von dem Geschlechte der Rochen
und Haien einige Arten Eier legen, die in einer häutigen

---

*) „Petromyzon branchialis." Petromyzon gaudet perfectiori-
bus pulmonibus, quam reliqui ordinis, et fistula canalis descen-
dit in pulmones. Linnaeus Syst. Nat. T. I. p. 394.

**) Es ist bereits in der ersten Note S. 9. angezeigt worden, daß
die jetzigen Naturalisten fast einstimmig wieder zu der Abthei=
lung der Alten, gegen die Meinung des Linné, zurückkehren.
Ich habe aber hier die Gründe dazu von unserm Herrn Verf.
gern so beisammen gesehen, und sie daher nicht verändert oder ab=
gekürzt. Indeß muß man doch auch billig genug seyn, zuzuge=
ben, daß die ehemaligen Linnéischen schwimmenden Amphibien
wirklich mehrere sie auszeichnende Sonderbarkeiten haben, ob sie
gleich im Ganzen nicht von den Fischen zu trennen sind. 3.

Schale verschlossen sind, während daß alle übrigen Arten dieser Geschlechter lebendige Junge zur Welt bringen. Auf eine ähnliche Weise steht das Geschlecht der Nadelfische in der Mitte; denn die eine Art legt ihre Eier entblößt, wie die hartgrätigen Fische, und befestigt sie an der Brust, so wie jene Fische sie an (fremden) Körpern im Meere befestigen; andre Arten der Nadelfische hingegen lassen die Eier in Beutel, die hier die Stelle der Gebärmutter vertreten, fallen, woraus die Jungen, wenn sie vollkommen sind, hervorgehen. Vergleicht man diese Arten Nadelfische in Hinsicht der Erzeugung mit den hartgrätigen, so findet man sie in allem einander gleich. Ich bemerkte im Mai an der Lamprete *), daß ihre Eierstöcke an Bau und Lage denen ähnlich sind, die ich sonst an dem Meeraale gesehen habe; und in der That ist das Geschlecht der Pricken dem der Muräne gänzlich analog. Die Arten der Nadelfische haben Gebärmütter (matrici), wie alle hartgrätigen Fische; die Eier entwickeln sich auf eben die Weise; die Jungen erscheinen in ihnen eben so, wie wir sie in den Eiern des Aehrenfisches gesehen haben; ihre Entwickelung geschieht auf gleiche Weise, und man darf daher mit Grund annehmen, daß alles übrige auch gleich sei, und daß man durch Beobachtungen an dieser Art Fische dasjenige ergänzen könne, was man, aus Mangel an guter Gelegenheit, bei den wahren hartgrätigen Fischen nicht hat beobachten können.

Die drei obengenannten Arten Nadelfische, nehmlich die Meernadel, das Seepferdchen und die Seenatter, sind in unserm Meerbusen sehr häufig, und man fischt sie in Menge mit den Netzen, womit man in geringer Entfernung vom Ufer die kleinen Fische fängt, bei uns Frangaglia genannt. Da diese Arten unter einander ziemlich gleich sind, so will ich vorzüglich die Meernadel untersuchen, weil diese größer und häufiger ist. Der Mund der Meernadel ist verlängert und wie eine Trompete zusammengedrückt; er wird am Ende mit

*) Petromyzon marinus.

M 2

einem willkührlich beweglichen Deckel verschlossen, der wie eine
Kinnlade am untern Theile gelenkig ist.   Etwas hinter den
Augen liegen die Kieferndeckel.   Sie sind nicht frei, wie bei
den hartgrätigen Fischen, sondern ganz hinten am Körper be=
festigt.   Bloß in dem obern Winkel eines solchen Deckels ist
eine etwas weite Oeffnung, die sich mit ihrem eigenen bieg=
samen Rande nach dem Willen des Thieres, welches das Wasser
ein= und ausathmet, öffnet und schließt, indeß die beiden klei=
nen Floßfedern weiter hinter den Kieferndeckeln, und die Floß=
federn auf dem Rücken sich zitternd bewegen.   Zerschnitt ich
den Kieferndeckel, so zeigten sich mir die rothen Kiefern in fünf
Bogen, die schräg in der genannten Höhle liegen.   Diese
Kiefern sind vermittelst einer unter ihnen liegenden Haut ver=
bunden, und steigen und fallen mit einander.   Stach ich mit
einer Nadelspitze in die Haut und in die Blätter, die einen
Bogen bilden und sich über dem Bogen selbst zusammenziehen,
so entdeckte ich ein Blutgefäß, das längs der Basis unter der
Hirnschale fortläuft; etwas weiterhin aber entdeckte ich schräg
gegen der Haut über, die unter den Kieferbogen liegt, die
Blutgefäße, welche in diese Kiefern hineindringen.   Beim Oeff=
nen des Bauchs des Fisches, fand ich, daß er in die Brust
und in den Unterleib abgetheilt war; nehmlich, in die kleine
Höhle, die das Herz mit dem Anfange der großen Gefäße
einschließt, und in die untere Höhle, welche die natürlichen
Eingeweide enthält.   Am Boden des Unterleibes, zwei Drit=
tel von unten, liegt die Schwimmblase, welche mit dem Darm=
felle verbunden ist.   Diese Blase ist in der Mitte so enge zu=
sammengezogen, als bestände sie aus Blasen.   Gerade über
der Blase läuft der Darmkanal, der außer der Zeit des Träch=
tigseins zwei weiße Fettkörper an den Seiten führt.   An den
Seiten des Darms sind, wenn der Fisch nicht schwanger ist,
zwei dünne durchsichtige weiße cylinderförmige Körper. Ueber
dem Darmkanal liegt die Urinblase, die sich in der Scham
endigt.   Die Leber befindet sich oberwärts des Anfangs die=
ser Höhle.   Sie ist vermittelst ihrer beiden Bänder befestigt
und besteht aus zwei Lappen, wovon der eine größer und län=

ger, der andre kleiner ist; an der Spitze des kleineren Lappen, über dem größern, liegt die Gallenblase von elliptischer Figur. In der Brust liegt das Herz von prismatischer Gestalt, und hat an der Seite das Ohr, in welches die große Blutader, die von unten neben dem Rückgrate heraufsteigt, sich einmündet und an dem Darmkanal einen Bogen macht. Die Blutader, die aus der Leber kommt, mündet sich gleichfalls hier ein, so wie auch noch eine dritte, die vorn an der Hirnschale rechts (wenn der Fisch auf dem Rücken liegt) herabsteigt. Aus der Spitze des Herzens erhebt sich die Aorta in kegelförmiger Gestalt, wie bei allen hartgrätigen Fischen; sie theilt sich nachher in Zweige, die zu den beschriebenen Kieferbogen gehen. Beobachtet man diese Kieferbogen unter einem Mikroskope, besonders wenn sie zuvor mit Quecksilber durch die Aorta eingespritzt sind, so zeigt sich über jedem Bogen eine doppelte Reihe Blätter, die eine an der einen, die andre an der andern Seite des Kanals. Diese Blättchen sind etwas kurz, und bestehen aus einer kleinen Schlagader und einer kleinen Blutader, die nicht weit auseinander liegen. Die Kanäle sind unter einander durch eine Reihe Queerblätter verbunden, in deren Rande sich für jedes Blatt ein Kanälchen zur Kommunikation findet. Trennt man diesen ganzen Körper der Kiefern von dem Knochen der Hirnschale, woran er hängt, so sieht man, wie aus den Kieferbogen die Arterienstämmchen kommen, die sich in einem Mittelpunkte vereinigen, aus welchem sie unten in drei Stämme auseinander laufen, wovon der eine zu den Eingeweiden des Unterleibes geht, die beiden andern aber neben dem Rückgrate unter das Darmfell, durch die Höhle des Unterleibes hinab steigen. Diese Kiefern sind also gar nicht von denen verschieden, die wir oben am Drachenbarse beschrieben haben, nur daß die Blättchen keinen kleinen Knochen haben, der sie stützt. So wenig also diese Thiere in Hinsicht der Erzeugung von den hartgrätigen Fischen verschieden sind, eben so wenig sind sie es in der Art des Athemholens.

Nachdem ich einen Begriff von den Eingeweiden der Nadelfische gegeben, komme ich nun zu den Eierstöcken und zu der Entwickelung der Eier, bis der Fötus vollkommen ist. Oeffnet man im Mai einen dieser Nadelfische, wenn er schwanger, und der untere Theil des Körpers außer dem Unterleibe noch unbeschädigt ist, und nimmt man sodann den Darmkanal hinweg: so zeigen sich die beiden Eierstöcke, die sich, der eine an der einen, der andre an der andern Seite, Taf. III. wie zwei lange Säcke von Goldfarbe in der Scham endigen. Bei der Durchsichtigkeit des Sackes entdeckt man in Fig. 1. den Eierstöcken die Eier, wovon der größte Theil die Größe eines Hanfkerns r, r hat, nebst einer Reihe anderer sehr kleiner, die alle in einer Linie stehen. Diese Eierstöcke werden von der Haut des Darmfells festgehalten; aus ihrer Mitte geht die Blutader, die, nachdem sie sich über die Schwimm= blase ausgedehnt, die in der Mitte der Eierstöcke liegt, sich in den Venenstamm senkt, der neben dem Rückgrate läuft. Hat man diese Säcke, die den Eierstock ausmachen, geöffnet, alle bereits gereifte Eier abgesondert, und die innere Flä= che der Säcke untersucht, so findet man, vermittelst des Mi= kroskops, daß sie aus einer wahren Membrane bestehen; man sieht alsdann der Länge nach den Sitz der Eier in einer Reihe, und erkennt die stufenweise Entwickelung von da an, wo sie noch durchsichtige Kernchen waren, so wie wir es vorhin an dem Aehrenfische gezeigt haben. Die kleine Meernadel ist von mir auf gleiche Weise in ihrer Schwangerschaft anato= mirt, und ich fand einen Eierstock von der schon beschriebenen Gestalt, wie bei der (größern) Meernadel. Die reifen Eier hatten eine Schwefelfarbe, und die unreifen saßen in einer Linie, in der Gebärmutter. Endlich habe ich auch das See= pferdchen in eben dem Zustande beobachtet: die Eierstöcke waren wie zwei Stämme von elliptischer Gestalt, und endigten sich in der Scham; ihre Farbe war roth, wie Kirschen.

Bei der Meernadel und dem Seepferdchen bereitet sich die Gebärmutter für die Eier außerhalb des Unterleibes; wie dieß auch Aristoteles in der oben angeführten Stelle schon

bemerkt hat. Während daß die Eierstöcke dick und angeschwollen sind, sieht man den Unterleib sich zuunterst öffnen;
es bildet sich eine große Spalte von der Scham bis an den
Schwanz, und diese Scheide wird in mehreren Tagen der
Ausgang der Eier. Die Eier treten heraus und setzen sich
in Reihen an; die ersten nehmen den untern Theil der Scheide
ein, die andern füllen nach und nach die obern Theile. Nun
schlagen die Ränder der Oeffnung zusammen und schließen sich
fest zu; und so sind die Eier in der Gebärmutter verschlossen.
Die innere Fläche dieser Gebärmutter bekleidet sich mit einem
weichen, schwammichten Fleische, wodurch eine unzählige
Menge Blutgefäße laufen. In diesem Fleische, das wie ein
Kuchen ist, befestigen sich die Eier mit ihrer Schale, so, daß
es unmöglich ist, sie abzusondern, ohne einen Theil des Flei-
sches mit abzureißen oder die Schale des Eies zu verletzen.
So wie der Ausgang der Eier stufenweise geschieht, eben so
geschieht auch ihre Entwickelung. In der ersten Zeit, da
die Eier in die Gebärmutter gegangen, sind sie noch von eben
der Gestalt, wie in den Eierstöcken; sie haben nehmlich eine
weiche durchsichtige Schale, die sehr wenig weiße Feuchtigkeit
enthält, in deren Mitte ein großer Dotter schwimmt, der ganz
mit rothen Fleckchen bedeckt ist. Wird das Ei gekocht, so
wird der Dotter hart, wie der Dotter der knorpligen Fische.
Wenn die Eier noch im Eierstocke sind, sieht man auf dem
Dotter einen weißen Fleck, wie beim Huhne, nnd wie ich
dies auch am Eie des Rochen gesehen habe, welches in der
häutigen Scheide eingeschlossen und mit Eiweiß umgeben ist.
Doch muß ich gestehen, daß man die Narbe auf den Eiern
der Meernadel nicht so deutlich sieht, wie an den Eiern des
Huhns, weil die Eier so klein sind, und die Farbe der Dotter
weiß ist. Wenn die Entwickelung des Fötus am Dotter anfängt, so ist die Narbe ganz sichtbar, wie wir jetzt sehen
werden.

Den 21 Julius fing ich eine große Meernadel, und
fand, daß nur zwei Drittel des Sackes mit Eiern angefüllt
waren, die von unten anfingen; alle lagen in dem mit Blut-

gefäßen angefüllten Teiche, der zu der Zeit die ganze Fläche
Fig. 2. des Sackes bekleidet. Die obern Eier waren die unreiffsten. Ich suchte sie von dem zähen Leime, der sie umglebt,
zu trennen; und da ich die Schale (a a a) in der Mitte
durchbrochen hatte, beobachtete ich den Dotter b b b unter dem
Mikroskope. Hier sah ich in der Mitte desselben die Narbe mit
einer großen Reihe Bläschen umgeben. Ich beobachtete die
untern Eier aus demselben Sacke. Mit bloßem Auge entdeckte
ich nichts am Dotter, weil er ganz durchsichtig war; nur
wenn ich ihn abgesondert in einem Wassertropfen unter das
Fig. 3. Mikroskop brachte, bemerkte ich den ersten Anfang
des Fischchens, das auf und zwischen der Substanz des Dotters lag. Dieser Embryo hatte Augen, zwei Schnüre, die
vom Kopfe nach dem Schwanze zu liefen, der sich krümmt
und in a verschwindet, weil er an der entgegengesetzten Seite
des Dotters liegt; im Körper sah man den Anfang des Rückgrates und der Seitenmuskeln. In diesem Zustande sah ich
die Bewegung des Herzens nicht; und ich glaube, daß diese
aufgehört hat, als der Dotter oder Embryo das Wasser berührte. Dieser Berührung war er ausgesetzt, weil die äußere
Schale, womit er fest an der leimigen Oberfläche des Sackes
hing, zerbrochen war.

Den 10 Julius sah ich eine andre Meernadel unter dem
Unterleibe angeschwollen; ich öffnete sie, und sah nichts, als
daß bloß die Eier an der innern Fläche hingen. Unter den
vielen gelang es mir kaum, zwei oder drei zu trennen, ohne
den Dotter zu verletzen, ob ich gleich stets die äußere Schale
des Eies zerbrochen hatte. Unter dem Mikroskope sahe ich
Fig. 4. an jedem Dotter den Fötus befestigt; der Fötus nehmlich, den ich bei der vorigen Beobachtung noch in der Substanz des Dotters gefunden, hatte sich mit einem guten
Theile des Kopfes und des Schwanzes von dem Dotter losgemacht. In diesem Zustande bemerkte ich die großen Augen,
das weit hellere Rückenmark, und das Herz c schlug unter
dem Schlunde, und hatte das Ansehen einer durchsichtigen
Blase.

Von

Von diesem Zustande des Embryo gehe ich nun zu einem vollkommnern, wo der Dotter kleiner geworden ist, und man mit Hülfe des Mikroskops in dem Körper Fig. 5.6. vermittelst seiner Durchsichtigkeit nicht allein das Herz, sondern auch den ganzen Lauf des Blutes bemerken kann. Der Kopf hat Augen, die wie Nieren gebildet sind; der Mund fängt an sich in eine Trompete zu verlängern. Das Herz a hat unter sich das Ohr, und schlägt schon; vom Kopfe senkt sich die Aorta b b herab, und läuft längs dem Rückgrate. Neben diesem hebt sich die hohle Blutader d d, die in der Spitze des Schwanzes ihren Anfang nimmt, die herabsteigende Schlagader begleitet und sich ins Herz senkt. In diesen beiden großen Stämmen sieht man den Lauf des Bluts in der Schlagader herabströmen, und in der Blutader sich erheben. Von diesen großen Stämmen sondern sich die kleinen ab, die den Körper durchkreuzen und deren Anzahl und Lage schwer zu bestimmen ist. Außer diesen beiden Kanälen und ihren kleinen Zweigen, bemerkt man an der Basis des Unterleibes, daß sich von dem Stamme der Hohlader ein Zweig absondert, der in z zu der Basis des Dotters fortgeht, wo er eine andre Blutader antrifft, die unter dem Dotter herkommt und einen Lauf von x nach z macht, indeß sich wieder eine andre von x nach dem Herzen zu bildet. Man sieht, wie diese beiden Kanäle aus m nach z, und von x nach z einander entgegenlaufen, und in o o o unter der Oberfläche des Dotters auseinander gehen und das Blut mit großer Heftigkeit in das schon erwähnte Herzohr ergießen. Man sieht oft, daß die beiden einander entgegengesetzten Ströme aus m nach z, und aus x nach z zusammenstoßen; und da die Gewalt des einen oft stärker ist als die des andern, so läuft das Blut auf immer durch die genannte Blutader in den Dotter. So wie die Entwickelung des Fötus zu=, und der Dotter an Umfang abnimmt, sieht man die Blutader, die ihn umgiebt, sich zurückziehen und mehrere Krümmungen machen. Aus dem Dotter geht die kleine Blutader s, die sich auch ins Ohr des Herzens senkt. Außer den genannten Kanälen trennt sich

N

vom Herzen selbst, der andre Arterienkanal n, welches wahr=
scheinlich die Schlagader ist, die zu den Eigeweiden des Un=
terleibes gehört.

Zuletzt ist das Fischchen ganz gekrümmt im Eie, nur
Fig. 7. hat es einen etwas größern Umfang; es hat dann die
Gestalt eines vollkommnen Thieres, ob es gleich auf der
Brust einen Auswuchs zeigt, weil der Dotter noch nicht gänz=
lich verzehrt ist. Endlich läuft das Fischchen, wenn der Sack,
oder die Gebärmutter, der Länge nach offen ist, und die Scha=
Fig. 8. len zerbrochen sind, heraus, bewegt sich hin und her
im Wasser und ist in nichts von der Mutter verschieden, außer
daß es einen Geschwulst zeigt, wo der Dotter gelegen hat,
und wegen der Durchsichtigkeit auch die Farbe desselben.

Alle diese Thatsachen habe ich aber nicht bloß einmal,
sondern so oft ich gewollt, gesehen, und mit einer solchen
Deutlichkeit und Genauigkeit, daß mir gar kein Zweifel mehr
übrig bleibt. Ich habe dabei alle Unregelmäßigkeiten mit in
Anschlag gebracht, die sich mir bei diesen Beobachtungen we=
gen des gezwungenen Zustandes und des nah,ía Todes des
Thieres darboten, und habe die aufgezählten Thatsachen da=
durch befestigt. Ich wünschte, daß meine Leser der Beobach=
tung beigewohnt hätten; denn sie würden die Schönheit des
Gegenstandes eingesehen haben, die weder Zeichnung noch
Beschreibung so vorstellen kann, wie er war: das ganze Sy=
stem des Blutumlaufs zeigte sich in Bewegung. Der Leser
erinnere sich, was ich oben über das Auskommen der Eier
des Aehrenfisches gesagt, die ich in den Figuren 8. 9. der
ersten Tafel vorgestellt habe. Ich untersuchte nachher,
auf welche Weise das ins Herz gebrachte Blut ins Arterien=
system geht; und ob ich gleich nicht die Bewegung der Kie=
fern habe wahrnehmen können, so glaube ich doch, daß das
Blut durch sie durchgeht, da man bei den Kiefern nicht die
Schwierigkeiten antrifft, wie bei den Lungen; weil man keine
Kommunikation unter den Herzkammern annehmen darf, da
diese Thiere nur eine Herzkammer haben.

Aristoteles redet in der vorhin angeführten Stelle von den Jungen der knorpligen Fische; von den hartgrätigen hatte er keine Thatsachen, um davon handeln zu können, weil es sehr schwer ist, die Brut derselben zu erhalten, und weil er keine Mikroskope kannte. Man sieht in der Stelle ganz deutlich, daß Aristoteles von solchen Fischen redet, weil er sagt: ihr Dotter sei an einer Schnur befestigt, wie beim Huhne; durch die Schnur laufe die Blut= und die Schlagader, die mit der Blutader zusammenhängt, auch die Schlagader des Gekröses, die Röhre der Schnur, die mit dem Eingeweidengange fortgesetzt wird. Alle diese Wahrheiten will ich in einer Abhandlung über den Zitterrochen, den glatten Hai und den Krötenhai nächstens bekannt machen. In dieser Abhandlung wird sich der Gang der Natur bei dem Fötus der hartgrätigen und der knorpeligen Fische mit einander vergleichen lassen. Bei jenen haben wir einen Zweig der großen Blutader gesehen, der aus dem Dotter einen Bogen macht, durch eine unzählige Menge Kanälchen die Feuchtigkeit des animalisirten Dotters einsaugt, und unmittelbar ins Herz führt. Bei den knorpligen wird dieser neue Zusatz der Materie im Blute der Blutadern des Gekröses gemacht, die sich, nach zurückgelegtem Laufe, ins Herz senken. Was sollen wir aber von den Schlagadern sagen, die wir an den Dottern der hartgrätigen Fische nicht gefunden haben? Man darf mit Recht annehmen, daß, so wie man aus dem großen Stamme der herabsteigenden Aorta Zweige nach allen Seiten gehen sieht, eben so auch einige zu dem Dotter gehen, um ihm Leben zu geben, und dadurch seine Substanz in wahre wirksame thierische Substanz verwandeln zu können. Was wird aber aus der Blutader, die den Dotter umgiebt, wenn die Haut, die den Dotter umgiebt, sich nun in die Haut des Unterleibes verwandelt, und der Dotter sich in eine sehr kleine Masse zurückzieht und darauf verschwindet? Es läßt sich so erklären, daß, so wie der Dotter kleiner wird, die Ader, welche die Gestalt eines Z annimmt, an Aktion abnehme und endlich

N 2

ganz verſchwinde, wenn der Dotter gänzlich eingeſogen iſt; denn am erwachſenen Thiere haben wir ſie niemals ge= funden.

Ich muß noch von dem kleinen Nadelfiſch, der See= natter, reden, den **Willoughby** Acus lumbriciformis aut ſerpentinus genannt hat *), und deſſen ich bei den Alten gar nicht erwähnt finde. Unſre Fiſcher verwechſeln ihn mit an= dern Nadelfiſchen; man fängt ihn auch in denſelben Netzen, und ſeine Schwangerſchaft fällt in dieſelbe Zeit. Er hat gar Fig. 9. keine Floßfedern, außer auf dem Rücken. Der Kopf iſt länglich, und am Ende hat er einen kleinen Deckel oder be= wegliche Kinnlade; an der Baſis der Kieferndeckel hat er zwei Oeffnungen, um Waſſer einzuathmen. Die Haut iſt ſehr glatt, der dunkelgrüne Grund hat gelbe Flecken. Der Eier= ſtock iſt wie bei der Meernadel gabelförmig, wie ich auch be= reits angemerkt habe. Wenn er ſich ſeiner Eier entladet, ſo werden dieſe in einen leimichten Teig gewickelt, an der Fläche des Unterleibes bis unter den Schlund befeſtigt, wo der Kör= per rauh iſt, um der Brut einen deſto beſſern Schutzort zu geben. Dieſes Faktum hat der ſchon angeführte Engländer an den Küſten von Kornwallis bemerkt. So wie die Eier größer werden, löſt ſich der Teig auf, und trennt ſich vom Unterleibe. Eine ſolche abgeſonderte Maſſe, die an einem Fig. 10. Zweige hängt, habe ich hier abgezeichnet. Zur Zeit der Entwickelung ſind die Eier bei bloßem Auge durchſichtig, ausgenommen der Dotter, welcher eine grünliche Farbe hat. Unter dem Mikroſkope ſieht man ihre Schale mit kleinen Fig. 11. Franzen bekleidet, die dazu dienen, ſie an dem Teige zu befeſtigen. Der Dotter iſt wie zwei Lappen gebildet, der entwickelte Fötus liegt grade ſo, wie der Fötus in den Eiern des Aehrenfiſches. Das Herz a gleicht einer weißen Blaſe, und ſchlägt unter der Kehle vor dem Dotter. Der Schwanz krümmt ſich und wendet ſich über den Dotter.

*) Sygnathus Ophidion Linnaei. Hiſtoria Piſcium. Oxonii, 1686. p. 160.

Ich beobachtete eine andere dieſer Meernattern, deren Eier reif waren, und deren Junge, wenn die Schale zerbrochen wurde, ſchon herausgingen. Auch in dieſem Fig. 12. 13 Zuſtande zeigte das Syſtem der Kanäle das Blut in der Bewegung, die es vom Herzen erhielt. Der Dotter a war zu einem ſehr kleinen Körper zwiſchen den Eingeweiden des Unterleibes geworden; man erkannte ihn an der Farbe Fig. 14. und an der Lage. Hier zeigt er ſich, wie er wieder in den Unterleib zurückgegangen iſt, oder beſſer zu ſagen, wie ſein Anfang ſehr beträchtlich abgenommen hat; man bemerkte auch die Blutader nicht, die gegen das Ende ſeiner Entwickelung ihn umgeben mußte. Alſo iſt die äußere Haut des Dotters die äußere Haut des Thieres. Die Haut, welche eigentlich die Materie des Dotters einſchließt, hängt mit dem Darmkanal des Fötus zuſammen; denn die Subſtanz des Dotters kann keinen andern Ausgang haben, als den After. Dieſer Ausgang durch den After iſt aber nicht möglich, wenn der Dotter nicht mit dem Darmkanal zuſammenhängt. Dies ſage ich nicht allein deswegen, weil die an dieſen Fiſchen bemerkten Thatſachen es lehren, ſondern weil ich es auch an den knorpligen Fiſchen deutlich bemerkt habe. Bei dieſen geht die Materie des Dotters, die nicht animaliſirt werden kann, in den Darm, und verbleibt dort einige Zeit. Haben wir an dieſen hartgrätigen Fiſchen, als dem Aehrenfiſche und dieſen Meernadeln, den Maſtdarm deswegen nicht angeſchwollen geſehen, ſo rührt dies daher, daß dieſe Materie des Dotters, die weit flüſſiger und dünner iſt, als bei den knorpligen, unmittelbar durch den After geht, ohne ſich daſelbſt zu verweilen. Und auf die Weiſe laſſen ſich Hallers Gründe für die Vorexiſtenz der Keime bei den hartgrätigen Fiſchen weit beſſer beweiſen, als bei den Vögeln und den knorpligen Fiſchen.

Nachdem ich ſo vieles über die Erzeugung der Meernattern geſagt habe, mußte ich auch etwas von der Art ſagen, wie die Männchen das Weibchen befruchten. Aber wo ſind dieſe Männchen, da ich nach ſo vielen wiederholten

Sektionen immer nur Weibchen mit Eiern oder unreifen Ge=
bärmüttern gefunden habe? Zu meinem größten Vergnügen
habe ich gefunden, daß dies Faktum von dem berühmten
Herrn Pallas seit 1767 auch gesehen und bemerkt ist *).
Wer weiß, wenn dieses Faktum glücklich bearbeitet wird, ob
es nicht Gelegenheit zu einer andern lichtvollen Wahrheit
giebt?

*) Spicilegia Zoologica. Fascic. VIII. p. 32.

Erklärung der dritten Kupfertafel.

Fig. 1. Eierstock der Meernadel in natürlicher Größe. a, a die beiden Zweige des Eierstocks. n, n Venenstämme. r, r herausgenommene Eier. m Harnblase. s der After mit einem Theile des höhern Darms. t die Scham mit ihrem Anhängsel.

Fig. 2. Ein Ei, wo in dem Mittelpunkte die Entwickelung anfängt. a a a eine zerrissene Schale. b b b der Dotter mit dem Anfange der Entwickelung, vier und sechzigmal vergrößert.

Fig. 3. Ein anderer vergrößerter Dotter, welcher den darin entwickelten Fötus zeigt und in a sich unter den Körper beugt.

Fig. 4. Ein anderes Ei mit einem mehr entwickelten Fötus. a a a zerbrochene Schale des Eies. b, b Dotter mit dem Fötus. c das Herz desselben.

Fig. 5. Ein kleiner mehr entwickelter Fötus in natürlicher Größe.

Fig. 6. Derselbe vergrößert. a das Herz, b, b die herabsteigende Aorta, c herabsteigende Hohlader, d d aufsteigende Hohlader. m Punkt, wo sich der Zweig m z von der Hohlader absondert, der in z den Zweig x z trifft, und vereint den Zweig z o o o bilden, der sich im Herzen a entladet. Der andre Theil von x entladet sich gleichfalls im Herzen. s eine andre kleine Blutader, die aus dem Dotter zum Herzen geht. n ein Arterienzweig, der zu den Eingeweiden des Unterleibes geht.

Fig. 7. Ein mehr entwickelter Fötus in natürlicher Größe.

Fig. 8. Zwei vollkommne Fötus, die im Wasser sich hin und her bewegen.

Fig. 9. Die Meernatter (Sygn. Ophidion), in natürlicher Größe. a der After. b die Scham. Von a nach c der Ort, wo sich die Eier befestigen. m Kinnlade. n der Ort, wo sich die Kiefernöffnung öffnet.

Fig. 10. b Brut der Eier, von der Brust des Fisches getrennt, und an einem Zweige a hangend.

Fig. 11. Ein auskommendes Ei dieser Brut vier und sechzigmal vergrößert. a Herz des Fötus. d der Kopf mit den Augen. b der Dotter, an welchem der Körper noch befestigt ist. c auf den Dotter zurückgebogener Schwanz.

Fig. 12. Mehr entwickelte Eier, ein wenig vergrößert.

Fig. 13. Junge, die aus diesen Eiern gekommen sind.

Fig. 14. Dieser Fötus vier und sechzigmal vergrößert. a der Dotter, der sich in den Unterleib gesenkt hat. b Ende des Grimmsdarms.